ウクライナ戦争は問いかける

NATO東方拡大・核・広島

副島英樹

朝日新聞出版

ウクライナ戦争は問いかける●目次

写真　朝日新聞社

装丁　木村デザイン事務所
カバー写真　関田 航（朝日新聞社）

ウクライナ戦争は問いかける

ＮＡＴＯ東方拡大・核・広島

本文中、著者訳の文献からの引用については、表現を変えている箇所もあります。
肩書きなどは当時のものです。

序章　「核の時代」の戦争

2022年は、世界を大きく変えた節目の年として歴史に刻まれることになるだろう。

一つは、2月24日に始まったロシアによるウクライナへの軍事侵攻である。

そしてもう一つは、第2次世界大戦後に初めて核軍縮を実現し、20世紀末に東西冷戦の終結にもつなげたミハイル・ゴルバチョフ元ソ連大統領が、8月30日（モスクワ現地時間）に91歳の生涯を閉じたことである。旧ソ連の構成国だったウクライナを舞台に、ロシアと北大西洋条約機構（NATO）諸国が、「東西新冷戦」ともいえる状態で対峙《たいじ》するさなかだった。

新たな東西対立の中でウクライナ危機が戦争へと至った今、「相互の尊重」「対話と協調」「政治の非軍事化」という新思考で世界を変えたゴルバチョフ氏の死は、いま一度その新思考に立ち返るべきだという人類への警鐘だったように思えてならない。

ウクライナ戦争は突然起きたわけではない。

冷戦終結（１９８９年）とソ連崩壊（１９９１年）から連綿とつながっている。

大きな要因はＮＡＴＯの東方拡大であり、その危険性は米国の有識者も早くから指摘していた。この戦争は防げた戦争であるのに、なぜ勃発してしまったのか。そして、地球を何度も破滅できるほどの核兵器と原子力発電所を抱えてしまった今の時代に、戦闘の長期化で人類に重大な危機が迫っているにもかかわらず、自由と民主主義の価値を共有すると標榜している国々はなぜ、即時停戦と即刻対話を叫ぼうとしないのか。

いま私たちが目にしているのは、先の冷戦終結後に予見されていた「文明の衝突」ではないのだろうか。今回のロシアのウクライナ侵攻は国際法的にも人道的にも容認できない暴挙である。しかしロシアを悪魔視し、それを叩いて溜飲を下げるだけでは人命の犠牲を防ぐことができないのもまた現実だ。そうした問題意識からこの本は生まれた。

ロシアのウラジーミル・プーチン大統領は2月24日、「ロシアはソ連崩壊後も世界最強の核大国の一つだ。ロシアへの直接的な攻撃は、敗北と壊滅的な結果をもたらすだろう」と恫喝《どうかつ》しながら、隣国ウクライナに「特別軍事作戦」の開始を宣言した（**写真**）。

ＮＡＴＯが仮に軍事介入した場合、核使用もありうるとして米欧を威嚇《いかく》したものだ。いったん戦争が始まってしまうと、「生きるか死ぬか」の論理が優先し、拷問、虐殺などの蛮行が起きてしまう。安全地帯にいる人たちは戦況報道に一喜一憂し、戦闘は泥沼化して長期化し、核使用のリスクも高まっていく。

ロシア国民にウクライナでの軍事作戦の開始を告げるプーチン大統領（2022年2月24日、ロシア大統領府公式ページより）＝ロシア政府提供

そして22年9月30日、劣勢打開をもくろむプーチン氏が、ウクライナ東部のルハンスク、ドネツク、中南部ザポリージャ、南部ヘルソンの4州をロシアに併合すると宣言し、併合文書の署名を交わした。ウクライナが実力で領土奪還を図れば「ロシア本土への攻撃」とみなすことになり、核使用のリスクはいっそう高まった。

クレムリンでの演説では、「ザーパド（ロシア語で西側の意）」、米国、NATOへの敵意をむき出しにし、わざわざ米国による広島・長崎への核兵器使用にも言及した。「米国が（核の実戦使用の）前例をつくった」と強調し、その狙いは世界ににらみを利かせることだったと断じた。「ロシアが核兵器を使って何が悪い」と言わんばかりの脅しであり、NATOを牽制《けんせい》しているのは明らかだった。

この戦争が、ロシアとウクライナの戦争というよりも、ロシアと米国の代理戦争であることを物語っている。

20世紀末の東西冷戦終結以降のロシアと西側諸国との確執を決定的に顕在化させ、多くの人々の頭の中を無意識のうちに「軍事志向」へとあおり立てている。

敵か味方か、勝つか負けるか、いかに鎧《よろい》を厚くするか、という思考にこのままいっそう染め上げられていけば、世界はさらに悲劇的な結末へと追い込まれかねない。

「戦え一択」への疑問

ロシアによる軍事侵攻は明らかに、国際法も人権も踏みにじる容認しがたい暴挙だ。ウクライナの人々の生命と財産を奪い、1500万人もの避難民を生み、多くの人々の心に憎悪を植え付け、それを増幅させ続けている。

そうした中、「ウクライナが負けないように武器支援すべきだ」という「戦え一択」の主張が朝日新聞を含む日本の大手メディアでも当然のように流され、それが「ロシア憎し」の感情にとらわれた世論と共鳴し合う様相になった。憎きプーチンをたたくためなら、ウクライナ市民の多少の犠牲はやむを得ないという思考に陥っていないだろうか。「戦え一択」の思潮には疑問をぬぐいきれない。

米国内では、現実主義外交の泰斗とされるヘンリー・キッシンジャー元国務長官らが「停戦のためにはウクライナの領土割譲もやむを得ない」という趣旨の提言をしているが、それがウクライナのボロディミル・ゼレンスキー大統領らから強烈な批判を受けると、特に日本のメディアは、キッシンジャー氏の真意をくみ取ろうとする努力すらもやめてしまう。

キッシンジャー氏のように「ウクライナ側も妥協して早期停戦を」と提言すれば、「武器を送るから戦い続けろ。ゼレンスキー頑張れ」という感情の熱気の中では、袋だたきに遭うのが実情といえる。

米国ジョージタウン大学のチャールズ・カプチャン教授は、ウクライナの譲歩を提案したキッシンジャー氏の提言に関して、自身も同様の主張を米紙に寄稿し多くの批判を受けていると告白したうえで、次のように語っている。

いまは勝利がすべてという議論が大勢で、外交について提案すれば宥和《ゆうわ》政策だと非難されます。これは健全な議論ではありません。外交によってロシアと領土問題を話し合うのは、宥和政策ではありません。戦略的な慎重さです。（2022年7月20日、朝日新聞デジタル）

戦闘の長期化の陰で、ウクライナ市民の命が日々奪われている。いつ終わるかも見通せない戦争で、「独立と民主主義を守る」という大義の前では多少の犠牲もやむを得ないという考え方が、暗黙のうちに受容されている。

「管理された戦争」

22年8月28日には陸上自衛隊と米陸軍が、熊本県の陸自大矢野原《おおやのはら》演習場で実施した共同訓練で、対戦車ミサイル「ジャベリン」の実弾射撃を公開した。米国がウクライナへの軍事支援として大量供給している歩兵携行式の兵器である。この公開射撃には朝日新聞を含め主要メディアが招待された。この兵器が命中した敵国の戦車の中では、灼熱《しゃくねつ》地獄に苦しみながら若き兵士が死んでいっているにもかかわらず、報道に批判的視点はもはやない。そうしたことへの想像力が働かなくなっている。

今の世界は、第2次世界大戦のころとは決定的に違う。人類そのものを瞬時に滅亡させかねない核兵器と原子力発電所に満ちあふれた危険な世界なのだ。「ウクライナが戦況を押し返すまでは武器を送って支えろ」と悠長なことを言っている余裕はない。

実際、22年8月に7年ぶりに開かれた核不拡散条約（ＮＰＴ）再検討会議でも、採択される予定だった最終文書案は「冷戦時のいかなる時よりも核兵器使用のリスクは高い」との現状認識を示していた。この最終文書案は会議の土壇場でロシアが反対に転じたことで採択できず、全会一致が原則の会議は決裂に終わった。

それでも、「核兵器の全廃こそ、核兵器使用の脅威に対する絶対的な保証だ」との文言を最終文書案に刻んでいたのだ。しかし、核の危機は核兵器だけではない。ＮＰＴのもう一つの顔である原子力の「平和利用」の象徴、原子力発電所もそうだ。

今回のウクライナ侵攻で、ロシア軍が占拠したウクライナのザポリージャ原発やチェルノブイリ原発では、砲撃や電源喪失などによって１９８６年のチェルノブイリ原発事故のような核の大惨事を再び招きかねない事態にさらされている。

ＮＰＴ再検討会議で最終文書案が採択できなかったのも、核大国のロシアが非核保有国ウクライナへ侵略行為を働いたことに端を発する。核の脅威は増すばかりだ。一刻も早い停戦をめざして、双方が妥協をしてでも対話をして協議する場をつくるために、米国をはじめとする関係国が全力を尽くさなければならない喫緊の状況にある。核戦争につながる可能性のある芽を摘み取っておかなければならないのだ。

しかし現状は、そうはなっていない。旧ソ連とロシアを深く知る元外交官で作家の佐藤優氏が指摘する通り、これは「管理された戦争」であり、この「適度な」状況が好ましい勢力が存在するからだ。佐藤氏は私のインタビューにこう述べた。

米国が考えているのは「管理された戦争」なんですよ。すなわち、ウクライナへの支援は続けるが、その支援によって戦争がロシアに拡大し、ロシアによって米国が交戦国認定をされるということは避けたいと。

（２０２２年7月23日、朝日新聞デジタル）

米国にとっては、ウクライナを「人柱」にすることによってロシアの弱体化を図ると同時に、武器の供給を増やすことで軍産複合体界隈を潤わせ、経済制裁によってロシアがヨーロッパに持っている天然ガス供給のシェアを奪い取ることができる。

ある意味、ウクライナの人々は、「管理された戦争」の二重の被害者とも言えるだろう。一つはロシアの侵略行為の被害者であり、もう一つは米国と欧州の巨大軍事同盟であるＮＡＴＯの被害者なのである。

さらに、独立国家の指導者としての最大の任務が、あらゆる深謀遠慮を尽くして国民の生命と財産を守ることだとすれば、結果としてこれだけの死傷者や避難民を出してしまったウクライナのゼレンスキー大統領の政治責任、政治家としての結果責任は問われてしかるべきではないのだろうか。

これについては、毎日新聞の伊藤智永・専門編集委員が早くから指摘していた。

侵略が起きてしまった今となっては、徹底抗戦を指揮する戦時指導者としては理想的なのかもしれない。しかし、「これは世界を独裁陣営と自由陣営に二分するあなたの国自身の戦いだ」

「もっと武器を。弾、弾、弾が足りない」とあおる演説には、共感より違和感を禁じ得ない。（略）米国の異常な兵器の供給ぶりを見ると、ウクライナが米露代理戦争に命と国土を提供している実態は誰の目にも明らかではないか。

開戦3カ月で民間人死者4000人超、国外避難民600万人、暴行され強制移住させられた人多数……。非難されるべきはロシアであるにせよ、現時点でこれだけの被害を出した政治責任は重大である。（略）政治家の責任は、国民をいかに戦争へ引き込まないか、にかかっている。本物の知略と勇気と説得術を持っているのなら、平時の内政と外交に使わなければ。戦争になってから発揮されても遅い。

（2022年6月4日付、毎日新聞コラム「時の在りか」）

政治学者の豊永郁子・早稲田大学教授は、ロシア侵攻当初について「むしろロシアのプーチン大統領の行動は独裁者の行動として見ればわかりやすく、わからなかったのがウクライナ側の行動だ」とし、侵攻初日にウクライナのゼレンスキー大統領が一般市民への武器提供を表明し、総動員令によって18歳から60歳までのウクライナ人男性の出国を原則禁止したことに驚いたという。

武力の一元管理を政府が早くも放棄していると見えたし（もっともウクライナにはこれまでも多くの私兵組織が存在していた）、後者に至っては市民の最も基本的な自由を奪うことを意味する。

（2022年8月12日付、朝日新聞）

ポーランド国境に向かう人たち(2022年2月26日午前、ウクライナ西部・シェヒニ近郊)＝遠藤啓生撮影

豊永教授は、ゼレンスキー氏が亡命を拒否し、「キーウに残る、最後まで戦う」と宣言した際にはさらに耳を疑ったと続ける。その「勇気」は確かに胸を打つものがあり、ウクライナの戦意は高揚し、NATO諸国のウクライナ支援の姿勢も明確化するが、その先にあるのは何なのかと。

どれだけのウクライナ人が死に、心身に傷を負い、家族がバラバラとなり、どれだけの家や村や都市が破壊されるのだろう。（略）大統領はテレビのスターであったカリスマそのままに世界の大スターとなり、歴史に残る英雄となった。だが政治家としてはどうか。まさにマックス・ウェーバーのいう、信念だけで行動して結果を顧みない「心情倫理」の人であって、あらゆる結果を慮《おもんぱか》る「責任倫理」の政治家ではないのではないか。（同前）

1万数千発の核兵器と400以上の原発を抱えた「核の時代」の世界には、そもそも本来、戦争など起こさせてはならないのだ。しかし、いったんそれが起きてしまったら、一刻も早い戦闘停止を模索しなければならない。そのためには双方の妥協が不可欠だ。

「核の時代」の戦争継続

だが、その終わらせ方が難しい。防衛省防衛研究所の主任研究官で政治学者の千々和《ちぢわ》泰明氏はこれまで積み重ねてきた研究から、「戦争終結のジレンマ」について非常にわかりやすく解説している。「戦争のジレンマ」とは、紛争原因の根本的解決を目指せば現在の犠牲が増大し、逆に妥協的和平を求めれば将来の危険が残ってしまうことだという。

ウクライナ側は「将来の危険」を除去するために「現在の犠牲」を払い続けています。ロシアに属国化される危険があることに加え、ブチャでの虐殺（写真）以降は、占領されたら虐殺やレイプや強制連行をされる危険があることも明白になりました。「犠牲を払っても将来の危険を除去する」という重い決断を共有している状態です。ただ劣勢側であるため、終結を主導することは困難です。

焦点は妥協的和平ですが、プーチン政権が「現在の犠牲」を避けるために和平を求める状況にあるかと言えば、疑問です。世論は強権的にコントロールされ、自軍の犠牲もフェイクニュースで小さく見せられます。ロシアとウクライナが互いにより有利な妥協的和平を狙って、相手の現在の犠牲を増やしあう。そんな戦局が続くことが、残念ながら予想されます。

（2022年8月13日、朝日新聞デジタル）

千々和氏は、平和の回復にとっては、必ずしも戦争終結それ自体が重要なのではなく、また、戦争終結は早ければよいとも限らないとも語っていた。「一刻も早い戦闘停止」を求める人々にとっては冷酷な響きを帯びている。「戦争終結のジレンマ」はそれほど冷徹なものなのかもしれない。

ただ、私はこの重要な議論に、「核の時代」という視座がないことを残念に思った。「優勢側が

ウクライナ軍とロシア軍の戦闘の爪痕（2022年4月8日、キーウ近郊ブチャ）＝竹花徹朗撮影

『将来の危険の除去』を重視」したケースとして例示された対ナチスドイツ戦の時代と、いま私たちが生きている時代とは決定的に違う。今は地球上に核兵器と原発があふれている。

相手と二度と戦わずに済むよう徹底的にたたく「紛争原因の根本的解決」は、人類全体を破滅させる恐れのある核兵器が一つも無かった独ソ戦の時代にはありえたかもしれない。

しかし今は、核保有国が核の脅威をちらつかせながら戦争をしているのが現実だ。「核」という因数を抜きにしては、今の時代に解を導くことは難しいのではないか。

1980年代後半、ロナルド・レーガン米大統領とゴルバチョフ・ソ連共産党書記長が核兵器の全廃まで話し合っていたのも、小さな紛争の芽が人類滅亡につながってしまうかもしれないという危機感と想像力からだった。そうした認識を前提に、「戦争の終わらせ方」を関係国が真剣に模索すべきときではないだろうか。第2次世界大戦の時と同じ戦い方など、もはやできない時代なのである。

「殺すな」を言いにくい空気

戦闘が長引くにつれ危機はエスカレートする。西側諸国によるウクライナへの政治的、財政的、軍事的支援がさらに強まれば強まるほど、それを受けて立つロシアもまた、抱える問題が増大していく。

ロシア情報筋によると、当初はクレムリンの決定はすでに下され、後戻りの道はなく、ロシア軍はウクライナ全土制圧という最終目標の達成まで「特別軍事作戦」を止めることはないとの見方まであった。ロシアの軍事専門家たちは、戦争は少なくても1年以上は続くと確信している。

そこで最も心配されるのは、NATO軍による直接の介入だ。ロシアとNATOが直接対峙するような展開になれば、核兵器使用の危険性が格段に高まることになる。前出の佐藤優氏は自著『プーチンの野望』（潮新書）の中で、「停戦を実現させるには、アメリカが軍を介入させてロシアを排除するか、プーチン大統領の納得できる範囲で折り合いを付けて合意するか。このどちらかしか選択肢はない」と指摘する。ウクライナの抗戦だけではもはや出口はない状況なのだ。

これまで毎年夏、私は原爆・平和報道に関する特集やイベントに関わってきたが、このウクライナ戦争が、日本の平和をめぐる思潮を一変させ、一気に「軍事脳」へと変えてしまったような感覚にとらわれている。というのも、テレビや新聞には軍事専門家やロシアの軍事情報に詳しいという人たちが連日登場し、ウクライナの戦況報道が異様なまでに熱気を帯びたからだ。防衛省防衛研究所の研究者たちがほぼ総出演するような状況の中では、一体なぜこのような事態を招いてしまったのかという時代背景的な問題提起は、あまり顧みられなかったように思う。

そんな中、22年夏、私が注目したのが、神戸市外国語大学の山本昭宏准教授（歴史社会学）の発言だ。戦後の平和主義について詳しい山本氏の発言には重要な論点があると思う。

山本氏は、ロシアが悪いのは明白、ウクライナの徹底抗戦に否定しがたいものを感じるとしたうえで、次のように言う。

しかし、戦争体験者がたくさん生きていたら、もっとゼレンスキー大統領に対して違和感を言う人がいてもおかしくないのではないかと思います。自らの戦争体験に基づき、「いかなる理由があっても国家によって人殺しをさせられるのは嫌だ」という思想を持った人が何人も思い浮かびます。彼らだったらプーチン大統領だけではなく、国民に徹底抗戦を命じるゼレンスキー大統領も批判の対象にしてもおかしくありません。(2022年8月17日、朝日新聞デジタル)

山本氏は、ベトナム反戦運動を引き合いにして、現在の思想・言論状況の危うさを指摘する。

ベトナム反戦運動のときだったら「殺すな」ということが掲げられました。今回のウクライナ侵攻でも、戦場に行きたくないのに殺し合いに巻き込まれているロシア兵がいるということへの想像力が強く働いたでしょう。体験者が多い社会ならば、停戦したほうがいいんじゃないかと言えたかもしれません。しかし、いまは言いづらい。抗戦か停戦かという二項対立だけではなく、戦争そのものの非道さを問うなど複数の論理を内在していた反戦の思想が、やせ細っている(略)徹底抗戦を支持せざるをえないという現状から踏み込んで、まずはロシアとウクライナに戦争を早くやめるよう求める手もある。(同前)

ロシアを擁護することはできないとしながらも、「戦後日本が培ってきた厭戦《えんせん》の心情からすれば、停戦や反戦を求めたり、ウクライナの徹底抗戦を疑問視したりするような多様な声がもっとあってもいい」という山本氏の指摘は、平和報道に携わってきた私から見てもまっとうな議論だと思う。

国際政治学者の役割

政治家の究極の任務は何かと言えば、それは戦争を起こさないように力を尽くすことだろう。

では、国際政治学者とは何のために存在するのだろうか。ロシアのウクライナ侵攻が始まって以来、ずっとそう思ってきた。国際政治学を専門とする人たちは、戦争を起こさせないということを究極の目標にして研究しているのではないのだろうか。「解は見つからない」「消耗戦になるしかない」と、もっともらしい言葉で投げ出してしまっていいのだろうか。「ロシアに制裁が効くまでウクライナを支えるべきだ」と、いつまでも戦争をあおっていいのだろうか。そんな思いがぬぐえなかった。

世論調査でウクライナ国民の8割以上が戦争継続を支持しているとも報じられたが、戦闘のためにはナショナリズムを高揚させなければならないウクライナ政府の事情もあるだろう。「自分の命と引き換えでも」との前提条件を付けたら、はたして同様の結果となるのだろうか。

NATOの軍事支援でウクライナ軍の反転攻勢に焦ったプーチン政権が、ウクライナ東部と南部の占領地域で「住民投票」を強行し、22年9月21日にはプーチン大統領が予備役動員の大統領令に署名した。それがロシア国内で反発を呼び、その反戦の声が再び抑圧され、ロシアは自壊に向かっている状況だ。

しかし、西側は、ロシアの苦境に溜飲を下げるだけでいいのだろうか。今回の事態は、ウクライナ市民や兵士たちの悲劇であると同時に、ロシア市民や兵士の悲劇であり、エネルギーや食糧をはじめ経済面で大きな影響を被っている国際社会の悲劇でもあるのだ。

第1章　「NATO拡大」危険性への警告

ロシアによるウクライナへの軍事侵攻は、戦争がいったん引き起こされてしまったら、いかに残虐で非人道的な行為が繰り返されてしまうかを世界に突きつけた。

日本のメディアは「なぜ市民が拷問されて死んだのか」「なぜ圧倒的優位だったロシア軍は攻略を失敗したのか」と問いかけた。しかし、同時に考えなくてはならないのは、なぜ今回の戦争を未然に防げなかったのかという根本的な問題である。

「ロシアは最強の核大国の一つだ」と恫喝し、合理的判断を超えたようにしか見えない暴挙でウクライナ市民を苦しめるプーチン大統領の言動は、国際法的にも人道的観点に照らしても、決して容認できるものではない。しかしなぜ、このような行為にまで及んでしまったのか、その背景に目をこらして教訓を得ることこそ、再発を防ぐためにも不可欠なことだと私は考えてきた。

その一例として私は、侵攻開始からまもない2022年3月、朝日新聞デジタルに2本の記事を書いた。「91歳ゴルバチョフ氏『早急な平和交渉を』　ウクライナ危機への視座」（3月5日）と、「ゴルバチョフは語る　西の『約束』はあったのか　NATO東方不拡大」（3月12日）である。配信されると、最初の記事が130万PVを超えるアクセス数となった。一般的に10万PVを超えるとよく読まれたと言われるネット記事の中では出色の数字といえるだろう。

なぜ冷戦終結から30余年たってこうした事態が起きてしまったのか、この戦争をなぜ防げなかったのか、防ぐにはどんな手立てがあり得たのか、そうした背景を知りたいという読者も多かったからではないか。西側目線の報道だけではない複眼的なものが求められていたのではないだろうか。ずっとそう感じていた。

なぜ戦争を防げなかったのか

そもそもこの記事を書くきっかけは、プーチン大統領が「特別軍事作戦」の開始を宣言した2日後の2月26日、ミハイル・ゴルバチョフ元ソ連大統領が総裁を務めるモスクワのゴルバチョフ財団が、一刻も早い戦闘停止と和平交渉開始を呼びかける声明を出したことだった。

ゴルバチョフ氏は約30年前、新思考外交で米ソ冷戦を終結に導き、ノーベル平和賞を受賞している。この声明は、ゴルバチョフ財団が自身のウェブサイトに掲載したものだが、ゴルバチョフ氏本人の意向がなければ出されることはありえない。ゴルバチョフ氏本人の名前で出された声明ではないからと軽視する見方も散見されたが、財団を直接取材した経験からすれば、ゴルバチョフ氏本人の意向が財団内のすべてに行き届く形になっていた。従って、財団が出す声明はゴルバチョフ氏本人の意向であると考えていい。
その財団が出した声明の全文は次の通りだった。

2月24日に始まったウクライナでのロシアの軍事作戦に関連し、一刻も早い戦闘行為の停止と早急な平和交渉の開始が必要だと我々は表明する。世界には人間の命より大切なものはなく、あるはずもない。相互の尊重と、双方の利益の考慮に基づいた交渉と対話のみが、最も深刻な対立や問題を解決できる唯一の方法だ。我々は、交渉プロセスの再開に向けたあらゆる努力を支持する。

（ゴルバチョフ財団のウェブサイト）

この声明の中で、私は「相互の尊重」と「双方の利益」という表現に注目した。対立ではなく協調を模索し、人類共通の利益を優先するというゴルバチョフ氏の「新思考」の理念が、ここに込められている気がしたのだ。この新思考が、「核戦争に勝者はない」というロナルド・レーガン米大統領との合意へと導き、米ソ初の核軍縮条約を実現させた。それが、冷戦終結とドイツ統一、そして統一ドイツのNATO加盟へとつながっていく。これは米ソをはじめとする東西諸国の共同作業だったとゴルバチョフ氏は考えていた。

ただ、声明発表の事実を報じるだけでは、この声明が持つ深い含意を伝えきれない。そこで、プーチン政権下でゴルバチョフ氏がどんな立ち位置にあり、3月2日の91歳の誕生日をどう迎え、これまでウクライナ危機をどのように見ていたのかを合わせて解説することにした。日本の、そして西側のメディア報道が、起きてしまった戦争の日々の戦況に一喜一憂し、今回の事態を「民主主義対専制主義」や「ウクライナ＝善、ロシア＝悪」という単純な二項対立の図式で捉えているように見えることに違和感を覚えたからでもあった。

続いて私は、ゴルバチョフ氏がＮＡＴＯの東方拡大をどう見ているのかに焦点を当てた2本目の記事を出した。ＮＡＴＯ不拡大の約束はあったのかなかったのか、今回の戦争が起きて以降、議論になっていたからである。この記事も40万ＰＶを超えるアクセス数があった。

これらの記事の基礎になったのは、冷戦終結をめぐるゴルバチョフ氏と米欧各国リーダーとのやりとりを記し、２０１８年にロシアで刊行された回想録『ミハイル・ゴルバチョフ　変わりゆく世界の中で』（邦訳は朝日新聞出版から20年に刊行、筆者訳）と、同氏が17年にロシアで刊行した自叙伝『我が人生――ミハイル・ゴルバチョフ自伝』（22年8月に東京堂出版から刊行、筆者訳）である。いずれの原書も、私が19年12月3日にモスクワでゴルバチョフ氏と単独会見した際に受け取ったものだった。

ゴルバチョフ氏は自叙伝『我が人生』で「ウクライナ危機」の項目を立て、その冒頭でこう書いている。

我々ロシア人ほど、ウクライナのことを気にかけている者はいない。（略）母はウクライナ人だった。（略）妻のライサもウクライナ人だった。これは、プロパガンダにしてはならない問題だ。ロシア人とウクライナ人の間で敵意を煽《あお》り、両国の関係を悪化させたいと望み、それを必要とする誰かがいるのは明らかだ。

（『我が人生』）

ゴルバチョフ氏はウクライナ危機の原因として、13年の欧州連合（ＥＵ）とウクライナの連合協定をめぐる署名問題を挙げている。

この問題が（略）ロシアとウクライナの関係にどう影響するかという問題との関わりを顧みることなく検討された事実に、私は最初から胸騒ぎがした。（略）ロシア・ウクライナ・ＥＵの「トライアングル」を築くために、交渉と調整のメカニズムを模索する必要があったのである。（略）ＥＵ側がロシアとの協力を一切拒否した。

ウクライナのヤヌコビッチ大統領〔２０１０～14年在任〕は、自身の政治的利益に基づいてうまく立ち回り、結局はＥＵとの協定書に署名しないという決定をした。これは、ウクライナの多くの人々には理解されず、（略）デモと抗議が始まった。最初は平和的だったものの、次第に急進派や過激派、扇動家らが主導権を握るようになる。

（同前）

17年の自叙伝執筆時点でゴルバチョフ氏は、ウクライナ問題の解決策は、15年2月、ウクライナとロシア、ドイツ、フランスが署名した停戦合意協定「ミンスク合意」の達成に尽きるとして、こう記している（ウクライナ東部2州が同国にとどまる代わりに憲法で特別な地位を認める「ミンスク合意」については第6章で詳述する）。

国民にとって利益となるのは、民主的で、ブロックには属さないウクライナであると私は確信している。そのような地位は、国際的な保証とともに憲法で裏づけられなければならない。私が想定しているのは、1955年に署名された「オーストリア国家条約」（略）のようなものだ。
（同前）

ゴルバチョフ氏が強調しているのは、国際関係における信頼の概念だ。それは、「双方が互いを尊重し、互いの利益を考慮するときに生まれてくる」と述べる。そして西側が冷戦で「勝利」を表明し、信頼は損なわれたと指摘している。

西側はソ連崩壊後にロシアが弱体化したことにつけ込み、（略）国際関係における平等の原則は忘れ去られ、（略）我々はみな今のような状況に置かれてしまった。
（同前）

そして、ロシアが最も神経をとがらせてきたNATOの東方拡大についてはこう記す。

NATO軍とロシア軍はごく最近までは互いに離れたところにいたが、今は顔を突き合わせているからだ。我々はかつて、ワルシャワ条約機構を解散した。当時、ロンドンでNATO理事会の会合が開かれ、軍事同盟ではなく、政治が軸となる同盟が必要だという結論に至った。

（略）このことは忘れられた。ＮＡＴＯがこの問題に立ち戻ることを私は望んでいる。〔複雑な世界情勢を〕我々は力を合わせてそこから抜け出した。もちろん、当時と現在とがまったく同じ状況だというわけではない。だが、教訓を引き出すことはできる。それは、この状況から抜け出るためにはまず、互いを尊重し、対話を重ねるということだ。そうしなければ、何も変えることはできないだろう！（同前）

「ＮＡＴＯの東方不拡大」約束の有無

回想録『変わりゆく世界の中で』では、ＮＡＴＯ不拡大の約束の有無について論じている。「約束」をめぐる議論の発端は、１９９０年2月9日のゴルバチョフ氏とジェームズ・ベーカー米国務長官（当時）との会談記録だ。問題の箇所は、ベーカー氏の次の文言である。「もし米国がＮＡＴＯの枠組みでドイツでのプレゼンスを維持するなら、ＮＡＴＯの管轄権もしくは軍事的プレゼンスは1インチたりとも東方に拡大しない、との保証を得ることは、ソ連にとってだけでなく他のヨーロッパ諸国にとっても重要なことだ」。ゴルバチョフ氏は回想録でこう語る。

ベーカーの言葉や、統一ドイツの軍事政治的地位をめぐる当時の議論を反映した他の資料は、数多くの臆測や思惑の対象となった。ある人々はこう言う。ゴルバチョフにはＮＡＴＯを拡大しないという保証がなされた、と。別の人々はこう語る。ゴルバチョフはＮＡＴＯを拡大しないという保証は得ていなかった、もっと食い下がるべきだった、そうすれば中東欧諸国のNATO加盟問題も後で起きることはなかっただろうに、と。

保証はもっぱらドイツ統一に関して与えられたものだった〔90年9月12日署名のドイツ最終規定条約で具現化された〕（略）これは、旧東ドイツ領での外国軍の配置や核兵器とその運搬手段の配備を禁止し、統一ドイツの兵力を大幅に削減（略）するものだった。（『変わりゆく世界の中で』）

そしてゴルバチョフ氏はこう問いかける。

あのとき我々は、旧東ドイツ領だけではなく、東方全体へのNATO不拡大問題を提起すべきだったのか。（略）この問題を我々が提起するのは単に愚かなことだったであろう、と。なぜなら、当時は（略）まだワルシャワ条約機構も存在していたからである。（略）あの当時こんなことを言っていたら、我々はもっと非難されていただろう。我々自身が西側のパートナーにNATO拡大のアイデアを〈こっそり届け〉、そしてワルシャワ条約機構の崩壊そのものを早めてしまった、と。（同前）

要するにゴルバチョフ氏は、NATO不拡大の約束は「なかった」と述べている。これはプーチン大統領の主張と食い違っている。だがゴルバチョフ氏は、それでＮＡＴＯ拡大が免罪されるとは考えていない。ＮＡＴＯ東方拡大のプロセスはドイツ統一とは別問題だったと指摘したうえで、その始まりは、ドイツ統一で成し遂げた合意の精神や相互の信頼が壊れてから何年か後のことだったとみている。

もしソ連邦が維持され、すでにソ連と西側の間にできていた関係が保たれていたら、ＮＡＴＯの拡大は起きなかっただろうし、双方は別の形で欧州安全保障システムの創設にアプローチしていただろう。そしてＮＡＴＯもまた、とりわけ現在、１９９０年夏に採択されたロンドン宣言の条文が忘れられていなかったら、違った性質を帯びていたことだろう。（同前）

90年7月のロンドンでのＮＡＴＯ首脳会議で出された宣言は、ワルシャワ条約機構の加盟国に対して「互いに敵とは見なさない」と表明し、ＮＡＴＯの政治的機構への発展、冷戦の遺物を克服するための貢献などがうたわれていた。すでに述べたようにゴルバチョフ氏は、統一ドイツのＮＡＴＯ加盟について「米国とソ連をはじめとする東西諸国の共同作業だった」と考えている。ソ連側に２７００万人もの犠牲を出した独ソ戦の相手国であるドイツ国民の統一の希望をかなえ、統一後のドイツがＮＡＴＯに加盟することを認めたからだ。ソ連国内の反発を抑え、国民を納得させる必要があった。

その後、ワルシャワ条約機構を解体したゴルバチョフ氏は、西側の軍事機構であるＮＡＴＯも当然なくなるものと考えていたようなふしがある。

西側がその経緯を忘れて「勝者」のように振る舞うことに、ゴルバチョフ氏は強い反発を示している。そこがプーチン氏と共通する点だ。ゴルバチョフ氏はこう述べている。

我々は冷戦に終止符を打った。米国の政治家は冷戦での共通の勝利を確認する代わりに、自らの《冷戦での勝利》を表明した。（略）ここに、新しい世界政治の基盤をぐらつかせた誤りや失敗の根がある。勝利者意識は政治でのあしき助言者であり、モラルを欠くものだ。

（2021年11月30日付、朝日新聞）

NATO拡大の危険性を「警告」していたのは、何もロシア側だけではない。かつてソ連大使も務めた米戦略家のジョージ・ケナン氏は、1998年5月のニューヨーク・タイムズ紙で「私はそれ（NATOの拡大）は、新たな冷戦の始まりであると思う。ロシア人は強く反発するだろうし、ロシアの政治にも影響を与えるだろう。それは悲劇的な過ちだ」と述べていた。90年代のクリントン政権時代に国防長官を務め、NATO拡大に慎重な姿勢をとってきたウィリアム・ペリー氏も2020年刊の共著『核のボタン――新たな核開発競争とトルーマンからトランプまでの大統領権力』（田井中雅人訳、吉田文彦監修・解題、朝日新聞出版）の中でこう述べている。「冷戦終結とソ連崩壊は米国にとってまれな機会をもたらした。核兵器の削減だけでなく、ロシアとの関係を敵対からよいものへと転換する機会だ。端的に言うと、我々はそれをつかみ損ねた。30

年後、米ロ関係は史上最悪である」。

米軍将校から歴史家に転じたアンドリュー・ベースビッチ氏は、自著『幻影の時代――いかに米国は冷戦の勝利を乱費したか』の中で、米国が冷戦の勝利を過信して道を誤ったと指摘した。同氏は2020年6月の朝日新聞のインタビューで、「ベルリンの壁崩壊を目の当たりにして、米国の政治家や知識人は古来、戦史で繰り返された『勝者の病』というべき傲慢《ごうまん》さに陥り、現実を見る目を失った」と述べ、こう指摘している。「『共存条件』を外交を通じて探ることが必要です。安全保障上の基礎的な要求を互いに尊重し合い、軍拡競争を防ぐのです」。

非現実的な「日米の核共有」

繰り返しになるが、今回のウクライナ危機がもう一つ突きつけた問題は、人類と核との関係性である。プーチン大統領が「核大国」であることを誇示し、ソ連崩壊後にウクライナが自国領に残された数千発の核兵器をロシアに移送した過去の経緯から、「やはり核を持つべきだ」との議論が再燃した。

1994年のブダペスト覚書で、ソ連崩壊後のウクライナ領土内に残されていた核弾頭はロシアへ移送される代わりに、ウクライナは核不拡散条約（NPT）に加盟し、安全保障が確保されていたはずだった。それが今回、ロシアから侵略を受けたのである。安倍晋三元首相が「議論すべきだ」と提起したニュークリア・シェアリング（核共有）も、その延長上にあった。

だが、こうした議論は深く熟慮されたものとは思えない。ウクライナに残された核弾頭は、ソ連を継承したロシアが運用の指揮命令権を引き継いでいた。ロシアの指揮統制システムに依存していたため、ウクライナは技術的にも経済的にも核兵器を管理する能力をもっていなかった。

ウクライナが核兵器を使えるわけではなく、NPTを最重視する米国をはじめ核保有5カ国が新たな核保有国の出現を許可することも考えられなかった。日米の核共有も、米国がそもそも認めるのかという話である。被爆国日本がNPTから脱退するとでも言うのだろうか。

いまNATOが核共有を実施し、米国の核爆弾をドイツ、イタリア、ベルギー、オランダ、トルコの5カ国に配備しているのは、NPTの発効以前から行っていたという理由からでしかない。日本の核共有を認めるなら、ロシアがベラルーシに核配備しても批判はできないはずである。

むしろ世界は、核依存とは反対の方へと進まなければならないことを突きつけられている。今回の危機は、核保有国が追い詰められれば追い詰められるほど核兵器を実戦使用するリスクが高まり、人類が核を持ち続ける限り、核使用の恐怖におびえ続けなければならない現実をあらわにした。ロシア軍が占拠した原発が「核の盾」のような危うい形で利用されている事態は、改めて原発に内在する危険性を世界に突きつけた。

第2次世界大戦時と現在とで決定的に違うのは、人類は自らを絶滅させるほどの核兵器を持ち、核兵器よりはるかに大量の放射性物質を扱う原発を大量に持ってしまった時代に生きているということだ。

だからこそ、「侵略している相手にひるんでよいのか」という問いと、「ひるまなければ戦争がエスカレートして核戦争を招いてしまう」という問いの板挟みになるジレンマに立たされるのである。

核兵器と原発を持ちたいのなら、まず何よりも戦争を起こさせない条件づくりを最優先しなければならない。そのためには、「共存条件」を模索して対話し、相互の利益を尊重し合って妥協点を見つける必要がある。

核大国である米国とロシアと中国が、お互いの価値観を押しつけ合って覇権を争う限り、いかなる危機も防げないだろう。ロシアの暴挙は決して容認できないが、それを非難するだけではすまない時代なのである。

核兵器と原発の時代に戦争を起こさせないためにはどうすべきか、NATO東方拡大を含め冷戦終結後の国際政治のあり方と真摯に向き合い、教訓を引き出す必要がある。目をそらしてはならないのは、「冷戦の勝者」を自任する西側が冷戦終結後の対ロシア戦略を誤り、東西をカバーする安全保障の国際管理に失敗したという現実である。

東西冷戦が終結したのに、なぜ西側軍事ブロックのNATOだけが残ったのか。統一ドイツのNATO加盟は「東西の共同作業」だったはずなのに、なぜ米国は「冷戦の勝者」として一極支配を進め、国際秩序を主導するのか。

ロシア側から見れば、NATOもEUも、そして2023年5月には被爆地・広島で開催される主要7カ国首脳会議（G7サミット）も、ロシアを排除する「壁」にしか見えない。軍事機構の存続は仮想敵国を必要とし、領域外にも出て組織の自己存続を図るものになる。NATOの域外であるアフガニスタンへの派兵はその典型だろう。

そして、いったん戦争が始まってしまえば、「死ぬか生きるか」の論理が優先し、市民の大切な命が巻き込まれていく。人間的判断を失った核大国のリーダーの振る舞いに、世界はおびえ続けることになる。戦争は、起こさせないことこそ重要なのだ。

20世紀末、冷戦終結によって東西和解の芽が生まれたにもかかわらず、21世紀に入り、人類は敵対意識と軍事思考を克服できずに今回の戦争を招いてしまった。こうした受難のさなかに、冷戦終結を成し遂げたゴルバチョフ氏は生涯を閉じた。これは何を意味しているのだろうか。ゴルバチョフ氏の「新思考」は、「相互の尊重」「対話と協調」、そして「政治の非軍事化」の思想である。いまこそ、それを見つめ直す時ではないかと痛感する。

「西側とそれ以外」

2022年6月にドイツのエルマウで開かれた主要7カ国首脳会議（G7サミット）を前に、市民の国際会議「C7サミット」が政策提言書2022を出している。C7サミットの「C」は「Civil Society（市民社会）」の頭文字をとったものだ。この提言書の中には、極めて重要な視点が盛り込まれている。例えば、以下のような記述だ。

G7の首脳が集まり、ドイツが今年の議長国であるという文脈で自らの優先事項を話し合う際には、市民社会の声、そして何よりも危機の影響を最も受ける人々の声が聞かれなければなりません。G7諸国は世界人口の10％を占めるにすぎませんが、その経済力は世界の国内総生産の約45％を占めています。このことは、強大な権力を意味します――しかし何よりもまず、世界の変化に貢献する責任を負っていることを意味するのです。G7は多国間主義の維持に貢献すべきであり、また「西側とそれ以外」という新たな考え方に抵抗する必要があるのです。

（日本語版作成「G7市民社会コアリション2023」）

ロシアに通算8年生活してみて私は、「西側とそれ以外」という考え方がロシア社会に深く影を落としていることを感じていた。「西側」であるNATOもEUも、ロシアから見れば壁にしか見えない。ウクライナ危機が高まり、14年のロシアによるクリミア半島併合を経て、ロシアはG8からはじき出されることになる。

そもそもロシアはエリツィン時代、NATO東方拡大を受け入れる代わりにG8へ招き入れられたともいわれるが、G8が終焉《しゅうえん》を迎え、G7が「多極化世界の共存条件」を協議する場ではなくなったことが、ある意味、象徴的とも言える。

翻って日本はどうだろう。被爆地・広島選出の岸田文雄首相が率いる岸田政権は、同盟関係を結ぶ米国のバイデン政権に忠実に従い、ウクライナ戦争や核問題に関してはいささかなりとも米国と差異があることをしないという方向を鮮明にした。22年6月にウィーンで開かれた核兵器禁止条約の第1回締約国会議に、日本はオブザーバー参加すら見送った。岸田首相自身、「核兵器禁止条約は『出口』として重要な条約だ」とその意義は認めているにもかかわらず、そしてNATO加盟国であるドイツやノルウェーがオブザーバー参加したにもかかわらず、である。

人類が二度と核兵器を使わないと誓うはずの8月6日の広島原爆の日には、広島市の平和記念式典にロシアとその同盟国ベラルーシの代表は招待しないよう促し、広島市もそれを受け入れた。23年のG7サミットの開催地に、岸田首相は自らの選挙区を舞台に選んだ。そして極め付けは、地理的に遠く離れた欧州と米国のNATO首脳会議に6月、岸田首相が初参加したことだ。

これは何を意味するのか。日本の安全保障問題に詳しい佐藤武嗣・朝日新聞編集委員は「日本とNATO関係が新しい局面に入ったことを印象づけた。地理的に離れた欧州とアジアが安全保障で連動し、双方の連携は不可欠だと確認した。これまでは欧州がアジアへの関与を強める流れだったが、日本も欧州で協力の強化を打ち出したのが特徴だ」「日本が(略)力によって国際秩序の転換を図ろうとする勢力に対し、牽制を強める姿勢は理解できる」と指摘したうえで、次のような懸念に言及している。

ただ、NATOは軍事同盟だ。サイバーや海洋安保のルールづくり、自衛官派遣で交流を深めるのはよいが、紛争への軍事的関与には一線を引くべきだろう。(略)日本の「本務」はアジアで緊張緩和の環境作りを主導することにある。

「疎外感」がロシアを軍事侵攻に駆り立てたとすれば、牽制一辺倒で地域の緊張を高めるのは得策ではない。(略)中国との(略)対話を通じて緊張緩和に導くのも日本の役割だ。

今回のNATO首脳会議に共に参加した韓国との日韓首脳会談が実現しなかったのは残念だが、日米韓首脳会談が5年ぶりに開かれたことは前向きに評価したい。

牽制と対話を使い分け、アジアの民主主義国との連携を深めつつ、時に欧州も外交手段として活用する。（略）岸田政権には「したたかな外交」が求められている。

（２０２２年6月30日、朝日新聞デジタル）

まさに、「疎外感」がロシアを軍事侵攻に駆り立てたとすれば、牽制一辺倒で地域の緊張を高めるのは得策ではない――との指摘は、急所を鋭く突く冷静な視点だろう。「安全保障のジレンマ」といわれるものだ。これこそが、ＮＡＴＯ東方拡大の本質であり、米中対立が深まる中で、くみ取るべき教訓なのである。

私はいま、広島で勤務している。中国新聞記者時代に在韓被爆者問題を発掘し、１９９０年代に広島市長を務め、96年には国際司法裁判所（ＩＣＪ）で核兵器の非人道性について証言した平岡敬《たかし》氏に、ウクライナ戦争についてインタビューした際、深く心に残った言葉がある。

「マスコミの仕事は、もっと冷静になれ、と言い続けることだ。もっと冷静になれ、と」

メディアも世論も「好戦」の熱気に入り込む中で、今回の戦争の背景的な構図を冷静に見つめる作業こそ不可欠であると痛感した。だからこそ、東西冷戦終結からウクライナ戦争に至るまでの経過を謙虚に検証しなければならない。その核心こそがＮＡＴＯの東方拡大なのである。

ＮＡＴＯ拡大という呪縛

ソ連という社会主義の全体主義国家から民主化改革（ペレストロイカ）と新思考外交を進めたゴルバチョフ氏が登場し、新生ロシアという曲がりなりにも民主主義体制の国家から強権的なプーチン大統領が生まれた。ソ連崩壊後に味わった「屈辱の90年代」の反動としてロシア国民が強いリーダーを求め、それがプーチンを生み出す土壌となり、今のウクライナ戦争につながった――との見方がある。だがそれは、ロシア国内の現象のみを見て歴史のつじつま合わせをする表層的な見方でしかないだろう。ソ連を解体し、プーチン氏を後継に指名した新生ロシア初代大統領、ボリス・エリツィン氏への言及もない。冷戦史についての著書がある米オハイオ州立大のロバート・マクマン名誉教授は、プーチン氏のような指導者が登場する流れは必然だったのか、との問いに次のように答えている。

私はそうは思いません。偶発的な要因はいくつもあると思います。北大西洋条約機構（ＮＡＴＯ）の東方拡大など、長い目で見れば弊害をもたらす決定がなされたこともそうですが、ロシア国内のエリツィン政権の弱さこそが、ロシア国民に強い権威主義的支配を受け入れさせるような状況を作り出したと思います。（略）冷戦が終わってからロシアがウクライナに侵攻するまでの30年ほどの間に、多くの異なる道が可能だったのです。

（２０２２年9月3日、朝日新聞デジタル）

内政と外政は常にリンクしているものだ。プーチン氏の政治は明らかに、対外環境に影響されて変化していった。もし最初から隣国を侵略するような思想の持ち主なら、２０００年のロシア最高指導者への就任から20年以上も待つだろうか。当時の大統領の任期は1期4年（現在は6年）で、憲法の規定では連続2期までだった。

当初はNATO加盟も検討していたプーチン氏を変えた最大の要因は、米国の有識者らも危険性を警告していたNATOの東方拡大である。ロシアのウクライナ侵略は国際法も国際人道法も踏みにじる暴挙であり、決して容認することはできない。だが、なぜここまでの行動に出たのかを突き詰めていけば、ロシアが安全保障上の脅威だとするNATOの東方拡大に行き着く。米欧には不都合な真実であっても、目をそらしてはならない。

西側を熱狂させたゴルバチョフ氏と、西側から嫌悪されるプーチン氏とは、政治思想も政治スタイルも正反対だ。だが、2人の意見が合致するのが、NATO東方拡大への批判なのである。

冷戦終結後の1990年の時点で16カ国だったNATO加盟国は、旧東側陣営のワルシャワ条約機構加盟国などが順次加わり、ウクライナ侵攻の前には30カ国まで拡大していた。旧ソ連のウクライナも親欧米政権がNATO加盟を希望し、米国などNATO側は2008年に将来的な加盟を認めることで合意していた。

ゴルバチョフ氏は自らの回想録で「NATO不拡大の約束はなかった」と述べ、プーチン大統領の主張とは食い違っている。だからといってゴルバチョフ氏は、NATO拡大が免罪されるとは考えていなかった。ドイツ統一交渉時の東西融和の精神に反すると考え、厳しく批判したのだ。

ゴルバチョフ氏が強調していたのは「相互の尊重」「対話と協調」という信頼の概念だ。それは「双方が互いを尊重し、互いの利益を考慮するときに生まれてくる」と述べる。そして西側が冷戦で「勝利」を表明し、信頼は損なわれたと指摘した。

「西側はソ連崩壊後にロシアが弱体化したことにつけ込み、我こそ冷戦の勝利者だと宣言した。国際関係における平等の原則は忘れ去られ、やがて気がつくと、我々はみな今のような状況に置かれてしまった」

自叙伝で「母も妻もウクライナ人だった」と記したゴルバチョフ氏は、「〔ウクライナ〕国民にとって利益となるのは、民主的で、ブロックには属さないウクライナであると私は確信している。そのような地位は、国際的な保証とともに憲法で裏づけられなければならない」とつづり、第2次世界大戦時の連合国がオーストリアの主権回復を認めた条約を想定していると明かした。この「中立化」の議論を避け続ける限り、ウクライナの市民も兵士も、ロシアの兵士も、次々と人命が奪われ続けるだろう。プーチン大統領が求める交渉相手はあくまで米国であり、NATOであるからだ。

冷戦終結後も人類は敵対意識と軍事思考を克服できずに今回の戦争を招いてしまった。東西冷戦が終結したのに、なぜ西側軍事同盟のNATOだけが残ったのか。ドイツ統一とそのNATO加盟は、独ソ戦で2700万人もの犠牲を出したソ連国民も受け入れた「東西の共同作業」だったはずなのに、なぜ米国は「冷戦の勝者」として振る舞い、国際秩序を主導するのか。

ゴルバチョフ氏はそうした問題提起によって、戦争の芽を摘むための教訓を残してくれたのかもしれない。

ロシア側からはどう見えるのかを考えることは、ウクライナ戦争の今もその後も、ますます重要になってくる。戦争は人間の心から起きる。核の時代に、戦争を二度と起こさせてはならないのだ。

第2章　ゴルバチョフの誤算

地中海に浮かぶマルタの首都バレッタの海は、嵐の到来で荒れていた。バレッタの港には、ソ連の巡洋艦〈スラバ〉と米国の巡洋艦〈ベルナップ〉が投錨《とうびょう》していた。さらにその港には、ソ連側交渉団のホテルでもある旅客船〈マクシム・ゴーリキー〉も入っていた。

１９８９年12月3日。この旅客船の船内で向き合った米国のジョージ・ブッシュ（父）大統領とソ連のミハイル・ゴルバチョフ共産党書記長が、「お互いを敵とは見なさない」と握手し、米ソ冷戦の終結を宣言する。１９４５年の第2次世界大戦終結以降、人類を何度も滅ぼせるほどの大量の核兵器で対峙してきた二つの超核大国が、東西冷戦の時代に終止符が打たれることを、世界に向けて高らかに宣誓した日である。

ゴルバチョフ氏が２０１８年にロシアで刊行した回想録『変わりゆく世界の中で』によると、米ソ首脳会談は当初、ソ連の巡洋艦〈スラバ〉で行われる予定だった（以下のやりとりは同書から）。

しかし、嵐で海が荒れ、交渉団がそこまで小型船艇でたどり着くのは難しく、艦船の乗組員も「上陸」に反対した。そのため急きょ、入り江の岸壁に係留してある旅客船〈マクシム・ゴーリキー〉の船上で行うことが決まったという。それでも１９８９年12月２日に始まった最初の会談は、わずかに開始が遅れただけだった。

会談は一対一で始まり、ブッシュ氏が最初に口火を切った。ブッシュ氏は数ある地域問題について信頼を持って協議し、これらの問題を選挙と民主主義に基づいて平和的に解決していきたいと強調した。そして、ゴルバチョフ氏にとって非常に重要な発言をする。

「米国の世論はあなたを支持しています。断固としてペレストロイカ〔改革〕を支持しています。同じように、東欧で進む多元化プロセスでもあなたの役割を支持しています。その役割は事態を制御するだけでなく、変化への刺激にもなることなのです」

これに対して、ゴルバチョフ氏は次のように語る。

「アメリカの政治家たちが、ヨーロッパの分断を乗り越えるには西側の価値観をベースにしなければならないと語るなら、私は受け入れられません。以前は我々を〈革命の輸出〉だと非難しておきながら、いまはアメリカの価値観を輸出する話をあなた方はしています。これは、今日の変化の精神にはそぐわないし、プロセスの進行を混乱させると思います」

「ヨーロッパでの変化は実際のところ、根源的な性質のものです。全ヨーロッパがこれほどダイナミックな変化を経験している時期には、私たちはとりわけよく考えて責任ある行動をし、お互いに協力し合わなければなりません」

ブッシュ氏がこれに賛同したのを見て、ゴルバチョフ氏はこう続けた。

「新しい局面で、別の時代にできた制度をどう扱うのか。そこでも同様に、よく練られた責任あるアプローチが求められます。そうでなければ、いまはポジティブな変化プロセスの方向が逆行して、安定を壊すことになるでしょう。バランスを支えている既存の制度は壊してはなりませんが、時代の要請に従って形を変えていかなければなりません。それらを、安全や安定の強化、国家間の関係改善のために使わなくてはならないのです。NATOもワルシャワ条約機構も、単なる軍事機構ではなく、もっと大規模に政治機構化させて、その敵対的な本質を変えさせればいいのです。すでに私たち双方の将軍たちが、時代の精神を感じ取り、お互いに行き来し、最も複雑な問題を協議していることは、素晴らしいことです」

このやりとりはまさに、冷戦時代にお互いがにらみ合ってきた東西の軍事機構のあり方を見直していこうというアプローチだった。

マルタ——冷戦終結を象徴する場所

冷戦にピリオドを打つ共同声明に際して、ゴルバチョフ氏は次のように述べた。

「世界は一つの時代を立ち去り、新たな時代に入りつつある。我々は、安定して平和的な時代に向けて歩み始めた。武力の脅威、不信、心理的・イデオロギー的な闘争は、すべて過去の遺物とすべきである」

「私は合衆国の大統領に対して、アメリカ合衆国に熱い戦いを仕掛けることは決してないと保証する」

地中海に浮かぶ小さな島のマルタ共和国は、こうして冷戦終結を象徴する場所となった。そのマルタとゴルバチョフ氏が最近までつながりを持っていたことは、私が2度目のゴルバチョフ氏へのインタビューのため2020年3月半ばにモスクワのゴルバチョフ財団を訪れた時に知った。3月2日に89歳となったゴルバチョフ氏の誕生日に、マルタのジョージ・ベッラ大統領が直筆でサインしたお祝いのメッセージを送ってきていたのだ（**写真**）。それは、国章が描かれたレターに英文でつづられ、内容は次のようなものだった。

元ソ連大統領ミハイル・セルゲービッチ・ゴルバチョフ閣下

2020年3月1日

89歳のお誕生日、心よりお喜び申し上げます。

あなたはビジョンの人であり、勇気の人であり、平和の人です。対話と約束を支持するあなたの影響力は、地球全体の安定にとって非常に重要な貢献をしました。これは、あなたがいかに世界と人類にあまねくインパクトを与えたか、そして、いかに歴史が国際政治でのあなたの役割を記録にとどめてきたか、を示すものです。

あなたのレガシーは今日、希望の灯台であり続けています。いまの時代、我々は多国間主義というよりむしろ、より一方的な行動や決定を目にし、対話と行動の政治というよりむしろ、暴力と争いの政治をより多く見ています。

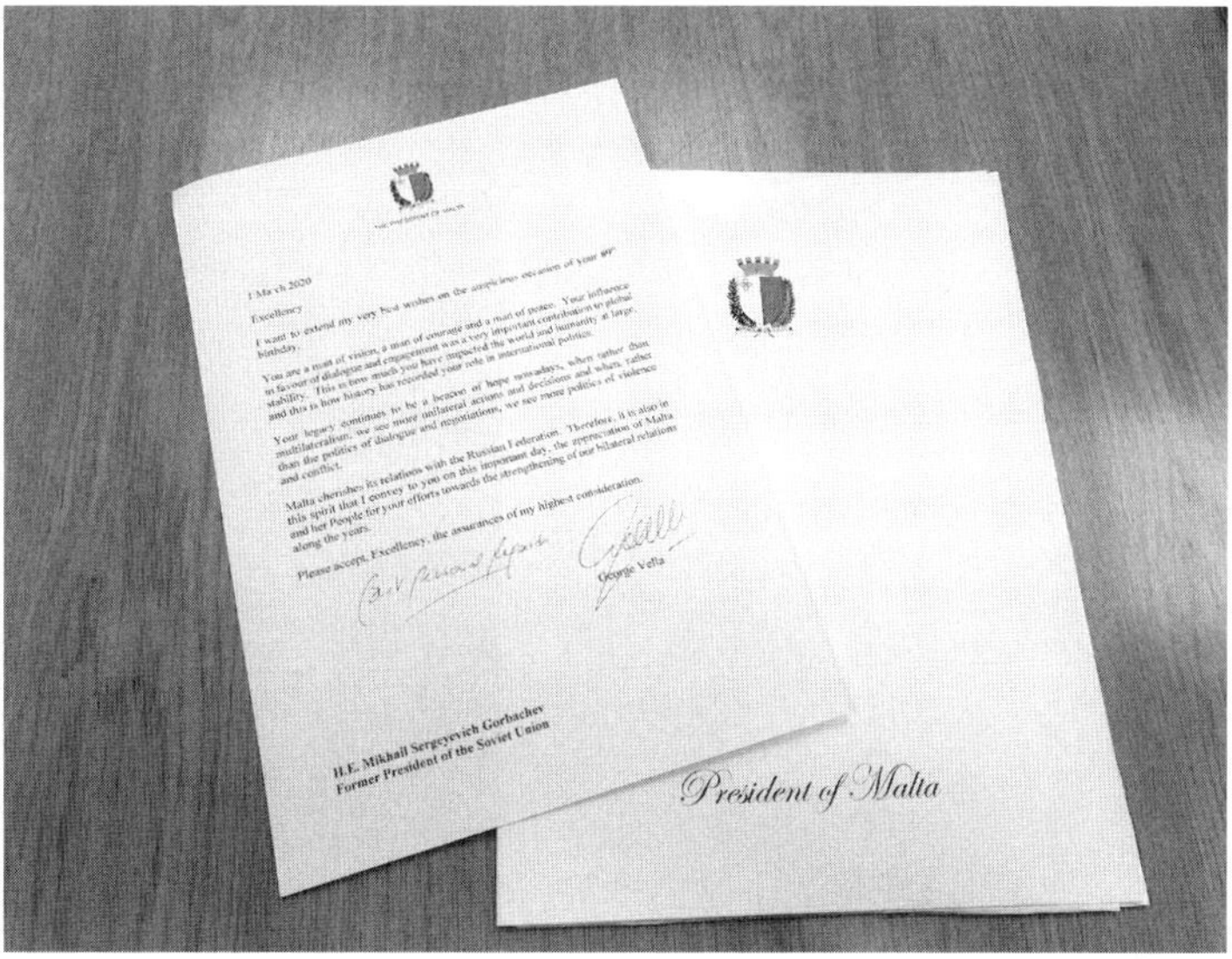

マルタ大統領からのお祝いのメッセージ＝副島英樹撮影

マルタはロシア連邦との関係を大切にしています。それゆえに、その精神にのっとり、この大切な日に、両国関係強化への長年にわたるあなたのご努力に対し、マルタとその人々の感謝の思いをお届け致します。

マルタでの米ソ首脳会談の時間に話を戻そう。

実はこのマルタ会談の前には、米ソの軍部同士の接触も水面下で図られていた。ソ連代表団を率いて訪米したドミトリー・ヤゾフ国防相は、ソ連共産党政治局での報告で、このような発言をしている。

「(米国側は) 驚くほどオープンでした。破壊工作部隊の中にまで入れたのです。このような訪問なら実際のところ、緊張や疑念は払拭されます」

相手を敵視して排除するだけでは、疑念が膨れあがり、警戒心や猜疑心も募る一方だ。対話を通して信頼醸成につなげていくしか突破口はない。そうした軍レベルでの接触の土壌があったからこそ、米ソはこの先、ドイツのＮＡＴＯ加盟問題まで議題に挙げることができたとも言える。

1インチ発言

１９９０年2月9日、ゴルバチョフ書記長はモスクワで米国のジェームズ・ベーカー国務長官と会談した。ゴルバチョフ氏は、いかに米ソ両国の一致した行動が重要か、両国の根本的な関係改善と冷戦終結の事実そのものがいかに重要かを強調した。

この日の会談で、ベーカー氏はこう発言している。

「我々両国はともに〔第2次世界大戦を〕戦い、ともにヨーロッパに平和をもたらしました。残念ながら、その後、我々は世界をうまく回すことができず、冷戦へと至りました。あなたにぜひとも知っておいていただきたいのですが、〔ブッシュ（父）〕大統領も私も決して、いま起きているプロセスから一方的なメリットを引き出すつもりなどありません」

会談ではすぐに統一ドイツのＮＡＴＯ加盟問題が持ち上がった。

ベーカー氏は、米国側も、一緒に協議したドイツ側も、統一ドイツにとって中立〔西側陣営にも東側陣営にも属さないこと〕が最適な決定だとは考えていないと述べ、こう続けた。

「もしドイツが中立となっても、軍国主義化しないとは限りません。逆に、アメリカの核抑止力に頼る代わりに、独自の核潜在力を持つことを決める可能性があります。我々の西欧の同盟国すべてと東欧諸国のいくつかは、米国がヨーロッパでの軍事プレゼンスを維持してほしいと知らせてきました。あなたがこうした見通しを支持するかどうかは分かりません。しかし、はっきり申し上げたいのは、米国が軍隊を引き揚げるとするなら、それは我々の同盟国が米国のプレゼンスに反対と言う場合のみです」

「我々はどこであれ、米国のプレゼンスを望まない国からは出て行くでしょう。こうした気持ちは、アメリカ国民の中にはいつも強くありました。ですが、もし統一ドイツを現在の西ドイツ指導部が率いるとするなら、この指導部はこれまで、我々が出て行くのには反対だと主張してきました」

「最後に言いたいのは、ヨーロッパでの米国のプレゼンスを担保しているメカニズムがＮＡＴＯだということです。もしＮＡＴＯが活動を停止したら、米国のプレゼンスのメカニズムはヨーロッパには存在しなくなるでしょう」

そして、２０２２年のロシアのウクライナ侵攻で議論が再燃することになるベーカー氏の問題の発言が出てくるのである。

「もし米国がＮＡＴＯの枠組みでドイツでのプレゼンスを維持するなら、ＮＡＴＯの管轄権もしくは軍事的プレゼンスは１インチたりとも東方に拡大しない、との保証を得ることは、ソ連にとってだけでなく他のヨーロッパ諸国にとっても重要なことだと、我々は理解しています」

前章でも少し言及したが、ＮＡＴＯの東方拡大は冷戦後のロシアと米欧との確執の核心となっていく。その議論の発端となるベーカー氏の発言について、ゴルバチョフ氏は回想録で以下のように詳しく述べている。重要な箇所なので、少し長くなるが引用したい。

その後、これらベーカーの言葉や、統一ドイツの軍事政治的地位をめぐる当時の議論を反映した他の資料は、数多くの臆測や思惑の対象となった。ある人々はこう言う。ゴルバチョフにはＮＡＴＯを拡大しないという保証がなされた、と。別の人々はこう語る。ゴルバチョフはＮＡＴＯを拡大しないという保証は得ていなかった、もっと食い下がるべきだった、そうすれば中東欧諸国のＮＡＴＯ加盟問題も後で起きることはなかっただろうに、と。同じようなことを、よく知らずによく分からないまま話す人もいるし、悪意を持って話す人たちもいる。そんなわけで、どのようなやりとりだったのか、より詳しくここで紹介したい。

東独政府の発表を受け、「ベルリンの壁」の一部が壊され始めた（1989年11月11日、東ベルリン）＝徳山喜雄撮影

「ベルリンの壁」解放後、西側から壁とブランデンブルク門を見ようと集まった東独の市民ら（1989年11月12日、西ベルリン）＝徳山喜雄撮影

ベーカーはモスクワでこう表明した。「〈2＋4〉のメカニズム〔東西ドイツと、米ソ英仏4カ国〕の枠組みで調整や協議を行うことは、ドイツ統一が軍事機構NATOの東方拡大につながらないという保証を与えるはずだ、と我々は考えています」と。

というわけで、保証はもっぱらドイツ統一に関して与えられたものだった。しかも、政治的、外交的レベルでやり遂げられた膨大な作業の結果、この保証は条約の形で具現化された（1990年9月12日署名のドイツ最終規定条約）。これは、旧東ドイツ領での外国軍の配置や核兵器とその運搬手段の配備を禁止し、統一ドイツの兵力を大幅に削減（37万人まで）するものだった。条約のすべての条文は履行され、むしろそれを上回っている。現在のドイツの兵力は18万5千人である。

あのとき我々は、旧東ドイツ領だけではなく、東方全体へのNATO不拡大問題を提起すべきだったのか。私は確信している。この問題を我々が提起するのは単に愚かなことだったであろう、と。なぜなら、当時はNATOだけでなく、まだワルシャワ条約機構も存在していたからである（この機構の解散決定が効力を持ったのは1991年7月1日になってからだった）。あの当時こんなことを言っていたら、我々はもっと非難されていただろう。我々自身が西側のパートナーにNATO拡大のアイデアを〈こっそり届け〉、そしてワルシャワ条約機構の崩壊そのものを早めてしまった、と。

NATOの東方拡大のプロセスは、別の問題である。それが始まったのは、私がソ連大統領のポストを退き、ドイツ統一で成し遂げた合意の精神に背き、あれほど苦労して築き上げ、試練に耐えてきた相互の信頼を壊してしまってから、何年か後のことだった。そしてさらに、こうも確信している。もしソ連邦が維持され、すでにソ連と西側の間にできていた関係が保たれていたら、NATOの拡大は起きなかっただろうし、双方は別の形で欧州安全保障システムの創設にアプローチしていただろう。そしてNATOもまた、とりわけ現在、1990年夏に採択されたロンドン宣言の条文が忘れられていなかったら、違った性質を帯びていたことだろう。その宣言には、NATOの政治的機構への発展、冷戦の遺物を克服するための貢献、現在の欧州安全保障協力機構（OSCE）〔前身の欧州安全保障協力会議（CSCE）が1995年に機構化され、名称変更した〕の役割強化がうたわれていた。（『変わりゆく世界の中で』）

「ゴルバチョフの轍は踏まない」

こうした記述から、ゴルバチョフ氏がNATOも変わっていくという将来への期待を抱いていたことがうかがえる。ワルシャワ条約機構が解消すればNATOの軍事的性格も政治的なものに変わるとの期待だ。強い指導者を求める傾向の強いロシア人の目には、あまりにナイーブに映るのかもしれない。

NATOの東方拡大についてもゴルバチョフ氏は「約束はなかった」と述べ、プーチン大統領の主張と食い違っているが、プーチン氏はゴルバチョフ氏が口約束で済ませたのがミスだったとみている節がある。ウクライナへの軍事侵攻直前に、米国やNATO諸国に対して、NATO不拡大の確約を文書で求めたのはそのためだろう。それは執拗な行為にも見えたが、プーチン氏にしてみれば、「ゴルバチョフの轍《てつ》は踏まない」との信念があったはずだ。その文書による確約が得られなかったことが、彼の言う「特別軍事作戦」の最終決断に追い込んだと私は見ている。

この問題に関しては、プーチン氏は侵攻1カ月前の2022年1月28日、フランスのエマニュエル・マクロン大統領と電話協議し、米国やNATOがその2日前の26日に書面で伝えたロシアの要求への回答について、「基本的なロシアの懸念が考慮されていない」と不満を述べている。

ロシア大統領府の発表によると、プーチン氏は、①NATOの拡大停止、②ロシアの国境付近への攻撃兵器の配備の取りやめ、③NATOの兵器、部隊の配備を東欧への拡大が始まった時点の状態に戻す――というロシアの三つの要求が拒否されたことを指摘したうえで、「他国の安全を犠牲にして自国の安全保障を強化しない」という欧州安保協力機構（OSCE）で確認された原則が「無視された」とも述べた。

さらにプーチン氏はマクロン氏に対し、「ロシア側は米国、NATOの書面を注意深く検討したうえで自分たちの今後の行動を決める」と語ったという。

これらについては、1月29日付朝日新聞「プーチン氏、欧米回答に不満」の記事が伝えているが、記事では、このプーチン氏の発言は「今後もNATO拡大停止を含む主要な要求を断念する考えはないというロシア側の意思表明だったとみられる」と読み解いている。

フランス大統領府によると、プーチン氏は、フランスやその同盟国と対話を続けたい意向を示し、フランス側は「緊張緩和の必要性で一致した」との認識だったという。

21年6月に開かれた欧州連合（EU）首脳会議では、マクロン氏らがロシアとEUによる戦略対話を呼びかけたが、ロシアを身近な脅威と感じているポーランドやバルト3国（エストニア、ラトビア、リトアニア）の反発で頓挫していた。ロシアと対話すべきかについては、欧州各国の間で足並みの乱れが目立っていたが、ウクライナのＮＡＴＯ加盟に慎重な立場をとってきたフランスは、ぎりぎりまでロシアとの仲介役を果たそうとしていた。そうした姿勢は、30余年前の冷戦終結時でも同じだった。

そこで、統一ドイツのＮＡＴＯ加盟問題をめぐる１９９０年5月のソ連とフランスの首脳交渉に時間を戻したい。

ミッテラン大統領

当時のフランスのフランソワ・ミッテラン大統領は、ゴルバチョフ氏の目には、あらゆる西側の指導者の中でソ連の立場を最もよく理解し、その政治的、心理的な基盤を認識し、それを考慮しようとしているように映った。それだけにゴルバチョフ氏は、統一ドイツのＮＡＴＯ加盟問題についてのミッテラン大統領の発言には深く注意を払っていた。

ミッテラン氏は、ＮＡＴＯの状況や、そこで支配的な雰囲気を引き合いに出しながら、ドイツを「ブロック外」とするソ連のアイデアも、あるいは両ブロックに加盟するアイデアも、あるいは、文民機構と軍事機構から成るＮＡＴＯの軍事機構にはドイツを加えないというアイデアも、いずれも拒否されるだろうと述べた。ちなみに、フランスは１９６６年にＮＡＴＯの軍事機構から脱退し、２００９年に完全復帰している。

ミッテラン氏は、ドイツが自ら選択することは拒めないし、もし話が行き詰まれば、ドイツのNATO加盟という単純明快な決定しかないと主張し、ゴルバチョフ氏にこう忠告した。

「あなたは厳しい立場をとることもできます。でも、そのようなアプローチはヨーロッパを不安定化させる原因になるでしょう。他のすべての問題では合意は可能です。しかし、NATO加盟問題が本丸です」

ゴルバチョフ氏に残された道は、米国と差しで話し合うことだった。

米国の立場については、90年5月18日にモスクワを訪問したベーカー国務長官が詳しく説明していた。ベーカー氏が示した〈9項目〉は、ソ連側も受け入れ可能な規定をいくつも含んでいた。ドイツ連邦軍の兵員制限や、ドイツが大量破壊兵器を持たないことなどそのいくつかは、後にドイツ統一条約に盛り込まれている。その他は、NATOが段階的に政治的な機構に変わることや、欧州安全保障協力会議の政治的常設機構化など、政治的義務に則したものだった。

ただ、米政権のこのスタンスがすべての問題を片付けたわけではなかった。ソ連の人々の意識がNATOを受容できるかという、心理的な問題が残っていた。そこでゴルバチョフ氏は、「現実的に考えなければならなかった」と自分に言い聞かせる。

第1次世界大戦後、ドイツを厳しく圧迫して後にナチスの政権掌握の一因となったベルサイユ体制と同じような状況に、ドイツを置いてはならなかった。ドイツが同時にワルシャワ条約機構にも加盟することや、NATOの軍事機構に入らないことは、現実的に考えて不可能だった。何より重要な点は、まだ統一前の西ドイツと東ドイツの両政府が、NATO加盟を支持することだった。

バンクーバーからウラジオストクまで

大西洋からウラルまでをヨーロッパととらえて「ヨーロッパ共通の家」を提唱していたゴルバチョフ氏は、1975年のヘルシンキ以来2回目となる全ヨーロッパ首脳会議を、もともと予定されていた時期（92年）を待たずに開催しようと提案した。ストラスブールの欧州評議会議員総会での演説で呼びかけたものだが、当初は西側諸国から警戒をもって受け止められた。しかし、その後は支持を得られるようになり、パリで特別会議が開かれることが決まった。それに合わせて欧州通常戦力条約が締結される見通しになる。この会議は90年11月19日から21日にかけて開かれ、欧州安全保障協力会議に参加する34カ国の政府代表が出席した。

全ヨーロッパ首脳会議が開かれる前日、エリゼ宮殿の式典ホールに、NATOとワルシャワ条約機構の加盟国の首席代表と外相が集まった。彼らは、ウィーンでの交渉で準備されていた欧州通常戦力条約と、22カ国の共同宣言に署名した。この宣言に署名した国々は、もはや敵ではなく、新しい協力関係を築き、互いに友情の手を差し伸べ合う——ということが、高らかにうたわれていた。

ゴルバチョフ氏は、二つの世界大戦を経て、二つの軍事・政治ブロックと社会体制が核兵器によって半世紀もの間対峙してきた時代は、過去のものになったと認識した。会議の結果を受けて、「新しいヨーロッパのためのパリ憲章」と名付けられた文書が採択され、その文書の末尾に、欧州安全保障協力会議に参加する34カ国の首席代表と、ヨーロッパ共同体の名で欧州委員会のジャック・ドロール委員長が署名した。

「パリ憲章」は、欧州安全保障協力会議の全参加国に共通する原則を確認するとともに、ヨーロッパ共通化プロセスの新しい機構や制度についての規定を含んでいた。定期的な政治協議を行うための中心的な機能を果たすものとして、外相で構成する理事会をはじめ、高級事務レベル委員会、欧州安全保障協力会議事務局、紛争防止センター、諮問委員会が創設されることになった。

このとき、さらに将来を見越した提案も盛り込まれている。いわば一種のヨーロッパ安全保障会議の創設である。ゴルバチョフ氏によると、このアイデアを何らかの形で支持したのは、フランスのミッテラン大統領、ドイツ連邦共和国のハンス＝ディートリヒ・ゲンシャー外相、米国のブレント・スコウクロフト大統領補佐官だった。

付け加えて言えば、この「パリ憲章」は、地域での安保機構創設の可能性を予見している国連憲章と完全に合致していた。ゴルバチョフ氏は明らかに、分断されていた東西を一つにつなぐ共通の安全保障空間が実現されるという希望的観測を抱いていた。

しかし、予想外の出来事が次々と起こることになる。

ソ連では91年8月に保守派のクーデター未遂事件が発生し、ソ連の初代大統領に就任していたゴルバチョフ氏がクリミアで幽閉され、政治的権威を失っていく。その後、ゴルバチョフ氏は、各共和国の主体性を強めた緩やかな連邦国家としてのソ連を維持しようと奔走したが、後にロシア連邦の大統領となるボリス・エリツィン氏にソ連を解体され、91年12月25日、ソ連は消滅した。それに続いてユーゴスラビア連邦では内戦が勃発し、連邦は崩壊。それらが、ヨーロッパの情勢を根本的に変えることになった。

ヨーロッパ共通化のプロセスは深刻な試練にさらされ、新たに創設された機構も、ヨーロッパで発生する軍事紛争を少しでも食い止める影響力を発揮することはできなかった。「パリ憲章」は忘れられたような存在となり、「90年代末に思い出されたときは、率直に言ってもう手遅れだった。ヨーロッパ共通化プロセスの参加国の間で信頼が損なわれるようなことが、あまりにも多く起きていた」とゴルバチョフ氏は回想している。

実は、少し後のことになるが、ゴルバチョフ氏が模索したようなヨーロッパ安全保障の機構創設の考えを復活させる試みがあった。２０００年5月から08年5月までプーチン氏が大統領を2期8年務めた後、08年5月から12年5月までロシア大統領の座にあったドミトリー・メドベージェフ氏（現在は国家安全保障会議副議長）である。

彼は、ヨーロッパ安全保障の新しい包括的条約を署名しようと提案し、ヨーロッパにおける安全保障と協力の機構を近代化して、予防的外交のメカニズムや、欧州大陸で平和への脅威が起きた際の調整メカニズムをつくるよう呼びかけていた。欧米とロシアを包括し、「バンクーバー（カナダ）からウラジオストク（ロシア極東）まで」を合言葉に掲げていた。

２００８年夏のジョージア紛争

メドベージェフ氏がロシア大統領に就任して間もない08年8月、米国はジョージ・ブッシュ（子）大統領の政権だったが、ロシアと旧ソ連のジョージア（グルジア）〔日本政府は２０１５年4月に国名呼称をジョージアに変更〕との間で軍事衝突が起きた。これも、ＮＡＴＯが東方拡大する過程で起きた紛争だった。このためＮＡＴＯとロシアの関係は極度に悪化したものの、その後、「核兵器なき世界」を掲げるバラク・オバマ米大統領の登場で、米ロ関係の「リセット」が進み、ＮＡＴＯがアフガニスタンで展開する治安維持活動でもロシアが協力するようになっていた。

ジョージア紛争の直後から朝日新聞モスクワ支局長を務めていた私は、２０１０年4月8日にチェコの首都プラハで米ロのオバマ、メドベージェフ両大統領が米ロ首脳会談に臨み、新たな戦略兵器削減条約（新ＳＴＡＲＴ）に署名（発効は11年2月5日）するのを取材した。１９９１年7月31日に当時のゴルバチョフ大統領とブッシュ（父）大統領がモスクワで署名した戦略兵器削減条約（ＳＴＡＲＴ）の後継条約であり、米ロ関係が改善すれば核軍縮が進む典型とも言えた。

10年11月20日には、ポルトガルの首都リスボンで開かれたＮＡＴＯとロシアの首脳会議を取材した。メドベージェフ大統領が出席したこの会議では、ＮＡＴＯが進める欧州一帯のミサイル防衛（ＭＤ）にロシアも連携をめざしていくことで合意し、まずは技術的な問題について共同研究を始めることになった。

共同声明では「真の戦略パートナーに向けた協力」をうたい、冷戦後も長く対抗してきた双方の関係をリセットして新たな段階に引き上げようというものだった。ＮＡＴＯのアナス・フォー・ラスムセン事務総長は記者会見で「今日、ＮＡＴＯとロシアは再出発する。まさに転機だ」と強調した。それを受けてメドベージェフ大統領も「冷却化の時期は終わった」と述べ、新時代の到来を印象づけた。その象徴が、機密情報を扱うＭＤでの連携だった。ＮＡＴＯ首脳らは前日の19日、米国のＭＤと欧州の一部の加盟国が進めているＭＤとをつなぐ計画を２０２０年までに実現すると決定し、そこにロシアの参加も求めることで合意していた。

ＮＡＴＯ側はまず、ロシア側のレーダーがＮＡＴＯ加盟国への攻撃情報を検知した場合にＮＡＴＯ側へ速やかに知らせるしくみを想定した。イランを脅威と見るＮＡＴＯにとって、ロシアからの情報は有効とみられていた。

一方、メドベージェフ氏は会見で「ＭＤには建設的な側面と危険な側面がある」と述べ、ロシア側は対等性や透明性にこだわって連携のあり方を模索していく構えを見せた。ロシアはかねて、米国が欧州で展開するＭＤ計画の本当の狙いはロシアの攻撃能力をそぐことにあるとみて、強く反発してきた経緯がある。それを考慮に入れれば、ＭＤでの連携は実現が難しいとしても、それを進めていこうという協調姿勢そのものについては意義があるように感じた。

ＮＡＴＯが優先課題としていたアフガニスタン復興支援についても協力強化が決まった。パキスタン経由の物資輸送ルートの治安悪化に悩むＮＡＴＯに対し、ロシアはロシア領経由で物資を送るルートを提供してきたが、11年以降に本格化するアフガン部隊の撤収に向けて、帰路も使えるように制限を緩めることにしたのだった。ＮＡＴＯとロシアの首脳会議を取材して、私は解説記事を書いた。メドベージェフ大統領がＮＡＴＯとの首脳会議をどう評価したのかに焦点を当てたものだ。

メドベージェフ氏は「とても重要な一歩だ。歴史的と言ってもいい」と語った。これは、東西冷戦下でソ連と対抗した西側軍事ブロックのＮＡＴＯが、冷戦後の20年を経て、部分的ではあれロシアと不可分の安全保障空間を築いていく兆しになるように思えた。確かに、その軸となる双方のＭＤ連携は、統一的な指揮を誰が担うのかなど詳細も不明確だった。それでも共同研究を始める動きに対しては、「信頼のシンボル」としての効果を期待したいという思いがあった。

ソ連崩壊後、ロシアは自らの国境に接近するNATOの東方拡大に神経をとがらせ、ジョージアやウクライナの加盟を後押ししたブッシュ米政権と対立した。プーチン大統領は07年2月、ミュンヘン安全保障会議で「NATOの拡大が東西間の相互信頼を失わせている」と演説した。それが頂点に達したのが08年夏のジョージア紛争だった。しかし、国家の生き残りのために経済の「現代化」を最優先課題に掲げたメドベージェフ政権にとって、欧米との関係強化は不可欠になった。ソ連の圧政を経験した東欧やバルト諸国に残る反ロシア感情やビザ制度など欧米との障壁が、実利にも影を落とした。米ロの関係リセットを梃子《てこ》に「冷戦の残滓《ざんし》」を克服することがロシアにも必要だった。そこで、反ロの軸であるポーランドとの関係改善を進める一方、09年末には欧州安保条約構想を提唱した。欧米とロシアを包括し、「バンクーバー（カナダ）からウラジオストク（ロシア極東）まで」を合言葉に掲げたのだ。MDでの連携模索は、それに向けた「一歩」にも見えた。

当時は、大統領のシンクタンク「現代発展研究所」のイーゴリ・ユルゲンス所長がロシアのNATO加盟を口にするなど、欧米接近の議論は高まっていた。NATOとの首脳会議の会見でその可能性を問われ、メドベージェフ氏は意味深なことを述べている。「今は加盟できる状況とは思わない。でも、将来は決められない。すべては変わり、NATOも変わっている」と。

ゴルバチョフの信奉者・メドベージェフ

西側ではあまり知られていないが、メドベージェフ氏はゴルバチョフ氏の信奉者である。

プーチン大統領はクレムリンにゴルバチョフ氏を招待することはなかったが、メドベージェフ氏は大統領就任後の２００９年1月、ゴルバチョフ氏をクレムリンに招いた。その際、同席したのは、プーチン政権に厳しい批判を展開してきたリベラル紙「ノーバヤ・ガゼータ」のドミトリー・ムラトフ編集長だった（次ページの**写真**）。ソ連末期、ゴルバチョフ氏がペレストロイカ（改革）の一環として進めたグラスノスチ（情報公開）の中で誕生し、ゴルバチョフ氏が１９９０年にノーベル平和賞を受賞した賞金でコンピューターを買いそろえ、株主も務めてきた新聞である。私が２０２０年に取材した際、ゴルバチョフ氏は「ノーバヤ・ガゼータ」について、改革の一環として進めたグラスノスチを体現したものだ、と答えた。それが強く印象に残っている。

大統領就任から1年になろうとする09年4月には、メドベージェフ氏は初めてロシアの新聞メディアの単独インタビューに応じるが、選んだ新聞は「ノーバヤ・ガゼータ」だった。

チェチェン戦争で武装独立派を制圧した当時のプーチン政権の人権弾圧や、同政権からチェチェン共和国統治を任せられたラムザン・カドイロフ氏周辺の汚職などを追及し、その先頭に立っていたアンナ・ポリトコフスカヤ記者は06年に何者かに殺害されている。彼女を含めて同紙ではこれまで6人の記者が殺害され、小さなビルにある編集室に彼らの遺影が掲げられているのを私も見た。

このインタビューに出席したムラトフ氏は、会見の最後にメドベージェフ氏にこう声をかけた。「非人間的なことは常に簡単だ。正義や自由は常に難しい。大統領には難しい道での成功を祈ります」。メドベージェフ氏は「ありがとう。確かにそれは難しい」と答えている。

ムラトフ氏はその後、大統領に復帰したプーチン政権下でも言論の自由を貫き、２０２１年のノ

「ノーバヤ・ガゼータ」紙のムラトフ編集長(2020年3月9日、モスクワ)＝副島英樹撮影

ーベル平和賞を受賞し、22年9月3日のゴルバチョフ氏の告別式では、葬列の先頭に立ってゴルバチョフ氏の遺影を抱いて歩いた。あたかも、あらゆる弾圧にひるむことなく立ち向かう覚悟を示すかのように。

その告別式には、メドベージェフ氏も夫婦で参加した。ゴルバチョフ氏の3月2日の誕生日には、必ず直筆のサインを添えて、お祝いのメッセージを送ってきていた。大統領在任中にはゴルバチョフ氏に最高位の国家勲章「聖アンドレイ勲章」も授与していた。

２０１０年のロシアとＮＡＴＯの首脳会議に話を戻すと、「バンクーバーからウラジオストクまで」を合言葉にメドベージェフ大統領が提唱した欧州安保条約構想に対して、ゴルバチョフ氏は、先見性があって支持に値する提案だと受け止めた。東西を包括する安全保障空間をつくりあげることは、現職時代のゴルバチョフ氏もめざしていたからだ。

しかし、メドベージェフ氏の構想は結局、うまく進まなかった。それについてゴルバチョフ氏は、こう回想している。

「西側のパートナーたちは即座に、極めて冷ややかな態度をとった。そして、ロシアの外交もまた、それほど熱心に取り組まなかったのも確かだ。とても残念でならない。なぜなら、ヨーロッパが効果的に機能する有効な安全保障の構造を持っていたら、ここ10年の間に私たちの大陸で起きた多くのことは回避できた可能性が十分あったからだ」

ムラトフ氏がメドベージェフ氏にかけた「非人間的なことは常に簡単だ。正義や自由は常に難しい。大統領には難しい道での成功を祈ります」という言葉と合わせて考えてみると、今のウクライナで繰り広げられているロシアの侵略行為を予見しているかのようにも思えてくる。

誤りと失敗の根源

ＮＡＴＯは第２次世界大戦後の東西対立を背景に、ソ連に対抗する軍事機構として、西欧と北米の集団防衛のため米国主導で１９４９年に発足した。ソ連など共産圏諸国が55年に設立したワルシャワ条約機構と冷戦期を通じて対峙していく。

ＮＡＴＯは本部をベルギーのブリュッセルに置く。加盟国は当初、ベルギー、カナダ、デンマーク、フランス、アイスランド、イタリア、ルクセンブルク、オランダ、ノルウェー、ポルトガル、英国、米国の12カ国だった。52年にトルコとギリシャ、55年にドイツ（西ドイツ）、82年にスペインが加盟し、90年には東西統一後のドイツもＮＡＴＯにとどまり、冷戦終結後の１９９０年の時点では16カ国が加盟していた。

その後、99年にはポーランド、チェコ、ハンガリーの３カ国、２００４年にはエストニア、ラトビア、リトアニア、スロバキア、スロベニア、ブルガリア、ルーマニアの７カ国が加盟して順次拡大し、09年にはアルバニア、クロアチア、17年にはモンテネグロ、20年には北マケドニアが加わり、ロシアのウクライナ侵攻が始まるまでには30カ国に達していた。

さらにロシアのウクライナ侵攻を受けて、中立的な立場を保ってきたフィンランドとスウェーデンもＮＡＴＯへの加盟を決めた。

日本外務省の資料〔北大西洋条約機構（ＮＡＴＯ）について　令和４年７月外務省欧州局政策課〕に

よると、NATO加盟国軍隊の合計は約331万人（2022年推計値）で、NATO加盟国の国防費総額は約1兆510億米ドル（同）にのぼる。

冷戦終結後は、加盟国以外の周辺国を含めた治安維持支援にも力を入れ、アフガニスタン、コソボ（旧ユーゴスラビア）への治安部隊を派遣したほか、ソマリア沖の海賊対策にも部隊を派遣。11年3～10月には国連安保理決議に基づき、内戦状態になったリビアに軍事介入し、カダフィ政権の崩壊を後押しした。

ロシアがNATO拡大のレッドラインとしてきたウクライナとジョージアが08年、NATO側に「将来の加盟国」と認められたことが、現在のウクライナ戦争につながる確執の芽をはらむことになる。この08年4月のNATO首脳会談で米国のブッシュ政権が、NATO東方拡大をウクライナやジョージアまで広げることを決めたことが、同年8月のジョージア紛争、14年2月のウクライナ紛争の理由になった――と、トランプ政権で大統領補佐官を務めたジョン・ボルトン氏も自らの回顧録（『ジョン・ボルトン回顧録――トランプ大統領との453日』梅原季哉監訳、朝日新聞出版）で率直に述べている。

ゴルバチョフ氏は、冷戦終結後の新しい世界政治の土台を壊した誤りと失敗の根源について、晩年も常に思索を重ねていた。

その最大の原因をゴルバチョフ氏は、西側諸国、とりわけ米国が、ソ連の崩壊や対立路線の終結を正しく評価しなかったことにあると見ていた。「冷戦での勝利」を宣言することは、グローバルな対立の解消が、実際に積み重ねた交渉や共同の努力の結果ではなく、西側の力の政策によってもたらされたと主張しているように聞こえた。米国とすべての西側諸国は勝利者意識に酔い、自分たちは何も変える必要はない、この先も力を強めて軍事的優位を拡大するべきだ――と考えているように見えた。西側には、ソ連崩壊後にロシアは弱体化したということが、とりわけ魅力的に映ったはずだ、と。

しかし、「勝利者意識は、国際問題では悪しき助言者である」とゴルバチョフ氏は述べる。そして、こう断言する。「冷戦での西側の勝利を宣言した者は、新しい対等な安全保障システムの確立を拒んだ者であり、現在の情勢に、世界政治の深刻な危機に、大きな責任を負っているのだ」

この真意について、回想録『変わりゆく世界の中で』では以下のように説明している。

NATOの東方拡大の理念は、この勝利者意識の土壌から生まれた。〔略〕NATO拡大路線を正当化して理由付けする西側の人々にも、私は答えなくてはならない。〔略〕NATOはただ中欧諸国や東欧諸国の粘り強い要望に応じただけだ、NATO拡大はそうした国々の安全保障の不安を取り除くためのものだった、と主張する。しかし、出来事の時間的な経過を見れば、このアイデアが海の向こう〔米国〕から来ており、その目的は、ロシアを孤立させ、ヨーロッパのシステムからロシアを事実上排除することにあるのは明らかである。だが、言葉では、ロシアはヨーロッパの国であり、不可分なヨーロッパの一部であり、欧州安全保障の最も重要な要素だと考えている、と語ってきた。その状況はいまも変わらない。NATOの問題においては、これはロシアなき〈欧州の安全保障〉である。しかし、これはナンセンスだ。それは、新たな欧州分割への道である。（『変わりゆく世界の中で』）

自叙伝『我が人生』でも「我々はかつて、ワルシャワ条約機構を解散した。当時、ロンドンでNATO理事会の会合が開かれ、軍事同盟ではなく、政治が軸となる同盟が必要だという結論に至った。（略）このことは忘れられた。NATOがこの問題に立ち戻ることを私は望んでいる」と記しているように、ゴルバチョフ氏はNATOが軍事同盟の性格のまま残らないことに希望を託し、ワルシャワ条約機構が解体されればNATOの軍事的性格も政治的なものに変わると期待していた。

だが、西側の勝利者意識は冷戦を終わらせることはなかった。ロシアの一層の弱体化をめざして、NATO拡大を通してロシアを封じ込めようとしているようにゴルバチョフ氏には見えた。これはプーチン氏が主張してきた見方とも重なる。

ゴルバチョフ氏は、NATO東方拡大のプロセスは、ドイツ統一のプロセスとは別問題だったと指摘する。NATO東方拡大の始まりは、ドイツ統一で成し遂げた合意の精神や相互の信頼が壊れてから何年か後のことだった、としている。ソ連崩壊後、米欧で政治家たちがNATO東方拡大の問題を提起し始めたとき、ゴルバチョフ氏は最初からこれに異を唱え、ドイツ統一プロセスで達成された合意の精神を踏みにじるものだと主張していた。そして、歴史に「if（イフ）」は禁じ手だが、このように述べている。

もしソ連邦が維持され、すでにソ連と西側の間にできていた関係が保たれていたら、NAT

Oの拡大は起きなかっただろうし、双方は別の形で欧州安全保障システムの創設にアプローチしていただろう。そしてNATOもまた、とりわけ現在、1990年夏に採択されたロンドン宣言の条文が忘れられていなかったら、違った性質を帯びていたことだろう。

(『変わりゆく世界の中で』)

90年7月のロンドンでのNATO首脳会議で出された宣言は、ワルシャワ条約機構の加盟国に対し、「互いに敵とは見なさない」と表明した。そこでは、NATOの政治的機構への発展、冷戦の遺物を克服するための貢献などがうたわれていた。

ゴルバチョフ氏は、統一ドイツのNATO加盟について「米国とソ連をはじめとする東西諸国の共同作業だった」と考えている。独ソ戦でソ連側は2700万人もの犠牲を被ったが、その相手国であるドイツ国民の統一の希望をかなえるとともに、統一後のドイツがNATOに加盟することまで認めたからだ。ソ連国内の反発を抑え、国民を納得させる作業が必要だったのだ。

西側がその経緯を忘れたかのように、「勝者」として振る舞うことに、ゴルバチョフ氏は強い反発を示している。そこがプーチン氏と共通する点だ。ゴルバチョフ氏はこう述べている。

我々は冷戦に終止符を打った。米国の政治家は冷戦での共通の勝利を確認する代わりに、自らの《冷戦での勝利》を表明した。(略)ここに、新しい世界政治の基盤をぐらつかせた誤りや失敗の根がある。勝利者意識は政治でのあしき助言者であり、モラルを欠くものだ。

（２０２１年11月30日付、朝日新聞）

ゴルバチョフ氏は大西洋からウラルまでをヨーロッパととらえて「ヨーロッパ共通の家」という構想を唱えた。ソ連解体に動き、ソ連の継承国ロシア連邦の大統領となったエリツィン氏は、冷戦後のヨーロッパの安全保障はＮＡＴＯではなく、ロシアも加わっている欧州安保協力機構（ＯＳＣＥ）が担うべきだと主張した。退任後の２０００年に出した回想録『大統領のマラソン』（ＡＳＴ出版）の中で、エリツィン氏はこう記している。

「私は世界に向けてこう語った。これ〔ＮＡＴＯ東方拡大〕は誤りだ。新たな東西対立へとおとしめることになるだろうと。残念ながら、その通りになった」

ロシアは新たな国際秩序を担う尊敬されるべき国であり、そのように国際社会に受け入れられるべきだという立場は、ゴルバチョフ氏、エリツィン氏、プーチン氏、メドベージェフ氏すべてに一貫しているのだ。しかし、欧米にはロシアを受け入れる気はないとプーチン氏が悟ったとき、新冷戦と熱い戦争の火種が膨らんでいくのである。

これによって、共存条件を探りながら安全保障上の基礎的な要求を互いに尊重し合い、軍拡競争を防ぐという「東西共通の安全保障空間」を築くことは難しくなった。

ゴルバチョフ氏はプーチン氏から、ＮＡＴＯとの間で「ＮＡＴＯの東方拡大禁止」条約に署名すべきだったと何度か非難されたと明かしていた。

だが、東西融和を信じたあの当時、果たしてそのようなことは可能だったのだろうか。

第3章　クリントンとネオコン勢力

　ロシアのウクライナ侵攻が始まった直後の2022年2月26日付、朝日新聞読書面「ひもとく」の欄に、戦況報道からは一歩引いた重要な視点の記事が載った。タイトルは「なぜウクライナかロシアが侵す、宗教の断層線」。筆者は、ロシア・ソ連政治研究の第一人者、下斗米《しもとまい》伸夫・神奈川大学特別招聘教授（法政大学名誉教授）である。記事はこう始まる。「ロシア軍が24日、ウクライナに侵攻した。首都キエフなど各地を攻撃している。四半世紀前、米クリントン政権時代に始まったNATO（北大西洋条約機構）の東方拡大問題は、最悪の結果を生みつつある」。

　下斗米氏は、今回のウクライナ戦争はNATO東方拡大が引き金だったと早くから指摘していた。極めて示唆に富む内容なので、以下全文を紹介したい。

　米国内の論調は一枚岩ではなかった。2014年、ウクライナで、NATO加盟推進派が右派民族勢力と組んで治安部隊と衝突し、ヤヌコビッチ大統領が亡命するマイダン革命が起きた。当時のロシア大使マイケル・マクフォール氏ら早期加盟派は、プーチン大統領を批判する（『冷たい戦争から熱い平和へ』上・下、松島芳彦訳、白水社）。他方、ソ連崩壊期の大使ジャック・マトロック氏や、ロシア大使経験のあるウィリアム・バーンズ中央情報局長官は慎重論を唱えていた。

同盟拡大はロシアを挑発すると警告したのは、ソ連代理大使も務めた晩年のジョージ・ケナン氏だ。プーチンにはソ連を再建する意図はない、とクリントンのブレーン、ストローブ・タルボット国務副長官（当時）に説いた。ケナンの遺志を継ぐ歴史家アンドリュー・ベースビッチ氏は、ゴルバチョフ・ソ連共産党書記長の側近が「我々は、米国にとっての敵でなくなるという恐ろしいことをやる」と語ったと書いた（『幻影の時代　いかに米国は冷戦の勝利を乱費したか』未邦訳）。今の米ロ対立は、元ロシア大使間の米米対立でもある。

だが、東西和解の合意に抗して、クリントン政権が選んだのは同盟拡大というロシアを凍らせる選択だった。東欧移民票を自らの大統領選に利用するという短慮も今日の状況を招いた。ひ弱なロシアの民主化派が退潮すると、エリツィン大統領が後継者に選んだのは元NATO担当の情報将校だった。春秋の筆法で言えば、クリントンがプーチン政権を誕生させたのだ。

実際、14年のマイダン革命は誰の得にもならない悲劇となった。比較政治の松里公孝は『ポスト社会主義の政治』で、西側がしかけた革命が暴力化することはわかりきっており、「憲政史に拭いようのない汚点」を残したと指摘する。プーチンはクリミア半島を併合、フルシチョフが渡した失地を回復したが、戦後ヤルタ体制＝英米ロ関係を毀損《きそん》した。

なぜウクライナなのか。冷戦後、イデオロギーにかわって宗教が甦《よみがえ》る。同国は東方正教・イスラムと西欧キリスト教との断層線上だ。その線上で紛争がおこることを1993年に予言したのは、サミュエル・ハンチントン『文明の衝突』だ。北米の東欧ディアスポラ（離散した民）が紛争の触媒となると述べていた。米国務省に、ビクトリア・ヌーランド次官らロシア帝国移民系のネオコンが多いのは偶然だろうか。

トルコなどイスラム要因も絡む。アフガニスタンは米ソ超大国の墓場となり、ユーラシアでは地殻変動が続く。1月には危機がカザフスタンに飛び火、ナザルバエフ体制が崩壊した。熊倉潤『民族自決と民族団結』は、ソ連の下で同国が疑似国民国家を懐胎してきたと指摘するが、腐敗体質が暴動を誘発した。ロシアやトルコなど地域大国が復活、その権威主義化が米国流の民主化革命の限界を示す。

バイデン米大統領は、経済制裁の枠内で外交による解決を主張してきたが、事態はここに至った。米国のINF（中距離核戦力）条約破棄で、東西双方から見捨てられたゴルバチョフだが、彼の至言「核戦争に勝利者はない」が、交渉の原点に据えられたのは救いだ。危機はウクライナからヨーロッパへと広がりかねない。ロシアは停戦の上、再浮上したウクライナの国是である中立化などの外交交渉につくべきだ。

（2022年2月26日付、朝日新聞）

下斗米氏の「春秋の筆法で言えば、クリントンがプーチン政権を誕生させたのだ」との指摘は、何を意味するのだろうか。それは、ウクライナ危機が戦争に至るのを予期していたかのように出された下斗米氏の近著『新危機の20年――プーチン政治史』（朝日選書）に詳しい。22年8月末にゴルバチョフ元ソ連大統領が亡くなって以降、「ゴルバチョフがプーチンを生んだ」かのような印象論を述べるコメンテーターも散見されたが、歴史的経過を丁寧に見極めて語るべきである。『新危機の20年』にはこのように記されている。

冷戦後の東西関係にかんする*No Place for Russia*（『ロシアに場所はない』）を書いた米国の専門家ウイリアム・ヒルによると、1992年夏にNATO東方拡大を最初に主張したのは、ポーランド系の戦略家ズビグニュー・ブレジンスキー（1928―2017）であった。翌年にはカトリック系自主管理労組連帯出身の伝説的なレフ・ワレンサ（1943―）大統領ら東欧首脳がワシントンを訪問、クリントン新政権内の最高レベルで東欧加盟の議論が出はじめる。

こうしたなかで1993年8月エリツィン大統領がポーランドを訪問したとき、ワレンサ大統領がアルコールをしつこく勧めた席でエリツィンはポーランドのメンバー拡大に異議がないと記者会見で言いかけ、推進派はこのときの発言を論拠とした。ロシア政府は拡大に反対したが、平和のためのパートナーの名のもと、特にボスニア紛争がNATOの関与と拡大の口実になりはじめた。

特にクリントンは1996年11月、自らの再選のため1000万人のポーランド・カトリック移民票といった国内政治要因を意識しながらポーランドやチェコ、ハンガリーへのNATOの東方拡大を主張した。60年のケネディ、80年のレーガンと米国政治ではカトリック系の票をとる候補が勝つようになった。だが宗教の政治利用、特に正教ロシアとポーランド・カトリックの対立を利用すれば、反作用もある。冷戦のチャンピオンである歴史家ジョージ・ケナン（1904─2005）からはじまり、冷戦史の泰斗ジョン・ギャディス（1941─）を含めほとんどの専門家・ジャーナリストが拡大に反対だった。（『新危機の20年』）

日本では2022年7月に起きた安倍晋三元首相の銃撃事件をきっかけに、政治と選挙と旧統一教会の関係がクローズアップされた。民主主義の土台とされる選挙で、組織票というものがいかに大きな力を持ちうるかを、白日の下にさらしている。NATOの東方拡大においてもまた、東欧移民票の力をクリントン政権は無視できなかったということだろうか。

日本の大手メディアで早くからこの点を指摘していたのは、毎日新聞の会川晴之・専門編集委員である。

記事は「洋の東西を問わず、政治家は選挙が怖い」との一文から始まり、NATOが東欧に拡大した背景にも選挙が深く関わっていると指摘する。1943年のテヘランでの米英ソ首脳会談で、ソ連のヨシフ・スターリン元帥がポーランドを西に移してソ連の領土を広げる提案をし、フランクリン・ルーズベルト米大統領がそれを受け入れる史実を取りあげ、2人の密約に触れる。ルーズベルト大統領は「米国には600万～700万人のポーランド系市民がいる。彼らの票を失いたくない」と、選挙が終わるまで合意を伏せるよう要望したという。そしてこう続ける。

約半世紀後の95年5月10日、同様のことが米露首脳会談で起きる。場所はモスクワ。クリントン米大統領は前日にあった対独戦勝50周年式典に出席、エリツィン露大統領に花を持たせたばかり。懸案だったNATO東方拡大問題に決着をつけようと一気に切り込む。

だがエリツィン氏は「それを認めたら国民を裏切ることになる」と、首を縦に振らない。翌96年6月に大統領選を控えており、有権者を怒らせるわけにはいかない。任期が終わる「2000年まで先送りしよう」と呼びかけた。

「当方も難しい状況にある」。クリントン氏も一歩も引かない。半年前の中間選挙で歴史的大敗を喫したばかり。翌96年11月の大統領選で再選を果たすには、接戦州での勝負がカギとなる。そこには、NATO拡大を熱望するポーランドなど東欧からの移民が多く住む。クリントン氏は「ウィスコンシン、イリノイ、オハイオ」と州の名まで挙げ、口説き続けた。

結局、エリツィン氏は押し切られる。ただ、ルーズベルト・スターリン会談の故事に倣い、合意はロシア大統領選が終わるまで伏せられた。両氏は再選を果たす。

「ロシアの民族主義や反欧米感情をあおる」と酷評されたNATOの東方拡大。今回のウクライナ侵攻は、残念ながらその指摘が正しかったことを証明した。

（2022年5月19日付、毎日新聞コラム「木語《NATO拡大と選挙》」）

大統領の「密約」

ロシアのウクライナ侵攻直前の2022年2月22日、ロシアの政治学者で作家のアーラ・ヤロシンスカヤ氏の論考が、ロシアのニュースサイト「ロスバルト」のサイトに掲載された（https://www.rosbalt.ru/blogs/2022/02/22/1945440.html）。

タイトルは「いかにゴルバチョフとエリツィンはNATOを《拡大》したか」。この中でヤロシンスカヤ氏は、「1インチたりともNATOは東方に拡大しない」と述べた1990年2月9日のジェームズ・ベーカー米国務長官の発言は、あくまでドイツ統一をめぐる協議の中で出されたものであり、統一された後の東ドイツの領内に限ったことだったと正確に記している。その上で、ゴルバチョフ氏はジョージ・ブッシュ（父）米大統領やフランソワ・ミッテラン仏大統領ら彼の「仲間」に丸め込まれていた可能性を示唆する。NATOそのものは拡大しないとゴルバチョフ氏が思い込み、NATO不拡大の一筆をとらなかったことを暗に批判している。例えば、次のように記している。

ソ連大統領（ゴルバチョフ）との交渉の中でミッテラン仏大統領は、双方の軍事ブロック、すなわちワルシャワ条約機構とNATOは、《政治機構へと進化し、軍事ドクトリンを変え、相互に接触を持つようにしなければならない》と表明した。ミッテランはさらに、《そもそも双方とも解散してしまう方がいいだろう》という意見まで口にした。そして、ワルシャワ条約機構だけが《解散》したのである。

ＮＡＴＯ拡大はないとゴルバチョフが丸め込まれたこのような例は腐るほどある。しかし、たとえゴルバチョフの《仲間たち》のあらゆる保証を分厚い本に集めてみても、ＮＡＴＯ不拡大に法的拘束力を持つ文書にはなり得ない。それは、ソ連とも、ロシアとも、一度も署名されたことはなかった。モスクワはこうしたことを、一度も提案すらしなかった。しかし、30年の時を経てロシアの政権は、ＮＡＴＯ不拡大を反故にされたとみなして、それをアピールしている。

（ロシアのニュースサイト「ロスバルト」）

そしてヤロシンスカヤ氏は、先の毎日新聞のコラムにも取りあげられたエリツィン、クリントン両大統領の「密約」について言及していく。ほぼ全文を訳してみたい。

ロシア国境への同盟（ＮＡＴＯ）の接近をめぐり、新たな興味深い秘密が機密解除によって明らかになった。ロシアの政権によってではない。全部で二つの文書を公表したアメリカ側が小箱を開けたのだ。《1995年5月10日午前10時10分から午後1時19分までのクリントン、エリツィン両大統領の一対一会談の総括報告書。クレムリンの聖エカテリーナの間》と、《1995年6月17日午後2時45分から午後3時55分のクリントンとエリツィンの会談。ノバスコシア州ハリファクス、シタデル・イン》の二つである。しかし、その出来事が今日、本当にどれほど悲劇的で、国をどれほど辟易させているかを理解するには、これで十分だ。

ロシア国境にＮＡＴＯが迫る問題は、クリントンとの会話の中でエリツィンが持ち出した。彼は怒り心頭に発していた。「ＮＡＴＯ拡大についての君の考えをはっきりと知りたい。なぜなら、もしそれが起きたら、私はそこに、ロシアにとっての辱め以外、何も見て取れないからだ。〝冷戦〟の後に残った一つの陣営が、ロシア国境にまで拡大すれば、これは新しい封鎖の形に見える」。これは素晴らしいことか？

だが、そうではない。《親愛なるロシア国民》への配慮の背後には、ＮＡＴＯを不安視する最大の要因がカムフラージュされている。それは、間近に迫ったロシア大統領選である。

エリツィンは言った。「君も私も選挙を控えている。過激主義者や強硬路線の支持者が、このテーマ（ＮＡＴＯ）を都合のいいように利用している。そこでどうだろう。ＮＡＴＯのいかなる変化も、１９９９年か２０００年まで先延ばししよう」

エリツィンは会話中に何度も泣き言を漏らす。「今年は（ロシアの）議会選挙があり、来年は大統領選だ。いまは一つの変な動きが、すべてをぶち壊しかねない。どうか、このテーマ（ＮＡＴＯ拡大）を先延ばししよう。２０００年までではなくても、せめて数年先に、君と私が自分の選挙をやり終えるまでは」。そして、最も重要な発言へと至る。「私たちはこれを、東欧の人々や中欧諸国に説明することはできるだろう。拡大の時期はもう少し後にやってくると言おう」。つまり、ほぼ1時間の会談の後には、エリツィンはもはや《ロシア国民の屈辱》には反対していないのだ。ＮＡＴＯは東方へ、ロシアの方へようこそ、しかし、それは先延ばししてくださいね、と。

詰まるところ、迫り来る選挙がなければ、その選挙に負ける恐れがなければ、ロシアの方に軍事同盟が拡大するという問題は、エリツィンにはそもそも起こりえなかったのだ。

クリントンは勝者の立場から厳かに言った。「『冷戦』は終わり、ロシアはNATO諸国の脅威ではない」。そして、エリツィンに提案した。モスクワが1994年に加わった《平和のためのパートナーシップ》のプログラムのほかに、NATOとさらに緊密な協力を築こうと。アメの交換も約束した。G7やその他の国際機関へのロシアの統合である。

まさにこうして、このとてつもないキャスリング（配置換え）が起きたように見える（意識的にしろ、思慮不足にしろ）。例えば、G7の政治クラブへロシアが参加し、G8へと変貌したことは、機密解除された文書では、同盟（NATO）の東方拡大と引き換えだったように映るのだ。

その1カ月後、エリツィンはハリファクスでクリントンと会ったとき、モスクワで米国から提案されたすべての文書はすでに署名ずみだと報告した。しかしながら、かみ砕いて説明しておくのも無駄ではないと考えた。「我々は慎重に、一歩一歩、段階を踏んで進まなければならない。我々は自らの国民に、（NATOは）何も怖くないと説明し、納得してもらわなければならないからだ」と。

1996年のエリツィンの選挙は、整った開票集計とともに無事成立した。《コピー用紙の箱》［「エリツィン陣営の金権選挙を疑わせた事件」］と、1997年5月にパリで《ロシア連邦とNATOの相互関係、協力、安全保障に関する基本文書》に署名した後、同盟（NATO）はロシア連邦の方へと進んできた。もっぱら《パートナーたち》は、ロシアの安全保障のためだと請け負った。

興味深いのは、それまでにウラジーミル・プーチンはエリツィンによって大統領府副長官に任命され、1年後にはロシア連邦保安局を率いるようになった。しかし当時、NATOのことは彼を不安にはさせなかった。2007年になって、プーチン大統領は法令《北大西洋条約加盟国と〝平和のためのパートナーシップ〟参加国との協定の批准について、1995年6月19日以降のその戦力と追加議定書の地位について》に署名した。

そういうわけで、《我々のパートナーたち》の背信行為に好きなだけ憤慨することはできるが、しかし、同盟トップのストルテンベルクは正しい。いわく、NATOは東方不拡大に関して一度も法的拘束力のある文書に署名したことはない、と。さて、30年前に誰かが誰かに約束していても、それがどうしたというのか。プーチンの用語に翻訳すれば、「約束することは結婚することを意味しない」のである。（同前）

クリントン、エリツィン両大統領の議事録からも明らかなように、NATO東方拡大の始まりは選挙事情が絡んだ多分に属人的なものだったことがわかる。それがいまのウクライナ危機につながっていると思うと、やるせない気分になる。いずれにしても賽《さい》は投げられた。この先、どのようにしてNATO東方拡大が先鋭化していくのか。

大きなカギを握るのが、冷戦後に登場した米国の新保守主義、いわゆるネオコンの存在である。

そのネオコンには後に触れるが、その前に、NATOが冷戦終結後の「新戦略政策」として人道介入を発動したコソボ紛争とユーゴスラビア空爆について言及しておきたい。

コソボ紛争とユーゴ空爆

一般的に、NATOの存続を可能にしたのは旧ユーゴと湾岸戦争と言われている。22年4月に「論座」に掲載された論考で、渡邊啓貴・帝京大学教授（ヨーロッパ政治外交、国際関係論）は、冷戦終結とソ連崩壊後、旧東側の集団防衛機構のワルシャワ条約機構が解体されたのでNATOも不要だとの議論も出たが、NATOは生き残ったと指摘している。1990年代を通して毎年何度もブリュッセルのNATO本部を訪ねていたという渡邊氏は、当初NATO職員にとって最大の関心事は「失業」だったという。

つまりNATO消滅の不安だった。90年NATO首脳会議で米国の軍事的プレゼンスの後退を主張する独仏首脳に対して、当時のG・ブッシュ大統領（父）が「誰のおかげで冷戦を乗り切ることができたのか」と声を荒らげたというエピソードも伝えられた。

（言論サイト「論座」２０２２年4月4日、「ウクライナ戦争の真因は何か」）

そして渡邊氏は「欧州安全保障をめぐる議論が、ウクライナを含む旧東欧・ソ連諸国のNATO加盟か否かという選択に集約されていくことそのものが歪みの源であった」との結論を導いている。

まさにその通りだろう。

ポーランド、チェコ、ハンガリーがＮＡＴＯに加盟し、実質的にＮＡＴＯの東方拡大が始まった１９９９年３月、ＮＡＴＯはユーゴスラビア連邦の首都ベオグラードへの空爆を開始する。ユーゴスラビアの南部にあるコソボ自治州をめぐり、セルビア人とアルバニア人の対立が戦闘状態にまでエスカレートしたコソボ紛争に介入したのである。

だが、このユーゴ空爆は国連安保理決議を経ていないばかりか、ＮＡＴＯの防衛ではなく域外の国家に対する攻撃であったため、大きな論議を呼んだ。米国側は空爆の論拠を、合法性ではなく正当性に求めた。つまり、空爆はセルビア人から迫害を受けるアルバニア人の人権を擁護するという人道上の理由に基づいており、人道的介入は国家主権に優先する正当な行為だと主張したのだった。

しかし、国名の「ユーゴスラビア」が「南スラヴ人の国」を意味するように、ロシアはセルビア人のスロボダン・ミロシェビッチ連邦大統領に心情的に寄り添う立場にあり、セルビア正教の聖地であるコソボはセルビア人にとって歴史的に重要な地域でもあった。さらに、空爆が国連安保理の承認を得ていないことにロシアや中国などが反発した。特に米軍のミサイルによる「中国大使館誤爆事件」は中国国内で激しい反米・反ＮＡＴＯデモを引き起こし、米中関係にも深刻な影響を与える。

78日間の空爆が停止した直後には、ロシア軍がＮＡＴＯとの合意なしにコソボへ派兵し、指揮系統をめぐって西側と対立する事態も起きた。コソボ問題では、ＮＡＴＯ拡大の合意であったロシアとの協議は機能しなかったのである。

コソボ紛争は、１９８９年にユーゴスラビア連邦がコソボの地方自治権を無効にしたことに端を発する。国連広報センターなどによると、コソボは住民の9割以上が民族的にはアルバニア人だった。アルバニア人は反発し、自治を求めてセルビア国家機関や行政当局に抵抗した。そうした中で、武力による独立を求めて台頭してきたコソボ解放軍（ＫＬＡ）は、セルビア人の役人や、彼らに協力するアルバニア人を対象に攻撃を開始する。セルビア当局は大量逮捕の形でそれに対抗し、98年3月、セルビア人警察がＫＬＡメンバーを探すとの口実で掃討作戦を実施したため戦闘が始まり、泥沼化していく。

ＮＡＴＯはセルビア人のコソボ攻撃に警告を発し、99年3月24日、ユーゴスラビアに対する空爆を開始した。ユーゴスラビア軍はＫＬＡに大攻撃を仕掛け、コソボからアルバニア系住民の大量追放に乗り出す。これによって約85万人もの難民が流出する事態になった。主要7カ国とロシアで構成する主要8カ国（Ｇ8）が政治解決に乗り出し、ユーゴスラビアは和平計画を受諾する。国連安保理はこの計画を支持し、ＫＬＡの非武装化を図り、難民の帰還を可能にする治安部隊を設置する権限を加盟国に与えた。ユーゴスラビア軍は撤退し、ＮＡＴＯは爆撃を停止した。その後、ＮＡＴＯ主体の多国籍部隊である「国際安全保障部隊 Kosovo Force（ＫＦＯＲ）」が、5万人の予定で治安確保のため展開することになる。

しかし、78日間の空爆で、ユーゴ側発表によると民間人１２００人、ＮＡＴＯ側発表によると兵士５０００人の犠牲を出した。この空爆は、軍事力によって民族紛争を解決することの難しさを浮き彫りにした。

空爆停止から1カ月後、当時モスクワ特派員だった私は、ユーゴ連邦の構成国だったマケドニア

ＮＡＴＯ軍の空爆に直撃された住宅街(1999年6月15日、コソボ自治州のプリシュティナ)＝外岡秀俊撮影

（現在の北マケドニア）の首都スコピエ経由で、ロシア語とセルビア語と英語ができるブルガリア人の運転手兼助手とともに、陸路コソボに入った。ユーゴ軍に追い出されたアルバニア人たちがコソボに戻り、逆にセルビア人が難民化してコソボから追われていた時期だった。コソボの自治権をミロシェビッチ大統領に削がれたアルバニア系にとっては「権利の回復」だが、セルビア系にとっては「領土割譲」にも等しい状況だった。

ＮＡＴＯ主体のＫＦＯＲとロシアの治安維持部隊とのつばぜりあいの気配も感じた。ＮＡＴＯに先駆けてコソボに「一番乗り」したのはロシア軍部隊だったが、親ロシアのセルビア系住民の多数はすでに州外へ避難し、花束と歓声で埋められた一番乗りの時の余韻はなかった。アルバニア系住民は「なんで今さら」と警戒感を強め、アルバニア系武装組織であるＫＬＡの動向も懸念された。平和維持のためであるはずのロシア軍が、復興への道を歩み始めたコソボに新たな火種を持ち込む可能性もあった。ロシア軍の展開に反対する集会も開かれ、卸売商の一人は「ロシアの義勇兵がここでセルビア兵と民族浄化をやった。今さら何をしに……」と漏らした。一方で、正教会の修道院のあるセルビア人の町では、空爆後のユーゴ民主化への支援を取り付けた人物に、セルビア系住民たちは「ＮＡＴＯの手先」「泥棒」「裏切り者」と罵声を浴びせて追い出した。現地ではアルバニア人の臨時助手も雇い、取材先に応じてどの助手に同行してもらうかにも腐心した。

このときのコソボ取材を終えて、私は以下のような「特派員メモ」のコラムを書いた。タイトルは、「『ダー』と『イエス』」。

コソボ自治州のセルビア人居住区にある正教会の修道院で、反ミロシェビッチ（ユーゴ大統領）の集会があると聞いて取材に行ったときのことだ。

ユーゴ野党勢力の有力者ジンジッチ氏を報道陣が取り囲んでいたところ、セルビア系住民らが「帰れ」と殺気立ち、一団はもみくちゃにされて修道院の門外へ追い出された。私もしこたま背中をたたかれ、しばらく痛みが消えなかった。

私は胸に、セルビア人の嫌う国際部隊発行のプレスカードをつけたままだった。おまけにアルバニア人の助手が同行していた。セルビア人たちの視線に怖いものを感じ始めていた。

その時だ。年配のセルビア人男性が大きな声のロシア語で話しかけてきた。「ジンジッチは裏切り者だ。私らはミロシェビッチを支持するんだ」

実はこのセルビア人は、三日前にこの町でセルビア人難民を取材した時、その場に居合わせた人だった。状況を察して、わざと大声でロシア語を話しかけてきてくれたのだ。

その途端、私と助手をきつい視線で眺めていた女性が、にこりと笑った。セルビアとは「兄弟」のロシア語に救われた。

逆にアルバニア系の村に入ればロシア語は要注意だ。ブルガリア人の助手とは普段ロシア語でやりとりしていたが、コソボ解放軍兵士の埋葬式（次ページの**写真**）など反セルビア感情が張りつめる場面では英語を使った。ロシア語で「ダー」と出かかる言葉をのみ込み、「イエス」に置き換えるのに苦労した。

こんな神経を使わなくてすむ世界を願うが、甘い夢なのだろうか。根深い民族対立を抱える

「戦死」した兵士の埋葬に整列したコソボ解放軍のメンバーたち(1999年7月9日、コソボ・オラホバツ)＝副島英樹撮影

地域はコソボだけではない。

（1999年7月30日付、朝日新聞）

NATOとロシアの確執は、ここでも繰り広げられていたのである。いったん民族主義に火がつけば、いかにその修復が難しいか、そして、その余波がいかに国際社会に波紋を広げていくかを見せつけられた思いがした。

NATO拡大とネオコン

このコソボ問題は、米国にはどんな影響を与えたのだろうか。下斗米伸夫氏は先の『新危機の20年』の中で、「米国ではこの問題が、冷戦後の新保守主義、つまりネオコン系論者の跳躍台になったことも重要であろう」と指摘している。1998年にミロシェビッチ政権打倒で政府の弱腰を責めた署名者には、ポール・ウォルフォビッツ氏、ジョン・ボルトン氏ら米国のネオコン系論者の名前があったとし、99年4月には評論家のロバート・ケーガン氏はコソボでのNATO空爆を支持したとする。そして、ロバート・ケーガン氏の夫人は14年のウクライナ問題で重要な役割を演じる米国務省のビクトリア・ヌーランド氏であると言及している。

下斗米氏は、冷戦後のユーゴスラビア解体とNATO東方拡大を通じた一極化への動きは、戦闘的なネオコンなどの米国の支配潮流が促進した、との認識だ。そして、次のように記している。

ネオコン系の評論家ケーガンは『天国と権力について』（03年）のなかで、冷戦後も戦う米国に対しヨーロッパは戦わないとけしかけていた。夫人のＮＡＴＯ大使ヌーランドはライス補佐官からみてもウクライナとジョージアへのＮＡＴＯ拡大積極論者だった。（略）国務省の報道官でヨーロッパ担当となったヌーランドはその後のウクライナ介入の先導役となる。ロシア帝国からの移民の孫でもあったが、強いロシア不信を背景にしていた。（『新危機の20年』）

このヌーランド氏は、ウクライナ危機の発端となった14年2月の「マイダン革命」でもしばしば名前がとりざたされる。

ウクライナ東部を基盤としたビクトル・ヤヌコビッチ大統領が国外に追われ、ロシアによるクリミア併合へとつながっていく「革命」だ。しかしロシア側はいまも、この政変を非合法な「クーデター」とみなしている。下斗米氏は「実際ネオコン系のヌーランド国務次官補は米国ウクライナ協会の講演で、ソ連崩壊後約50億ドルを関係ＮＰＯに支払ったと述べている」「クリントン国務長官に近い彼女は同年（14年）1月にクッキーを持ってキエフのマイダン派を激励する『シャトル外交』をおこなった」と記している。

この「マイダン革命」から約1年後、15年2月1日に放送されたバラク・オバマ大統領（当時）のＣＮＮとのインタビューが波紋を呼ぶことになる。

オバマ氏は、ロシアがウクライナに干渉してきたのは、米政府がウクライナで「政権移行」の取引を「仲介した」後にヤヌコビッチ大統領が敗走し、プーチン大統領がバランスを崩されたと考えているからだ――との旨を述べた。これに対して即座に反応したのがロシアのセルゲイ・ラブロフ外相だった。オバマ氏の発言を、ウクライナの「クーデター」に米国が関与した証左だと主張したのである。

それに対して米政府がさらに反論する事態となり、この問題をめぐる溝の深さを際立たせた。一つの事象を、全く逆の文脈で解釈しているのである。

ヌーランド氏については、ロシアのウクライナ侵攻から半年後の22年8月に元共同通信モスクワ支局長の松島芳彦氏が上梓した『プーチンの過信、誤算と勝算――ロシアのウクライナ侵略』（早稲田新書）の中でも、まさに冒頭で取りあげられている。ヤヌコビッチ政権が欧州連合（EU）との連合協定締結を保留した13年11月から、首都キーウ（キエフ）の独立広場に群衆が集まるようになり、大統領の退陣とEUとの連合協定締結を要求した。群衆の数は数万から数十万へと膨れあがり、広場（マイダン）を埋め尽くした。そこにヌーランド氏が現れる。松島氏は以下のように記している。

アメリカ国務省でユーラシアを担当する次官補ヌーランドらがキーウを訪れた。オバマ政権は、ヤヌコーヴィチ政権と群衆の仲介が目的であると説明した。だがヌーランドが広場の人々に食べ物を差し入れる姿を見れば、アメリカがどちらに親近感を抱いているのかは一目瞭然だった。彼女は食料が入った白いビニール袋を持って「アメリカから来たのよ」「パンはいかが」と人々に語りかけた。ヌーランドの父方の祖父はロシアから移民したウクライナ系のユダヤ人である。ロシアに厳しい外交官として知られていた。

（『プーチンの過信、誤算と勝算』）

年が明けて14年2月。ついに治安部隊と群衆が衝突し、数日間で約１００人の死者が出た。野党を代表するヤツェニューク、クリチコ、チャフニボクの３氏とヤヌコビッチ氏が2月21日、危機回避に向けて話し合う合意書に署名する。この合意書に署名する前の２月７日の出来事を、松島氏は以下のように紹介している。

合意書署名前の２月７日、ヌーランドとアメリカの駐ウクライナ大使パイアットが交わした電話の音声がネット上に出現した。二人はヤヌコーヴィチ後を見据えて、ウクライナの新しい指導体制について相談している。パイアットが「クリチコは明らかに面倒な選択だ。特に副首相にするのは……」と言い、ヌーランドが「クリチコを政府に入れるべきだとは思わないわ。その必要はない。いい考えだとは思わない」と答える。（略）

ヌーランドは「経済の経験も行政の経験もある」とヤツェニュークを推した。さらに国連の関与を歓迎し「国連の助けで片がつけばありがたい。ファックＥＵ」と言った。ロシアに遠慮しがちなヨーロッパ連合を、いまいましく思っていたのだ。会話の一部を切り取った4分10秒ほどの録音だった。ロシアの諜報機関が盗聴して流出させたことに疑いはなかった。ヌーランドは記者会見で、録音が本物であることを認め、ＥＵに謝罪した。

（同前）

ヤツェニューク氏は実際、ヤヌコビッチ政権が崩壊した後、ウクライナ首相に就任している。やはり米国の意向が働いたのだろうか。ヌーランド氏は国務次官にまで昇格してプーチン氏に立ちはだかることになる。

米国のオリバー・ストーン監督が製作総指揮を務めた16年公開の映画「ウクライナ・オン・ファイアー」（イゴール・ロパトノク監督）は、まさに「マイダン革命」やそれに至る過程をロシア側の視点から描いたものだ。この中で、ロシアがNATO拡大のレッドラインとするジョージアとウクライナに対し、米国がミハイル・サーカシビリ氏とビクトル・ユーシェンコ氏を送り込んで大統領に仕立て上げた——といった旨のストーリーが描かれている。もっとも、この作品には、ウクライナ侵攻を正当化するためのプロパガンダ映画であるとの強い非難があることも申し添えておきたい。

トッドとミアシャイマー

ウクライナ侵攻から4カ月ほどたった22年6月には、『第三次世界大戦はもう始まっている』（エマニュエル・トッド著、大野舞訳、文春新書）が出版され、すぐにベストセラーとなった。

歴史人口学者・家族人類学者のトッド氏はこの本の冒頭で、シカゴ大学教授の国際政治学者ジョン・ミアシャイマー氏が「戦争の責任は米国とNATOにある」と主張していることに賛同すると述べ、「ヨーロッパを〝戦場〟にしたアメリカに怒りを覚えています」とまで語っている。

ミアシャイマー氏は米空軍の元軍人で、戦略的現実主義の論客としても知られており、月刊誌「文藝春秋」の22年6月特別号で、ウクライナ開戦後としては日本メディアで初となるインタビューが紹介され、話題を呼んだ。その中で、ミアシャイマー氏もまたネオコンに言及し、03年のイラク攻撃と同様、ウクライナ危機も米国のリベラル覇権主義が引き起こしたものだと指摘している。トッド氏もネオコンに注目しているが、とりわけヌーランド氏を問題視している。新書での記述をいくつか紹介してみたい。

ミアシャイマーのような冷静な現実主義者がいる一方で、アメリカには国務次官のビクトリア・ヌーランド（父方の祖父はロシアから移民したウクライナ系のユダヤ人）のような、反トランプで、断固たるロシア嫌いのネオコンもいて、破滅的な対外強硬策を後押ししています。ヌーランドは、ウクライナ情勢の担当官で、二〇一四年の「クーデタ」にも深く関与したと指摘されています。

このネオコンたちは、ブッシュの時代は共和党の側についていましたが、反トランプの立場に立ってから、ヒラリー・クリントンと民主党の側に転身しています。

国務次官ヌーランドの夫は、ネオコンの代表的論客であるロバート・ケーガンです。彼はイラク戦争を支持し、「世界の民主主義の行方は、すべてアメリカ軍にかかっている」と妄想しているような人物です。

ロバート・ケーガンの弟は、軍事史専門家のフレデリック・ケーガンです。そのフレデリックの妻は、戦争研究所所長のキンバリー・ケーガンで、ケーガン一族は、まさに「ネオコン一家」なのです。

（『第三次世界大戦はもう始まっている』）

その戦争研究所のデータに基づいて、朝日新聞をはじめ多くのメディアが戦況報道をしていることは、自覚しておくべき点であろう。

ＮＡＴＯ拡大を進めたのはネオコンであり、それは核軍縮に反対し、イラク攻撃に突っ込んでいった勢力でもある。

トッド氏はこうも述べている。「私が同意したミアシャイマーの第一の見解は、『いま起きている戦争の原因と責任は、アメリカとＮＡＴＯにある』ということ、つまり、ウクライナが〝事実上〟(defacto)のＮＡＴＯ加盟国になっていたからこそ、ロシアは、強大化していたウクライナ軍を手遅れになる前に叩き潰そうと決断した、という指摘です」。

そしてミアシャイマー氏もこう説く。

　米国が戦略を見誤ったのは、ロシア側の視点が欠けていたからです。西側には「ＮＡＴＯはロシアにとって脅威ではなかった」「ＮＡＴＯの東方拡大とロシアのウクライナ侵攻に関連性はない」といった、信じがたい主張をする人が数多くいます。西側の視点のみでこの戦争を語ることはナンセンスです。プーチンとその側近たちが何を考えているかが重要なのです。

（「文藝春秋」２０２２年6月特別号、「この戦争の最大の勝者は中国だ」）

プーチン氏を生んだのは決してゴルバチョフ氏などではなく、ＮＡＴＯ拡大に踏み出したクリントン氏であり、それに続くネオコン勢力である。ＮＡＴＯの東方拡大が極めて危険な行動であることは、米国の識者や専門家たちも早くから警告していた。

第4章　無視された警告

広島、長崎への原爆投下から75年となる２０２０年8月1日、「世界の危機に、歩みを止めない」を合言葉に、国際平和シンポジウム２０２０「核兵器廃絶への道」（朝日新聞社、長崎市、長崎平和推進協会主催）が長崎市の長崎原爆資料館ホールで開かれ、インターネットでライブ配信された。

前年の19年夏には、冷戦終結の起点ともなった米ロの中距離核戦力（ＩＮＦ）全廃条約がトランプ米政権によって破棄されていた。核戦争の危機などを考慮して地球滅亡までの時間を示す「終末時計」は20年1月、世界の終わりまであと１００秒と、過去最悪の時を刻んでいた。すでにウクライナ戦争を待たずに、核兵器による大惨事が起こる可能性は米ソ冷戦期と比べても深刻だと指摘されていたのである。

パネル討論には、この「終末時計」で核兵器のリスクに警鐘を鳴らす米科学誌の最高経営責任者レイチェル・ブロンソン氏と、クリントン政権で国防長官を務めたウィリアム・ペリー氏がオンラインで参加した。ペリー氏は07年と08年、元国務長官のヘンリー・キッシンジャー、ジョージ・シュルツ両氏、サム・ナン元上院軍事委員会委員長とともに「核兵器のない世界」の実現を呼びかける論考をウォールストリート・ジャーナル紙で発表し、「四賢人」と呼ばれた一人だ。彼らの提言は、09年に当時のバラク・オバマ大統領が「核兵器のない世界」を提唱したプラハ演説の理論的支柱にもなった。

「核の先制不使用」を唱える米元国防長官

1927年生まれのペリー氏は、終戦後に進駐軍の一員として東京と沖縄に滞在し、除隊後にスタンフォード大、ペンシルベニア州立大に進学して数学の博士号を取得。就職した防衛産業では敵レーダーを妨害する電波技術などを研究していた。カーター政権で国防次官（研究・エンジニアリング担当）、クリントン政権で国防長官を歴任。2013年には、核リスクを米国民に伝えるウィリアム・J・ペリープロジェクトを創設している。20年夏の長崎シンポジウムの直前には、核不拡散問題に民間の立場で携わるトム・コリーナ氏との共著『核のボタン——新たな核開発競争とトルーマンからトランプまでの大統領権力』（田井中雅人訳、吉田文彦監修・解題、朝日新聞出版）が出されていた。核のボタンを握る大統領一人に全世界の命運が委ねられている現実を可視化させ、高度警戒態勢の解除と大陸間弾道ミサイル（ICBM）不要論、核の先制不使用政策にまで踏み込む内容だ。

このシンポジウムには、ミハイル・ゴルバチョフ元ソ連大統領がメッセージ動画をおくってくれた。その前年の19年12月３日、マルタでの冷戦終結宣言からちょうど30年となる日に、私はモスクワのゴルバチョフ財団でゴルバチョフ氏に単独インタビューする機会を得た。ゴルバチョフ氏が当時のロナルド・レーガン米大統領と締結したＩＮＦ条約が破棄され、核の「歯止め」がまた一つ消えただけでなく、世界を変える原動力となった精神そのものが葬り去られたことをどう思うかなどを聞きたいと思ったからだ。実はこのインタビュー実現に向けて調整を進める中で、ゴルバチョフ氏側は20年の長崎シンポジウムの意義を評価し、メッセージ動画をおくってくれることを内諾してくれていたのだった。ゴルバチョフ氏の核兵器廃絶への思いは、生涯を通して、それほど強かったのである。

そのメッセージ動画はシンポジウムの冒頭で放映された。その中でゴルバチョフ氏は、ペリー氏にも言及した。ロシア語のメッセージを邦訳して、全文を紹介したい。

◇国際平和シンポジウム２０２０「核兵器廃絶への道」に寄せて
参加者のみなさんへのメッセージ　　２０２０年8月１日@長崎

親愛なるシンポジウム参加者のみなさん
親愛なる田上市長
親愛なる朝日新聞の代表のみなさん
大切な仲間と友人のみなさん

核兵器なき世界をめざすこのシンポジウムに参加されているあなた方すべてにごあいさつできることを、私はうれしく思います。象徴的なのは、この出会いが長崎のまちで実現したことです。長崎は広島と同じように75年前、原爆による爆撃の被害を受け、数万人もの犠牲者と、負傷した人々が焦土に残されました。残念ながら、私たちはきょう、ご承知のような理由から、みんな一緒にここで顔を合わせることはできません。コロナウイルスの大規模感染と数十万人にも及ぶ犠牲者――これは、現代文明を脅威にさらす新しい試練です。それは、これまで未解決だった問題を深刻化させています。

人類にとって必要なのは、複合的で包括的な対策を一緒に育み、より信頼できる国際安全保障システムをつくるために国際協力を新しいレベルへと高めることです。そして、核兵器のテーマは、その関心の中心でなければなりません。

このシンポジウムに、ウィリアム・ペリー氏が参加されていることを私は歓迎します。ペリー氏は1年ほど前にも、ジョージ・シュルツ（元米国務長官）、サム・ナン（元米上院軍事委員長）の両氏とともに、「ウォールストリート・ジャーナル」紙上で、厳しい警告から始まる論文を発表しました。「米国も、その同盟国も、そしてロシアも、危険な政治的マヒに冒されてしまった。それは、間違いであれ不注意であれ、軍事紛争をもたらし、核兵器が存在すること74年で初めて核兵器使用にまで導く可能性がある」と。「冷戦よりも危険で先行きが不明で経済的にも損失が大きい核対立」の直接的な脅威は目の前にあるのです。私は、この論文の著者たちの懸念を共有し、彼らの提案を支持します。私自身、まさにこうしたことをやろうと、何度も提案してきたからです。

それは、米国とロシアが戦略的な相互関係を再開することであり、米ロ間のあらゆる議題の中で新たな軍拡競争の防止や今後の核兵器削減、そして戦略的安全保障の問題を重要な優先課題として位置づけることであり、1985年に私とロナルド・レーガン大統領が出した「核戦争に勝者はいない。核戦争は決してあってはならない」という声明を再確認することなのです。

ロシアと米国との対話では、中距離核戦力（INF）全廃条約からの米国の脱退後に緊迫化している中距離ミサイルの問題や、新戦略兵器削減条約（新START）の延長問題など具体的な問題を検討するだけでなく、平和と安全保障の原則的な問題も、そして何より核兵器なき世界に向けた動きを再開させる必要性をしっかり見なければならないと思います。

これに関連して、10人のノーベル賞受賞者を含むアメリカの代表的な学者たちが出したメッセージに賛同するしかありません。彼らはトランプ大統領に対し、核実験を再開しないよう求めました。

原子力科学者会報を主宰するレイチェル・ブロンソン氏に敬意を表します。残念ながら、あなた方の終末時計の針は再び、破滅点に近づきました。しかしその一方で、遠くない過去には、とりわけソ連と米国の尽力のおかげで、核の破滅の脅威を遠ざけ、冷戦を終わらせ、人類が直面する多くの重要な問題で協力していくこともできたのです。迫りくる破局について人類に伝え警告する、その極めて重要な活動を、あなたが続けていかれることを私は期待しています。

親愛なるみなさん。私たちは市民社会の代表として、核軍拡競争に反対し、核兵器保有の削減と最終的には核兵器の全廃に向けて先頭に立たなければなりません。
そして、全世界的な取り組みをもう一度展開しなければならないのです。

ミハイル・ゴルバチョフ

懸念は的中した

ゴルバチョフ氏がエールを送ったペリー氏は、『核のボタン』の中で、クリントン政権の国防長官時代を振り返っている。ソ連崩壊後の1990年代、まさにNATO拡大の胎動期についての証言である。

「私の感触では、NATO拡大の機は熟していなかった」

ペリー氏はそう断言する。そして「ロシアを西側の安全保障サークルに引き入れる時間がさらに必要だった。私はそのプロセスを2〜3年遅らせたかった。ロシアがさらにNATOとともに活動する時間を与え、新興諸国がNATOに加盟することに否定的な反応をしないようにするためだ」と続け、当時の経過を以下のように詳しく明かしている。

そして1995年、ボスニア・ヘルツェゴビナ紛争をめぐる、米オハイオ州デイトンでの和平協議が合意に成功したことで、国務次官補リチャード・ホルブルックは、ポーランド、ハンガリー、チェコ共和国の他、バルト諸国をNATOに即時招く提案をした。私は同意せず、クリントン大統領に懸念を説明した。大統領は国家安全保障会議（ＮＳＣ）を招集し、私は意見を述べた。驚いたことに、国務長官ウォーレン・クリストファーと国家安全保障担当大統領補佐官アンソニー・レイクは発言せず、副大統領アル・ゴアは即時拡大を支持した。クリントンはゴアに同意し、ポーランド、ハンガリー、チェコ共和国の即時加盟を承認したが、バルト諸国については先送りした。クリントンとゴアはロシアとの問題を何とかできると思っていたが、それは誤りだった。

この極めて重要な会議は、ロシアとの温かい関係の終わりの始まりだった。振り返って、私は自分の立場をもっと効果的に訴えられたはずだったと後悔している。ＮＳＣ会議の前に、クリストファーとレイクに会って味方につけておくこともできたはずだった。会議の前に意見を説明するペーパーを用意して配っておくこともできたはずだ。その後、私は国防長官の辞任も考えたが、踏みとどまって、不信の拡大を抑えようとした。

（『核のボタン』）

ペリー氏は、いまに至る米ロ関係の悪化に良心の呵責《かしゃく》を感じている。当時の対応を「後悔している」とまで吐露している。そして、当時からＮＡＴＯ拡大には米国内にも懸念する声が強かったことに言及する。

クリントン大統領への公開書簡で、ビル・ブラッドレー、サム・ナン、ゲーリー・ハート、ポール・ニッツェ、ロバート・マクナマラら40人以上の外交政策専門家らが、ＮＡＴＯ拡大に懸念を表明した。それには高額の費用がかかり、当時はロシアの脅威が薄れていて不要だったからである。

ジョージ・ケナンは1998年にこう述べた。「私が思うに、（NATO拡大は）新冷戦の始まりだった。ロシアは徐々に敵対するようになり、それが政策にも反映した。悲劇的な誤りだった」

それ以降、NATOはロシアのすぐ近くにあり、加盟国は旧ソ連諸国にも及んだ。ロシアはこの拡大は脅威であり、2004年の（数十年にわたってソ連の一部だった）バルト諸国の吸収を「NATOの脅威が国境までやってきた」とみなした。事前の考慮が悲劇的に欠けていた米国とNATOは、ロシアの懸念が関係ないかのように振る舞った。

ロシアは、NATOがコソボで（国連やロシアの許可なく）行った活動や、東欧へのミサイル防衛配備、ジョージアやウクライナも吸収しそうな勢いで続くNATO拡大に、特に警戒を強めた。（同前）

ペリー氏は、2018年に邦訳が出された自著『核戦争の瀬戸際で』（松谷基和訳、東京堂出版）の中でも、当時の思いを振り返り、ある意味、現在につながる見通しを言い当てていた。旧東欧諸国がNATO加盟に関心を高めたのには当然の理由があったとしたうえで、「私の考えでは、旧東欧諸国がNATO加入に関心をもつのは時期尚早であり、NATOのほうもそれに対処する計画をもち合わせていなかったことが、重要な問題だった」と指摘する。そして、賢明な外交によってうまく調整ができなければ、「加盟への期待はある種の長期的なリスク要因となる可能性があった」と見抜いていた。

さらに、「ロシアの地域安全保障に対する姿勢は、旧東欧諸国に対する歴史的な影響力と併せて十分に考慮する必要があった。東欧諸国がNATO加盟に向けて殺到すれば、ロシアと協力しながら核の脅威を減らしていくチャンスを損ねる恐れがあった」と振り返り、人類共通の重要課題である核リスク低減の問題が行き詰まってしまうとの懸念を抱いていたことを明かしている。

米ロの対立から核軍縮交渉が滞り、22年8月のNPT再検討会議がウクライナ戦争のあおりで最終文書案を採択できずに決裂したことを考えれば、ペリー氏の慧眼には恐れ入るばかりだ。ペリー氏は、冷戦後の1996年という年が米ロ関係の絶頂期だったと見る。「最も重要なことは、ロシアとともに前進し続けることである。この時点でのNATO拡大が、この流れを逆戻りさせることを私は恐れていた」。そして、それは的中した。

ケナンの世界観

ペリー氏が先の『核のボタン』で取りあげたジョージ・ケナン氏は、第1章でも少し触れたように、かつてソ連大使も務めた米戦略家である。1904年に生まれ、101歳で亡くなった。冷戦期の米国外交の基調となったソ連「封じ込め」政策の提唱者として知られているが、ナショナリスト的な反共主義者ではなかった。その「封じ込め」政策は、外交政策を不可能にするためではなく、交渉を可能にするような安定した状況をつくるためだったと本人は述べている。アメリカ例外主義を批判し、国民的自己賛美のようなものの克服が課題だとケナン氏は考えていた。

『評伝ジョージ・ケナン――対ソ「封じ込め」の提唱者』（ジョン・ルカーチ著、菅英輝訳、法政大学出版局）を読めば、ケナン氏がある意味「アメリカの良心」を体現していたことがわかる。訳者の菅氏は、ケナン氏がマッカーシズムの不寛容と過激な反共主義に強い危機感を覚え、NATOの強化や水爆の開発など軍事的抑止力の路線を追求したハリー・トルーマン大統領や、「大量報復戦略」を唱えて世界中に米軍基地を張り巡らせることに熱中したジョン・ダレス国務長官とは違う、と解説している。

「ケナンを批判した冷戦の闘士といわれる反共主義者たちは、欧州の分断を固定化し冷戦の長期化に貢献したとはいえても、冷戦の終焉にともない彼らが見せたアメリカの冷戦政策への自画自賛に、果たしていかほどの論拠があるのだろうか」との問いは重い。

『評伝ジョージ・ケナン』の著者ジョン・ルカーチ氏は、ケナン氏の考え方の神髄とも言える世界観を次のように記している。


「いかなる国民といえども、世界的覇権を確立することができるほど偉大ではない」。一九四〇年に書かれたこの一文は、ジョージ・ケナンの世界観だけでなく、おそらく合衆国の世界観の多くを――おそらくそのすべてを――簡潔に言い表わしている。生涯をとおして、彼はこの世界観にもとづき主張し、考え、語り、そして書いた。

（『評伝ジョージ・ケナン』）

ケナン氏は、「利益圏」も含めて地理と歴史という観点から、カリブ地域や南米、太平洋地域ではロシアが米国の利益を理解しなければならないのと同様、米国もロシアの利益圏について配慮しなければならないと考えていた。それができないとどうなるか。1962年に核戦争の瀬戸際まで行ったキューバ危機と、ちょうど60年後、冷戦期よりも核使用のリスクが高まっているウクライナ危機とは、まさに表裏の構図だとも言える。ソ連は米国のすぐ目の前のキューバに核ミサイルを配備しようとし、米国はロシアがレッドラインとみなすウクライナをNATOの防波堤にしようとした。それは、前章で見たジョン・ミアシャイマー氏のインタビューで、「米国が2008年以来、ロシアに隣接するウクライナでやってきたことは、ソ連がキューバでやったことと同じではないでしょうか」と述べていた通りだ。

ケナン氏は不寛容と排除を嫌い、世界には多くの国と人々が存在することを自覚し、「本来大胆であるべきときに臆病の種をまき、冷静であるべきときに恐怖を植えつけ、自信と寛大さが必要なとき疑心の種をまき散らす」米国内の勢力を批判した。同書はさらに、冷戦の根っことも言える部分に焦点を当てていく。

西欧と合衆国にとっての主たる脅威は共産主義であると考える人たちと、ケナンのように、主たる問題は共産主義ではなくロシアであり、イデオロギーではなく歴史的、領土的なものだと考える人たち、この両者の違いであった。冷戦というのは、その展開過程からみれば、相互誤解の帰結だったと主張することさえできるかもしれない。

冷戦が続く間、最高の冷戦の闘士と批判されようが、宥和者と批判されようが、終始変わることはなかった。欧州分断を恒久的なものとして容認せず、欧州大陸の中心部から米ロが相互に撤退するよう提案するというのが、心底からケナンが実現したいと念願したことだった。

（同前）

ケナン氏は、ソ連の脅威は「共産主義」から派生すると考える人たちとは違い、問題の本質は共産主義というイデオロギーではなく、「ロシア」という歴史的、領土的なものだと理解していた。ルカーチ氏は、ケナン氏がロシアの民衆の中に分け入り、「ロシア人の国民性の風変わりで嫌な面、古くからの国民性は、共産主義のせいに帰せられるものではないことを理解していた」と記している。これは、いまのロシアのプーチン氏を彷彿《ほうふつ》とさせないだろうか。だからこそケナン氏は、ソ連から共産主義のイデオロギーが姿を消した後も、NATOの東方拡大に反対した。

クリントン政権がNATO東方拡大を決めたとき、ケナン氏はニューヨーク・タイムズ紙でこう書くのである。「この『北大西洋』同盟の無分別な拡大は、ここ数十年のアメリカ外交政策のなかで最大の過誤となるかもしれない」と。

ソ連の脅威を「共産主義イデオロギー」ではなく「ロシア」とみたケナン氏の分析については、22年夏に出版された『地政学と歴史で読み解くロシアの行動原理』（亀山陽司著、PHP新書）でも言及されている。

イデオロギー・モデルでは、ソ連は硬直的なイデオロギーによって外部世界の資本主義国家を敵視するだろうと予測するが、その結果、ソ連は危険な国家に見える。一方、かつてのロシア帝国とのつながりを見る帝国主義モデルでは、ソ連という国家を、イデオロギーで硬直化して外部世界すべてを打倒しようとするような無謀な国家とまでは考えない。「抵抗されないところ」「力の空白」までは進んでくるが、そこから先はでてこないと見る。

ロシア勤務を経験した元外交官の亀山氏は著書の中で、ケナン氏が米国を「太古の恐竜」と評していたことに触れている。これは、米ソ冷戦末期、レーガン大統領がゴルバチョフ書記長のことを「頑固なボリシェビキ」とあだなし、ゴルバチョフ氏がレーガン氏のことを「本物の恐竜」と呼んだエピソードを想起させるが、亀山氏は米国がロシアの行動原理を読み切れていなかったと指摘する。

ウクライナ問題の本質は、ウクライナへのNATO拡大にロシアが安全保障上の懸念を抱いたことである。ロシアにとっての危機感は欧米にとっての危機感をはるかに上回っていた。この大きな非対称性が、ウクライナ侵攻を止められなかった原因の一つである。もし、アメリカ側がロシアの危機意識を正確に測れていたとすれば、ウクライナ侵攻を未然に防ぐ道があったかもしれない。

では、なぜそのような道を選ぶことができなかったのだろうか。第一に、アメリカがロシアという国のリアルな事情を測ることができなかったからであろう。ロシアは、アメリカや日本、西ヨーロッパの諸国のような世界を生きていないのである。彼らはまだ冷戦の延長にいるし、更に言えば、第二次世界大戦の延長の世界を生きている。（略）

一方、アメリカにとっては第二次世界大戦も冷戦も過去であって、最後に勝ち残った超大国アメリカの理念こそが唯一信じるべきものである。これが第二の理由である。アメリカは冷戦の「敗者」であるロシアを過去の存在と見ており、だからこそNATO不拡大を含むヨーロッパの安全保障を再検討しようというロシア側の要求を真剣な交渉に値するとは考えなかったのである。

こうした侮《あなど》りが、外交交渉への軽視を生み出した。これが第三の理由である。（略）アメリカは、ロシアの要求を蹴り、交渉を先延ばしにした。一方ロシアは、アメリカがウクライナに軍事的な援助を与えることで、反露的なウクライナが強化されることを恐れていた。時間はロシアに味方しないと判断した。だからこそ、先制攻撃を選択したのである。

（『地政学と歴史で読み解くロシアの行動原理』）

第三国を通じて敵国を攻撃するやり方は国際政治の常套《じょうとう》手段だと亀山氏は述べる。アフガニスタンに侵攻したソ連を追い払うために、米国はアフガニスタンの抵抗勢力に武器援助を行ったが、米国によるウクライナへの軍事支援も同じ構図だとする。「理想主義的な民主主義は、目的（理想）の達成のために全面勝利が不可欠であると考える。これはある意味、非常に危険な対外政策ではないか」。亀山氏の視点も極めて重要である。

プーチンの「正体」に迫る

ロシアのウクライナ侵攻から半年を前に、朝日新聞にもやっと、今回の侵攻の背景に本格的に切り込もうとする記事が出た。「ウクライナ侵攻の責任がプーチン大統領にあることは論をまたない。しかし、『プーチンが悪い』で終わらせてよいのだろうか」。そんな問題意識から、過去の米ロ外交のキーパーソンたちを訪ねて取材し、当時の政権幹部たちの「回顧録」にもあたったものだ。配信された最初の記事の見出しは、「『プーチン氏ぶち切れた』見過ごしたブッシュ政権　進言相次いだのに」（アメリカ総局・高野遼特派員）。記事はこう始まる。

> インタビュー中、あるベテラン外交官が後悔交じりの言葉を漏らした。
> 「あのとき、米国はロシアへの態度を変えるべきでした。我々はプーチン大統領の言葉を真剣に受け止めず、間違いを犯してしまったのです」
> 率直な悔恨の言葉に、私は思わずペンを止めた。
> 「そう。我々は、プーチン氏がのちに侵略者になると気づくのが遅すぎたのです」
> この言葉をきっかけにして、米ワシントンを拠点にする私は、過去の米ロ外交のキーパーソンたちを訪ねる取材を始めることにした。
> 米国はプーチン氏によるウクライナ侵攻を止めることはできなかったか――。

歴史の「if（もしも）」を尋ねるような質問を元高官たちにぶつけ続けた。結果論めいた議論を批判する人もいれば、過去の政策を反省するような答えもあった。

ウクライナ侵攻の責任がプーチン大統領にあることは論をまたない。しかし、「プーチンが悪い」で終わらせてよいのだろうか。

（２０２２年8月21日、朝日新聞デジタル）

そして、過去のプーチン大統領の言動にはウクライナ侵攻に至る予兆は数多くあったとして、時計の針を２００７年まで戻していく。

場所はドイツ南部。15年前のプーチン氏は、ここで初めて米国への不満をぶちまけた。ミュンヘン安全保障会議に集まった各国首脳らを前に、プーチン氏は30分間にわたってロシア語で「米国批判」の熱弁を振るった。

「ＮＡＴＯ拡大はいったい誰に対抗するためのものなのか？」

「米国はあらゆる意味で国境を踏み越えている。危険きわまりない」――。

この演説を、プーチン研究の第一人者であるフィオナ・ヒル氏は著書で「プーチンはついにぶち切れた」と書いた。国際会議の場で、プーチン氏が米国への不満をぶちまけたのは初めてのことだったという。

ブッシュ（子）政権で大統領特別補佐官や国務次官補（欧州担当）を務めていたダニエル・フリード氏は、会場にいた高官の１人だった。冒頭で紹介した「悔恨の弁」を語った人物だ。

プーチン氏のスピーチを聞き、フリード氏はすぐにブッシュ政権に進言したという。「これはバッドニュースだ。プーチン氏の脅威は真剣に考えた方がいい」と。

だが、その言葉が聞き入れられることはなかった。ブッシュ政権は米ロ関係の悪化を嫌ったのだという。「政権はまだ、プーチン氏と協力する希望を捨てなかったのです」とフリード氏は証言した。

歴史を振り返るうえで、当時の状況を知る必要がある。

今となってはプーチン氏が「脅威」であることは誰の目にも明らかだが、20年前は状況が大きく違ったからだ。米ロ関係はいまよりずっと良好だった。

ブッシュ政権で安全保障に携わったバリー・パベル元大統領特別補佐官はこう振り返る。

「当時、ロシアは全く脅威ではなかった。トップ10にも入っていなかったのです」（同前）

パベル氏の指摘は、先に触れたペリー氏の「NATO拡大の機は熟していなかった」という証言と照らし合わせると興味深い。ペリー氏はロシアへの慎重な配慮が必要だと考えていたが、パベル氏のいたブッシュ（子）政権ではロシアを過小評価して甘く見ていた可能性がある。プーチン氏が決定的に米国への不信感を募らせたのは、米ロの弾道弾迎撃ミサイル（ABM）制限条約から米国が2002年に一方的に脱退したことだとしばしば指摘されるが、それもブッシュ（子）政権のころだった。記事はこう続く。

そんなプーチン氏は、いつから米国を敵視するようになったのか。

「いわゆるカラー革命の頃からでしょう」とフリード氏は記憶をたどるように言った。

03年にジョージア、04年にウクライナでカラー革命が起き、親欧米政権が誕生した。民主化の波が東欧諸国へと広がっていた。「プーチン氏はこれにひどく反応しました。欧米側が引き起こしたことだと批判したのです」

「民主化運動」。この言葉は今回の取材を通じ、プーチン氏の怒りを理解するための重要なキーワードとして何度も登場することになる。

ブッシュ政権は、プーチン氏の変節に気づいていたとフリード氏は言った。

「03年にブッシュ氏が訪英し、ブレア英首相と会談した席に私もいました。プーチン氏の権威主義が始まった初期の段階で、彼について議論したのを覚えています」

「そして2人とも、プーチン氏は自分たちが期待していたような人物ではない、という点で意見が一致しました」

それでも、ブッシュ氏はロシアとの協力の道を諦めなかった。

「ブッシュ氏はプーチン氏を変えたいと願っていた。まだ彼と一緒に仕事ができることを望んでいたのです」

「ブッシュ政権の問題は07年以降、プーチン氏がどこまで本気で攻撃的な政策をとってくるのか、よくわからなかったことにあると思います」

08年8月、ロシアは隣国ジョージアに軍事侵攻する。

「侵攻を受け、ついにブッシュ政権は問題を理解したのだと思います。しかし、当然ながら時間切れでした」

3カ月後の米大統領選ではオバマ氏が当選を果たし、ブッシュ氏に対ロシア政策を改める時間は残されていなかった。（同前）

元CIA長官の警告

「ロシアの屈辱を米国は過小評価してきた」との見方は米国内でも根強い。高野特派員は、プーチン氏の危険な変節に気づいて警告していた人を求めて、元高官らが在任中の内幕を明かす回顧録にあたった。そして、06年12月から国防長官を務めたロバート・ゲーツ氏を取りあげる。冷戦時代は対ソ強硬派として知られ、中央情報局（CIA）長官などを歴任した人物だ。再び記事を引用する。

プーチン氏の目に「心を感じた」と言ったブッシュ氏とは対照的に、ゲーツ氏は「プーチンの目をのぞき込んだとき私に見えたのは、予想どおり、冷酷非情の殺し屋である」と書いている。

ゲーツ氏もまた、07年のプーチン氏のスピーチを受け、ブッシュ氏に警告した1人だった。「ロシアが感じた屈辱の深さを、西側諸国、特に米国は、過小評価してきた。（中略）ロシアは激しく傷つき、米国は傲慢《ごうまん》だと恨みを深めてきた」と著書に記している。

さらにプーチン氏の怒りに油を注ぐ出来事は続いた。08年、ブッシュ政権の主導により、NATOがウクライナとジョージアを「将来の加盟国」と認めたのだ。

ロシアの反発を懸念した独仏は反対した。米政権内からも「完全にやりすぎ。すさまじい挑発だ」（ゲーツ氏）と異論があった。だが強引に押し切り、ブッシュ政権は2カ国の将来的なNATO加盟を後押しした。

当時の駐ロシア大使だったウィリアム・バーンズCIA長官は、プーチン氏と面会してこう言われたと回顧録で明かしている。

「ウクライナのNATO加盟に向けた動きを見て、黙っているロシアの指導者はいない。それはロシアへの敵対行為だ」

「我々は全力でそれを阻止するだろう」（同前）

その言葉がのちに実行に移されたのは、言うまでもない。

政権幹部たちが警告を発していたにもかかわらず、なぜブッシュ政権はロシアの反感を買うような行動に突き進んだのか。キーワードはやはり「民主化」だったと高野特派員は指摘し、ネオコンの代表格とされるディック・チェイニー氏のエピソードを取りあげる。

米情報機関でロシアを専門としていたヒル氏は、当時のエピソードを米紙ニューヨーク・タイムズの取材に明かしている。

大統領執務室に呼ばれたヒル氏がウクライナのNATO加盟に異議を唱えると、チェイニー副大統領（当時）に「つまり、君は自由と民主主義に反対だと私に言いたいのだね」と一喝されたのだという。

民主主義と自由の空間を広げることで、平和で安全な世界が形成される——。それがブッシュ政権の外交理念だった。だが東欧における民主主義の広まりは、プーチン氏にとって自らの領域への「介入」であり、権力基盤への脅威以外の何物でもなかった。（同前）

米国のCIA元長官で国防長官も務めたロバート・ゲーツ氏の警告については、22年7月に邦訳が出版された『米露諜報秘録 1945—2020——冷戦からプーチンの謀略まで』（ティム・ワイナー著、村上和久訳、白水社）でも詳しく触れられている。同書では、ロバート・ゲーツは名前のロバートを短縮形にしてボブ・ゲイツと日本語表記されている。NATOの東方拡大がいかにプーチン氏を刺激したかについて、次のように記している。

冷戦時代の紛争が二十一世紀にいかに再燃しうるかを思い描いた者はもっと少なかった。「われわれが理解していなかったのは、将来の闘争の種がすでに芽を出しつつあることだった。将来の大国同士の競争の初期の兆候があった」と、元CIA長官で将来の国防長官であるボブ・ゲイツは書いている。ゲイツはリンドン・ジョンソンからバラク・オバマにいたる歴代大統領に仕えた。「ロシアでは、ソ連崩壊につづく経済の混乱と腐敗の結果として」——アメリカがNATOの軍事同盟を強引にロシア国境まで東へ拡大したこととあわせて——「恨みと苦々しい思いが根づきつつあった」。そして、「ウラジーミル・プーチンほどこの情勢の変化に激怒したロシア人はいなかった」。

（『米露諜報秘録』）

そして08年4月、NATOはルーマニアの首都ブカレストで会議を開き、将来的にジョージア（グルジア）とウクライナのNATO加盟を承認する方針を決めた。この動きをジョージ・ブッシュ（子）大統領は支持し、プーチン大統領は激怒する。その翌月、プーチン氏は大統領の座をドミトリー・メドベージェフ氏に託すが、プーチン氏自身は首相に就任し、いわゆる「タンデム（双頭）体制」へと移行する。これが結果的に、12年の大統領復帰とプーチン政権の長期化へとつながっていく。それは、かつて味わわされた屈辱に恨みを晴らす機会を与えることを意味した。戦争は人間の心から起きるのである。『米露諜報秘録』に戻ろう。

「グルジアとウクライナをNATOに引き入れようとするのは、本当に行き過ぎだった」と、ブッシュの新国防長官――ボブ・ゲイツ――は六年後に書いた。「ウクライナあるいはグルジアを防衛するために、ヨーロッパ人が、ましてやアメリカ人が、自分たちの息子や娘を送りだすだろうか？　とうていありえない。したがって、NATOの拡大は、慎重に考慮された軍事的関与ではなく、政治的な動きであり、よって同盟の目的をそこない、ロシア人が自分たちの重要な国益をどう考えているかを無謀にも無視するものだった」。ゲイツにはプーチンがどう反応するか予測がついた。彼もまたプーチンの目をのぞきこんでいた。彼はそこに冷酷無比の殺し屋を見たといった――そして、失われた帝国と失われた栄光、失われた権力に取りつかれた男を。
(同前)

著者のワイナー氏は、プーチン氏は絶対にこの2カ国が西側と手を組むのを許すつもりはなかったと記し、「こんにちではソ連も、東側ブロックも、ワルシャワ条約機構も存在しないことは明白です」と述べた後に続けた発言を、次のように詳しく紹介している。

われわれは東ヨーロッパに展開するわが軍部隊を引き揚げ、ロシアのヨーロッパ部分からほとんどすべての大型兵器と重火器を引き揚げました。それでなにが起きたでしょう? われわれがいまいるルーマニアのある基地、ブルガリアのある基地、ポーランドとチェコ共和国のアメリカのミサイル防衛地域。これらはすべて、軍事インフラをわれわれの国境に移動することを意味します。そのことについて、じかに、誠実に、率直に、カードをすべてテーブルにさらけ出して、話そうではありませんか。
(同前)

このあと、米ロの代理戦争とも言われた08年夏のジョージア紛争が勃発する。

米国の良識派たち

冷戦終結とソ連崩壊後、ワシントンの上層部に広まっていた常識は、世界が自分たちについてくるというものだった。フランシス・フクヤマ氏の『歴史の終わり』(渡部昇一訳、三笠書房)はその象徴とも言えるだろう。歴史上続いてきたイデオロギー闘争は自由民主主義の勝利によって終わる、民主主義の際限ない拡大と西側の価値観こそ普遍的だ、とうたった1992年発行の著書である。だが現実は逆に、98年6月に訳書が発行された『文明の衝突』(サミュエル・ハンチントン著、鈴木主税訳、集英社)の方向へと進みつつあるように見える。

話は少しそれるが、『米露諜報秘録』の中でワイナー氏は、「もっと賢明な人間は、時代を支配していた傲慢な勝者の驕りの精神に慎重だった」として、米軍の制服組トップの統合参謀本部議長から国務長官になったコリン・パウエル氏の名前を挙げている。パウエル氏は冷戦時代末期の米ソ交渉にも参画し、ゴルバチョフ氏の回想録でも触れられている人物だ。ジョージ・シュルツ元国務長官と同様、米ソ交渉の現場を知る要人たちは、総じて対ロシア政策には慎重に取り組み、核軍縮志向を持ち、イラク戦争に突入していったネオコン勢力とは対極にあるように見える。パウエル氏もその一人だ。

退役陸軍大将のパウエル氏は、91年の湾岸戦争で米軍統合参謀本部議長としてクウェート奪還作戦を指揮した。2001~05年にブッシュ政権で国務長官を務め、核戦略や核軍縮交渉にも携わっている。イラクへの単独攻撃を主張する強硬派が政権内に多い中で最後まで開戦に慎重だったが、最終的には支持して03年に国連で演説し、イラクが大量破壊兵器を保有する証拠を挙げた。しかし、後にその情報は虚偽だったことが判明。この演説を自ら「汚点」と認めていた。

そのパウエル氏に朝日新聞社は13年、「核といのちを考える」というシリーズで単独インタビューしたことがある。11年3月の東日本大震災と東京電力福島第一原発事故を受けて、広島と長崎、そして福島の核被害を通して「核と人類は共存できるのか」を問い直すため大阪本社に「核と人類取材センター」が13年4月に発足し、モスクワ支局長だった私が初代事務局長に就いた。その一連の企画のキックオフとして、現在長崎大学核兵器廃絶研究センター（ＲＥＣＮＡ）のセンター長を務める吉田文彦氏が論説副主幹時代に実現させたインタビューだった。その中でパウエル氏は「核兵器はもはや軍事的には無用」と述べたのである。その記事を紹介したい。

■「広島・長崎を思い出せ」印パ対立を仲裁

パウエル氏は、核武装したインドとパキスタンの間で２００２年に緊張が高まった際、パキスタン首脳に広島、長崎の被爆後の悲惨な写真を思い起こすよう説いて、対立緩和に導いた秘話も明かした。被爆地の記憶が、実際の国際政治に影響を与えたとの証言だ。

この対立では、両国が核による威嚇も辞さない恐れがあった。国務長官だったパウエル氏はパキスタン首脳に電話し「あなたも私も核など使えないことはわかっているはずだ」と自重を促したという。さらに「１９４５年8月の後、初めてこんな兵器を使う国になるつもりなのか。もう一度、広島、長崎の写真を見てはどうか」と迫ると、パキスタン側は「ノー」と答えた。インド側も同様な反応だった。こうした説得の結果、危機は去った、と振り返った。

パウエル氏は、かねて核兵器は不必要との考えを示していた。今回その理由を詳しく問うと「極めてむごい兵器だからだ」と明言し、「まともなリーダーならば、核兵器を使用するという最後の一線を踏み越えたいとは決して思わない。使わないのであれば基本的には無用だ」と強調した。

北朝鮮への抑止策としては「(米国の)通常兵力は強力であり、核兵器を使わなければならないことはない」と主張。

核の抑止力そのものは否定せず、「政治的な意味」があるため北朝鮮は核に頼っているとした。ただ、核を持つことは、むしろ自殺行為だと強調した。

オバマ米大統領が6月のベルリン演説で、配備済みの戦略核弾頭をさらに3分の1削減する方針を表明したが、交渉相手のロシアが米の欧州ミサイル防衛(MD)計画と核削減を絡めていることについて、「MDに対するロシアの態度は、米ロの戦略核の保有量を削減してきた過去10年の二つの削減条約の成立を妨げなかった。MDと保有量の削減は今後の交渉に任せるべきだ」と述べた。

(2013年7月10日付、朝日新聞)


この章で取りあげたケナン氏もまた、核兵器の問題には心を砕いていた。核の先制不使用の原則を確約する必要があると主張し、ドイツを含む西欧に核兵器を配備することは危険だと指摘していた。ゴルバチョフ氏が親近感を寄せたケナン氏やペリー氏やパウエル氏らは、核の問題と真剣に向き合っていた。そうした人物たちが、NATO拡大に慎重な立場に立ち、警告を発していたのである。

第5章　「プーチンはＮＡＴＯに入ろうとした」

ロシアにプーチン政権が発足して2年が過ぎた２００２年5月28日、ローマで北大西洋条約機構（ＮＡＴＯ）とロシアの首脳会議が開かれた。

国名のアルファベット順に従って円卓を囲む慣例にのっとり、ロシアのプーチン大統領はポルトガルのバローゾ首相とスペインのアスナール首相の間に席を占めていた。まさに、当時19あった加盟国と同等に肩を並べていたのだ。

ＮＡＴＯのジョージ・ロバートソン事務総長がＮＡＴＯ・ロシア新理事会の設置を宣言した後、自席から演説したプーチン氏はこう呼びかけた。「ついこの間まで、こうしてＮＡＴＯ加盟国の首脳と同席することは到底考えも及ばなかった。新理事会は紙の上のものでなく、建設的な仕事をする場なのです」と。

あれからちょうど20年後、ウクライナを舞台にロシアと米国・ＮＡＴＯの代理戦争ともいえる悲劇が起きている現在から振り返れば、とても想像できない光景である。
まずは02年当時の報道を見てみたい。

北大西洋条約機構（ＮＡＴＯ）は28日、ローマ郊外でロシアとの特別首脳会議を開き、両者が安全保障政策の一部を共同決定する「ＮＡＴＯ・ロシア理事会」の新設に合意する宣言を採択し、調印した。かつての敵ロシアを準加盟国として受け入れるもので、これをうけてＮＡＴＯは、今秋にせまった最大７カ国の新規加盟決定の準備を急ぐ。

採択後、ロシアのプーチン大統領は「バンクーバーからウラジオストクまで、一つの世界になる」と歓迎。また、ブッシュ米大統領も「かつての敵はパートナーになった」と述べた。

宣言によると、新理事会が対象とするのは、対テロや大量破壊兵器の拡散防止、軍事協力とロシアの軍改革へのＮＡＴＯの支援、戦域ミサイル防衛、軍備管理と信頼醸成、海難・災害救助など、双方の「共通の利益」にかかわる９分野。

ロシアは19加盟国と「対等なパートナー」として同等の発言権を持つが、議事運営は「合意の原則に基づく」とし、あらかじめ合意が予想される議題のみを扱う。

しかし、集団的自衛権の発動など同盟の根幹の決定にはロシアはかかわらない。最高意思決定機関であるＮＡＴＯ理事会の独立性は保たれる。

ロシアはブリュッセルのＮＡＴＯ本部に事務所を置く。新理事会は、年２回、外相、国防相理事会を開催するほか、最低月１回、大使級理事会を開催、このための準備委員会を月２回開くとしている。

（２００２年５月29日付、朝日新聞）

ソ連末期のゴルバチョフ氏が「ヨーロッパ共通の家」という構想を提唱し、新生ロシアのエリツィン氏も冷戦後のヨーロッパの安全保障にロシアも関与していくべきだと主張していた。ＮＡＴＯ・ロシア理事会の設立は、エリツィン氏を引き継いだプーチン氏が「バンクーバーからウラジオストクまで、一つの世界になる」と言ったとおり、ゴルバチョフ氏から連なる伝統的な考え方を具現化したものとも言えた。

ＮＡＴＯにとっては旧敵を取り込むという大胆な政策だったが、こうした底流があったからこそ、提案からわずか半年という素早さで合意できた側面もあるだろう。ＮＡＴＯとロシアは関係強化を形にすることを最優先し、折り合えない部分は宿題として残した。ある意味、見切り発車だった。

ＮＡＴＯが合意を急いだ理由は、その年の11月に予定していた東方再拡大の決定をスムーズに進めるためだった。ＮＡＴＯ拡大には常に神経をとがらせてきたロシアと、うまく関係を深めて懐柔しておく必要があったからだ。

冷戦後、ＮＡＴＯは自らの存在意義の源泉だったソ連という敵を失い、存続を危ぶまれる時期もあった。ＮＡＴＯは本来、集団防衛を理念として加盟国の領土と国民の安全を保証する軍事同盟である。敵がなくなる一方、巨大な官僚機構の存続を図るためには、旧ソ連圏諸国と協調して拡大し、域外に出てミッションを探すしかなかった。

99年にはコソボ紛争に人道的介入をしてユーゴ空爆に踏み切り、旧東側諸国のチェコ、ハンガリー、ポーランドを新たに加盟させる。02年11月には、ソ連に併合された歴史をもつバルト3国など最大7カ国の加盟を決めようとしていた（実際に加盟したのは04年3月）。ロシアは一貫してNATO拡大に反対してきたが、東欧諸国に続き、最後の砦でもある旧ソ連の兄弟国ウクライナまでが加盟の意向を示し始めていた。

ロシアとの関係を改善しないままNATOが拡大を推し進めれば、旧ソ連圏に新たな不安定をもたらす懸念があった。英国のトニー・ブレア首相が新理事会の構想を提案したのも、ロシア側をなだめる枠組をつくるためだった。

しかし、玉虫色のまま残した宿題が、火種として宿る危険をはらんでいた。新理事会の最大の問題は、NATOとロシアの意見が食い違った場合だった。合意を原則とするものの、両者の独立性もまた保障されるため、意見が違えば理事会が空中分解する危険である。実際、97年に発足していたロシアとNATOの連絡協議機関「常設合同評議会」は、ユーゴ空爆をめぐる対立で1年半にわたり中断され、関係が冷え込んだ前例がある。

ロシア側が「何の成果もない」と受け取れば、理事会はNATOとロシアの溝を深めるリスクをはらんでいた。

ロシアとしては、最後まで抵抗したものの東欧への第1次NATO拡大を止めることができなかった。97年に発足した常設合同評議会も、ユーゴへのNATO空爆を阻止することはできなかった。今回の合意も、いわばバルト3国のNATO加盟と引き換えだったのである。プーチン大統領は当然反対したが、経済や軍など自国の建て直しを進めていくためには、米国を含む西側との関係を安定させると同時に、国内世論に成果を示す必要があった。

ただ、プーチン氏は西側一辺倒ではなく、中国なども意識した「全方位外交」の姿勢は捨てていない。記者会見では、欧州とアジアに接するロシアの「地政学的条件」を強調し、「欧州と他地域との架け橋になる」と話していた。それは将来への布石だったのだろうか。

ともかく、ロシアのＮＡＴＯ「準加盟」の宣言文書は署名された。ＮＡＴＯ・ロシアの新理事会による協力項目には、懸案だった欧州での戦域ミサイル防衛（ＴＭＤ）が盛り込まれた。欧州でのＴＭＤ協力はかつて、米国の進めるミサイル防衛に対抗するカードとしてロシアが提示していた。宣言文書で明文化されたのは、ロシアが米国のミサイル防衛の「協力」にかじを切った見返りに、ロシアの意向をできる限り尊重したものと言えた。

ＮＡＴＯ・ロシア共同宣言の要旨は以下の通りである。

一、ＮＡＴＯ・ロシア理事会は、ＮＡＴＯ加盟各国及びロシアが対等のパートナーとして、共通の利益を追求するために設置される。本理事会は全参加国の合意を原則として、ＮＡＴＯとロシアの関係を前進させ、欧州・大西洋地域における加盟各国間の安全保障に関する持続的対話を行うことを主眼としている。

一、ＮＡＴＯ事務総長が理事会の議長を務める。外相、国防相級の会議を年2回開催し、首脳会議を適宜開く。大使級の実務会議は少なくとも毎月開催し、参加国ないし事務総長の要請で追加開催できる。理事会を補佐するため、ＮＡＴＯ政治委員会とロシア代表による準備委員会を設ける。軍の代表、参謀長クラスの会合も開く。
一、理事会は常設合同評議会を引き継ぎ、次の分野での協力で合意した。
（1）ＮＡＴＯ加盟国とロシアの部隊、民間機、社会基盤を狙ったテロ脅威への対処、（2）バルカン地域を含む平和維持活動の情報交換と合同作戦の推進、（3）大量破壊兵器とその運搬手段の拡散阻止、（4）軍備管理と信頼醸成措置、欧州通常戦力条約の順守、（5）戦域ミサイル防衛（ＴＭＤ）の協力強化と共同訓練などの可能性の検討、（6）潜水艦乗組員救出などの海難救援活動、（7）合同訓練などの軍事協力と軍改革、ＮＡＴＯ・ロシア統合軍事訓練センターの設立可能性の検討、（8）自然災害や大量破壊兵器の管理にかかわる民間緊急支援、（9）新たな脅威への対応策として、航空管制と科学分野の協力

このとき、日本のメディアの受け止め方はどのようなものだったのか。当時、朝日新聞ヨーロッパ総局長を務めていた村松泰雄氏の論考記事からは、将来への期待といったものが感じ取れる。

国連安保理の常任理事国でもあるロシアが、大量破壊兵器の拡散や国際テロという新たな脅威への対処で米欧との共同歩調を強め、たがいの信頼が民主主義や人権という価値の共有に一歩ずつでも近づくなら、世界の安定要因となるだろう。

地域大国ロシアを含めた一つの欧州への道が開かれたともいえよう。

米国が旧敵を取り込み、欧州がＮＡＴＯ拡大という欧州安定化の枠組みを手に入れ、ロシアは米欧への発言権と経済協力や軍改革支援という実を得る。同時多発テロの後、一気に進んだこの取引は、決して悪くない。

冷戦の終わりで、集団防衛体制から事実上の地域安全保障機構へと変わったＮＡＴＯは、ロシアの参加で再び姿を変える。脅威の変容と経済のグローバル化が突き動かしたこの変化は、要するにＮＡＴＯの多重・多層化、軍事的な希薄化である。

米欧ロの新たな政治的枠組み作りは、米ロの戦略合意とＮＡＴＯ・ロシア理事会の創設によって、ひとまず完結した。今後のＮＡＴＯの課題は、何より中国との安定した関係をいかに構築するかに移るだろう。

（２００２年５月29日付、朝日新聞）

米欧ロの新たな政治的枠組み作りはひとまず完結した、との評価をした村松氏は、論考の末尾をこのように締めている。

テロや民族紛争から地球温暖化まで、国際社会の脅威はますます多様化する。ＮＡＴＯが軍事力のみならず、価値を共有する政治同盟として、これらに対処できるかどうか。ロシアの参

加はこの意味でも試金石だ。（同前）

確かに、ロシアの参加は試金石だった。そして、この間の歴史を見ると、それがうまく運ばずに今があることがわかる。

プーチン外交の船出

ロシアが２０２２年２月、ウクライナ侵攻という国際法的にも人道的にも許されざる暴挙に出た今となっては、プーチン氏が問答無用で隣国を侵略する冷酷非情な思想の持ち主と受け取られても無理はない。だがもしそうなら、一国の最高指導者に就任してから20年以上も待つだろうか。

内政と外政は常にリンクしている。プーチン氏の政治は明らかに、対外環境に影響されて変化していった。00年３月に初めて大統領選に勝利する直前、当時まだ大統領代行だったプーチン氏は、英国ＢＢＣ放送とのインタビューで、「ロシアがＮＡＴＯに加盟することはありうるか」との質問に対し、「そうしていけない理由はない」と述べていた。「ロシアは欧州文化の一部であり、孤立主義を取るつもりはない」とも説明し、「ロシアが対等なパートナーと見なされる限り、より緊密な協力関係を築くことができる」として関係深化に前向きの考えを示していた。

プーチン氏は00年５月、大統領に正式就任し、同年７月に沖縄県名護市で開かれた主要８カ国首脳会議（Ｇ８サミット）が国際デビューの舞台となった。ミサイル開発を進める北朝鮮の金正日《キムジョンイル》総書記と平壌《ピョンヤン》で直前に会談してから日本入りしたため、主役の一人に躍り出た。条件付きのミサイル

ロシア大統領選を前に、みやげもの屋に登場したプーチン氏のマトリョーシカ。エリツィン氏やゴルバチョフ氏の絵柄も（2000年2月26日、モスクワ）＝副島英樹撮影

開発断念の意向を金正日総書記から引き出したと伝えられたことから、正確な内容を聞き出したい各国の関心を引きつけていたのだ。当時モスクワ支局員だった私は、プーチン氏のサミット・デビューを見届けようと沖縄にいた。

サミット初日の7月21日午後4時前。那覇空港でタラップを下りたプーチン氏は、歓迎の一行に軽く手を振り、自信あふれる笑顔を見せた。プーチン氏はG8の一員として完全な資格でのサミット参加にこだわってきたが、初日の最初の行事は恒例通り、ロシアを除くG7による国際経済の討議だった。自分が出席できない会議の時間より前には現地入りしないという、強いプライドとしたたかさがうかがえた。

このプーチン・デビューに一役買ったのが、九州・沖縄サミットのホスト役を務めた当時の森喜朗首相だった（**写真**）。これを機に森氏とプーチン氏は「ヨシ＝ワロージャ（ウラジーミルの愛称）」の親しい関係を築くことになるが、00年9月にプーチン氏が日本を公式訪問した際、2人で食事した時にプーチン氏が語った内容を、森氏は後に、モスクワで14年9月に開かれた日ロフォーラムで明かしている。プーチン氏の発言はこんな内容だったという。

「ロシアは自由、民主主義、法の支配、アメリカや日本と同じような価値観を持つ国に変わった。そしてポーランドやチェコやハンガリーを解放した。彼らがそれぞれ欧州連合（ＥＵ）に入るのは経済行為であり、私も認めるところだ。しかし、なぜこれらの解放された国々がＮＡＴＯに入るのか。ＮＡＴＯはソ連を包囲する米国、カナダとヨーロッパの軍事同盟だ。ソ連がロシアに戻って、西側の皆さんと同じような価値観を持った。それなのに、なぜＮＡＴＯが必要なんだろうか」

2000年7月22日、九州・沖縄サミットで来日したロシアのプーチン大統領と
森喜朗首相（沖縄県名護市）＝安藤保雄撮影

その2年後の02年、ロシアのNATO「準加盟」という歴史的な動きに至った背景には、当時のNATO事務総長だったジョージ・ロバートソン氏の存在が大きい。彼がプーチン氏との間でどのように信頼を築いていったかは、21年10月に亜細亜大学の学長に就任した永綱憲悟教授（ロシア政治）が04年3月に発表した論文「ロシアの対欧州外交：プーチンと拡大欧州――軽負担での協調路線」に詳しく書かれている（日本国際問題研究所の外務省委託研究『イラク戦争後のプーチン政権の対外政策全般』所収）。

この論文は、プーチン氏の対欧州政策を、イラク危機における独仏ロの連携、NATO拡大、EU拡大という三つの側面について分析している。プーチン氏は欧州との関係強化を重視しているものの、それが経済発展の観点からなされる「全方位外交」を視野においた相対的な重視であること、欧州との協調に伴ってロシアが被る負担はできるだけ軽くする「軽負担での協調路線」であること、さらに、こうしたプーチン氏の対欧州姿勢は大統領代行就任時（1999年12月31日）からほぼ一貫していることなどを明らかにしている。

ロバートソン氏に関しては、私はモスクワ支局長を務めていた2010年9月、ロシア西部の古都ヤロスラブリで開かれた世界政策フォーラムの場で直接話を聞いたことがある。当時のドミトリー・メドベージェフ大統領がホストを務めたフォーラムだ。約30カ国、500人の有識者や政治家らが、国家の効率と民主主義とのバランスやグローバルな安保体制などについて議論した。このフォーラムが開かれたのは、双頭体制を組むプーチン首相が大統領に再登板するのかどうかが注目され始めた中だった。フォーラムは、12年3月の次期大統領選に向けた「政治の季節」の幕開けとも位置づけられていた。ソ連時代からの非効率な国家体質や資源依存経済からの脱却など、「現代化」を最優先課題に掲げるメドベージェフ大統領が09年秋からこのフォーラムを始め、大統領のシンクタンクである現代発展研究所などが主催していた。メドベージェフ氏の改革理念が色濃くにじみ、米国からユーラシアまでカバーする大統領提唱の欧州安保条約構想も主要議題になっていた。そこにロバートソン氏が参加したのである。

ロバートソン氏は、ヤロスラブリでのフォーラムをダボス会議にたとえてみせ、世界におけるイメージという観点からもロシアにとって重要な会議だと発言した。ダボス会議とは、スイスの公益団体「世界経済フォーラム」が毎年スイスの保養地ダボスで開き、世界の要人が集う年次総会のことだ。ロバートソン氏は次のような内容を述べた。

ロシアのダボス会議を開催する試みは成功したと思う。ロシアはヨーロッパで、そして世界で、非常に大きな影響力を持っており、ものを言い、自己主張する権利がある。このフォーラムはロシアに、自らのポジティブな役割を示す可能性を与えるものであり、建設的な批判を恐れてはならない。

ステレオタイプの対話になってはならない。誰かを説き伏せるものであってはならない。もしこのフォーラムがそうした方向に進むなら、チャンスをつかみ損ねることになるだろう。

（2010年9月9日、インタファクス通信）

このフォーラムのあるセッションで、ロバートソン氏は「プーチン氏はＮＡＴＯ加盟を本気で模索していた」と明かした。しかし、プーチン氏はＮＡＴＯ側から、先に加盟希望の手を上げている国がたくさんあるので順番を待つよう言われ、へそを曲げた――という趣旨のことをロバートソン氏は述べていたと私は記憶している。真相は藪《やぶ》の中だが、02年11月にプーチン氏とロバートソン氏がＮＡＴＯの東方拡大や今後の協力のあり方などについて会談した際、プーチン氏はその後の共同記者会見でロシアのＮＡＴＯ加盟について３つの条件を提示した。すなわち、（１）ＮＡＴＯがさらに進化する、（２）ロシアにとってＮＡＴＯとの協力が安全保障上プラスとなる、（３）ＮＡＴＯが共通の課題を解決し、相互協力を促進するための枠組みになる――なら、「全面的な加盟に向けた検討をしていく」と述べている。

このロバートソン氏とプーチン氏の組み合わせが、少なくとも当時は、将来的な期待を抱かせる環境を作り出していた。そこで、先に紹介した永綱氏の論文に分け入ってみたい。

「我々は自らが欧州の外にあることを考えることはできない。（中略）。しかし、我々は、ＣＩＳ〔独立国家共同体〕とアジアにおけるしかるべき協力機構の役割を軽視することもできない。これらすべての方向での調和ある行動のみが、バンクーバーからウラジオストクまでの、統一的な安全保障空間樹立に向けての幅広い可能性を生み出すであろう」――。

永綱氏の論文は、プーチン大統領が02年５月28日にＮＡＴＯ・ロシア理事会創設会議で行った演説の一文から始まる。そして冒頭で、プーチン氏が03年のイラク危機では独仏と連携して米国の武力攻撃に異を唱えたことに着目するが、それはむしろ米国との協調を図り、独仏を米国側に引き寄せる役割を果たしたと指摘している。いわば米欧の調停役との位置づけだ。その上で、ＮＡＴＯ拡大とロバートソン氏について説明していく。

プーチンは、一期目任期のうちに、ロシア＝ＮＡＴＯ関係の修復、新たな「ロシア＝ＮＡＴＯ理事会（以下ＮＲＣ）」の創設、またそれによるＮＡＴＯ第２次拡大のインパクトの極小化に成功した。この期間は、ＮＡＴＯ側では事務総長ロバートソンの任期と重なっており、プーチンの成功は彼との連携によるものであった。連携成功の背景には、第１にロシア側がコソボ危機のさいのように欧州安保協議の場から退場するのではなく、欧州に関与するという方針に転じたこと、第２に欧州側もロシアを含み込んだほうがＮＡＴＯ拡大が安定的に進むと考えたこと、そして第３に双方が自己の立場を維持しつつ、協力の外見（あるいは基礎）を作り出すという対応をとったということがある。

プーチンは、１９９９年5月、ロシア安保会議書記時代に、ＮＡＴＯ軍によるユーゴスラヴィア空爆を「国連のもとで作られた世界秩序を破壊する単独的行動」であると非難していた。ついで11月今度は首相として、次のように述べていた。「私は時折、西側の多くの人が未だベルリンの壁崩壊以前の時代に生きているような印象を受ける。（中略）。彼らはロシアにとって悪いことが、西側にとって良いことだ、という考えに立っている。だが、もうかなり前からそうではなくなっているのだ」。この発言は、ロシアと西側との関係をゼロサム・ゲームではなく、プラスサム・ゲームとしてプーチンが捉えていることを意味した。同様の発想で行動する人物が西側に出てくれればプーチンが肯定的に応じる余地は少なくなかった。

ロバートソンはまさにそういう人物であり、就任時よりロシアとの関係修復を第一課題としてあげ、ロシア政府要人との会談を望んでいた。これに応じてプーチンは2000年2月ロバートソンをモスクワに招いた。会談後、ロシアとNATOが1997年の「基本文書」を基礎とし、「常設合同委員会（以下　PJC）」における協力を通して「欧州大西洋地域における安全保障強化を促進する」旨の共同声明が発表された。この後ロバートソンは、他のどの国よりもロシアを頻繁に訪れることになるのである。（論文「ロシアの対欧州外交：プーチンと拡大欧州」）

2001年9月11日の米国同時多発テロ事件が新たな突破口となる。ロバートソン氏は翌10月、プーチン氏との会談後の記者会見で、9・11事件が「ロシアとNATOを結びつける価値への攻撃」だと語った。プーチン氏も翌11月、米国を公式訪問した際、テキサス州ライス大学での応答で、テロリズムや大量破壊兵器拡散などの「新しい脅威」と対抗するうえでのNATOの「最善の協力者」がロシアであることを誇示している。「プーチンとロバートソンは、ほぼパラレルに『新しい脅威』に対抗するうえでのロシアとNATOの相互必要性を唱えあっていたのである」と永綱氏は分析している。その延長線上に、あの「NATO・ロシア理事会」が02年5月28日、誕生するのである。

この会議後プーチンとロバートソンは、11月（ブリュッセル）および12月（モスクワ）の二度にわたり会談を持った。これはＮＡＴＯプラハ会議（11月21日／第2次拡大決定）を挟んで、ロシア＝ＮＡＴＯの協調関係を確認する意味合いを持っていた。ブリュッセルでプーチンは、拡大が「ロシアの利益を害さないこと」を希望するとし、新加盟国の軍事力の動向を注視していると警告した。一方ロバートソンは「我々の決定がロシアの死活的安保利益に反するようなことは決してない」と語った。かくしてＮＲＣはロシア＝ＮＡＴＯ関係を根本から変えたわけではないが、変化の外見を作り協力促進の契機を作り出すことはできた。その意味で、多少レトリックめくが、プーチン＝ロバートソン連携はいわばＰＲ連携であった。２００２年末時点のロシアでのある世論調査ではＮＡＴＯとの協力反対23パーセントに対して協力推進56パーセントであった。ＰＲ連携は功を奏したといえよう。（同前）

永綱氏の見解によると、イラク危機はロシア＝ＮＡＴＯ関係発展にプラスに働く。ＮＡＴＯ参謀本部とロシア国防省とのあいだにホットラインが開かれ、04年中にロシア軍とＮＡＴＯ軍の合同演習が１００回予定されるなど、軍の間での相互理解が促進されていた。こうした中で03年10月末、ロバートソン氏はモスクワへの「離任訪問」を行った。彼は、この間ロシア＝ＮＡＴＯ関係に生じた変化を「革命」と表現し、そこでのプーチンの役割をたたえ、「21世紀の脅威と挑戦」に立ち向かうにはロシアとＮＡＴＯの協力が不可欠であるという自説を繰り返した。プーチン氏も、この間ロバートソン氏が果たした「非常に大きな役割」を絶賛した。問題は、この関係がそのまま順調に発展するかどうかだった。永綱氏はこう書く。

必ずしもそうはいえない。第1にイラク危機の中長期的影響がある。米国の単独行動傾向が強まる中で、ロシアは必要かつ可能なばあいは、自らも単独行動をとるという姿勢を見せ始めている。その最も典型的な現れは2003年10月に公表された「軍近代化ドクトリン」である。同文書は、NATOとのあいだの関係改善を評価しつつも、もしもNATOが「攻撃的軍事ドクトリンをもった軍事同盟」であり続けるならば、これは「核戦略の変更」を含む「ロシア軍事力編成原理の根本的見直し」をまねくという威嚇じみた文言を含んでいた。（同前）

その後、ロシアと米欧の関係は、2000年代に旧ソ連諸国で起きた一連の民主化運動、いわゆる「カラー革命」を境に暗転していく。永綱氏のまとめは、現在の時点から見ても示唆に富む。

それゆえ、ロシアはイラク危機において米国の単独行動を牽制しつつも、米国との提携を重視した。またNATO拡大は好ましいものではないが、それが不可避であれば、協調イメージを作りだし、損傷を小さくしようとした。EU拡大にかんしては、種々の要求を突きつけ、そこから最大限の利益を得ようとした。民主主義や人権の建前は放棄しないが、国家秩序と国家主権を脅かすような要請は拒否した。要するに、拡大欧州に対してロシアは最小の負担で最大の利益を得るべく協調を推進しているのである。

これは、ある意味できわめて合理的な判断であり、プラグマティストたるプーチンの気質にも合致する政策である。だが、落とし穴もある。一方で欧州は、主権国家を乗り越える試みを真剣に求めており、そこには理想のもつ勢いがある。他方で、この拡大欧州に他の旧ソ連諸国が惹きつけられたとき、その反動として、ロシアの中に古い帝国への回帰願望が強まる可能性もある。そこにはノスタルジアのもつ吸引力がある。プーチンは、ふたつの渦の間で、いっそう緊張感をもって舵取りを行う必要が出てくるかもしれない。（同前）

「この拡大欧州に他の旧ソ連諸国が惹きつけられたとき、その反動として、ロシアの中に古い帝国への回帰願望が強まる可能性もある」という指摘はまさに、ウクライナ戦争を目の当たりにしている現状を言い当てているように思えてならない。

ライス氏の回顧録

そして、その後どうなったか。ジョージ・ブッシュ（子）政権で2001年から国家安全保障担当大統領補佐官、05年から国務長官を務めた黒人女性、コンドリーザ・ライス氏の『ライス回顧録――ホワイトハウス　激動の2920日』（福井昌子、波多野理彩子、宮崎真紀、三谷武司訳、集英社）につなごう。「欧州に統一と自由と平和をもたらす」の章で、NATO拡大の意義とその問題点に言及している。大量破壊兵器もないのにイラク戦争に突き進んだように、ブッシュ大統領がネオコンに引きずられていくのを止められなかった無念の思いがにじんでいる回顧録だが、国際政治の舞台裏が克明に描かれており、極めて興味深い。NATO拡大についてはこんな記述がある。

二〇〇八年春の時点で存在していた重大問題としては、コソボ情勢、グルジアとウクライナのNATO加盟問題、新しい欧州とロシアとの関係があげられる。とりわけ、欧州・ロシア関係の問題は、非常にデリケートな部分を含んでおり、ブッシュ政権最後の六カ月が近づくにつれて、ますます困難の度合いを増していた。

NATOはその活動範囲においても、劇的な拡大を示していた。イラク治安部隊との大規模訓練活動に乗り出したこともそうだが、より重要なのは、アフガニスタンでの戦闘で中心的な役割を果たしたことだ。だが後者の任務は、NATOという組織の問題点をも浮き彫りにした。私のように研究者時代からNATOの「領域外」（つまり欧州外部での）活動の適切性を論じていた者にとって、NATOのアフガニスタン参戦は、驚くべき展開だった。（『ライス回顧録』）

ここで断っておかなければならないのは、ライス氏は当然、NATOがポスト共産主義時代の欧州安定化にとって不可欠の機関だと認識していることだ。第2次世界大戦後にNATOが結成された使命は、ソ連の拡大を阻止する障壁になることだけでなく、「かつての敵国同士が協力して民主主義の傘になること」だったと説く。そのうえで、問題の核心に入っていく。

だが、ＮＡＴＯの今後に影を落とすおそれのある問題が一つあった。加盟国が着実に東へと広がっていくことに、モスクワがどこまで寛容でいられるか、だ。二〇〇二年にＮＡＴＯ・ロシア理事会を設立したことで、私たちは加盟国の拡大はロシアとの敵対を意図するものではなく、欧州における安定と軍事協力を強化するためのものであることを示そうとした。だがこの点で、クレムリンの理解を十分に得ることはできず、ＮＡＴＯ・ロシア理事会では議論がほとんど進まなかった。ロシアは国内での独裁体制を強化し、旧ソビエト圏の国々に対する領土奪還政策を進めており、その結果、ＮＡＴＯからの疎外感を強めていた。

次に「加盟に向けての行動計画」（ＭＡＰ）の対象となるのはグルジアとウクライナだった。ＭＡＰは加盟を認めるものではなく、加盟を希望する国々が、それに必要な政治・軍事上の改革を実施することで、加盟準備を整えるためのプロセスである。ＮＡＴＯがウクライナとグルジアに対してＭＡＰを付与すれば、ＮＡＴＯとこの両国との関係は深まる。このことで、モスクワの寛容な態度にも限界がきてしまった。（同前）

ロシアがＮＡＴＯ拡大のレッドラインとするジョージア（グルジア）とウクライナに手を出せば、欧州全体の危機へとつながることは、米国もこの時点で明確に理解していたのである。ライス氏はあるエピソードを紹介している。

2007年のダボス会議の際、小さな山小屋でウクライナのビクトル・ユーシェンコ大統領と会談する機会があり、ウクライナにMAPが与えられる見込みは非常に小さいと告げたところ、ユーシェンコ氏の長い両脚が震えはじめ、「それは災い、悲劇です」と叫ぶような声で訴えたという。ユーシェンコ氏はいわゆるオレンジ革命（旧ソ連諸国で起きた「カラー革命」のうち、ウクライナのものをこう呼ぶ）後の選挙で選出された大統領だが、ライス氏は「（彼は）MAPを、西側の友好国に自分の能力を示すリトマス試験紙としていた」と振り返っている。

さらに、「ウクライナとグルジアはMAPを、自国の親欧米姿勢を基本的に示すものと考えており、明言こそしないものの、それをモスクワの圧力から自国を守る盾として利用しようとしていた」と明かしている。まさに、防衛しようとして危険を高める「安全保障のジレンマ」である。MAP付与問題については、NATO内部も足並みはそろっていなかった。ライス氏はこう続ける。

NATO内にウクライナとグルジアの加盟に対して消極的な加盟国が存在することも考慮する必要があった。特にドイツだ。メルケル首相はグルジアを信用しておらず、同国内ではいまだ腐敗が続いていると考えていた。また、ウクライナについても、政情が混乱していると、正しく指摘していた。フランスは態度を決めかねてはいたが、どちらかというとベルリン支持のほうに傾いていた。他方で、中欧・東欧の各国は、MAPを旧ソビエト圏の防衛に対するNATOの姿勢を示す試金石と見ていた。

（同前）

その結果、「アメリカはジレンマに直面した」と吐露する。それはまさしく、もつれにもつれたジレンマだった。

アメリカとしてどのような立場をとるべきかを検討するため、国家安全保障会議（ＮＳＣ）が開かれたが、私は賛否両論を示し、どちらかの選択肢を推奨することはしなかった。正直に言うと、何が正解なのか自分でもわからなかったのだ。

大統領は議論をひととおり聞き終えると、ウクライナとグルジアの側に立つことに決めた。「この二つの民主国家がＭＡＰを希望している以上、私にはノーとは言えない」。会議が終わりに近づいたところで、大統領はそう言った。

それから大統領は、理由はもう一つあると言った。大統領は、ウラジーミル・プーチンから、ブカレスト・サミットの直後にロシアのソチを訪問するよう、招待を受けていたのだ。ウクライナとグルジアにＭＡＰを付与できないままで、アメリカ大統領がロシアの招きに応じられるか？　そんなことは自分にはできない、と大統領は言った。だが、ＮＡＴＯが両国へのＭＡＰ付与を可決したら、プーチンは本当に不機嫌になるだろう。打開策はなに一つ思いつかなかった。

（同前）

08年4月4日にルーマニアの首都ブカレストで開かれるNATO首脳会議までは時間がない。ウクライナ政権内の確執や、ジョージア（グルジア）内に独立を主張する地域（南オセチアとアブハジア）があることを問題視して慎重な態度のドイツを、どのように説得するのか。NATO拡大の急先鋒であるポーランドとの論争を経て、ドイツのアンゲラ・メルケル首相が調整に乗り出し、ぎりぎりの折衝で「ウクライナとグルジアは、将来、NATOの加盟国となる」という声明文に落ち着いた。NATOは両国にMAPの即時付与こそできなかったが、今後加盟国となる保証を与えたのだった。1カ月後には大統領の任期が終わり、首相に転じるプーチン氏にとっては、NATO首脳会議への出席はブカレストが最後だった。ライス氏はその目撃者となった。

プーチンの最後の演説には、特に注目すべきものはなく、これまで友好の手を差し伸べてきたにもかかわらず、ロシアに対する扱い方には不満があるという内容を縷々述べただけだった。ただ演説の終わり近くになって、プーチンはウクライナへの脅しともとれる発言をした。聴衆に向かって、この国は今でこそ独立国となっているが、その東部は、民族的にも文化的にもロシアである、と主張したのだった。だがどれだけ虚勢を張ったところで、プーチンがNATOに来て演説をしているということ自体が、冷戦末期にソ連が敗北した事実を、あらためて強調していた。

（同前）

会議後、緊急記者会見を開いたプーチン大統領は、「強力な国際機構が国境を接するということはわが国の安全保障への直接的な脅威とみなされる」と語っている。将来的にウクライナとジョージアがNATOに加わるとの宣言は、プーチン氏の裏切られたとの思いを決定的にしたであろう。しかもその判断の背後には、ライス氏が書いたように「冷戦末期にソ連が敗北した」との勝利者意識がある。

ライス氏は、ドイツ外相やポーランド外相らとMAPについて議論した際には、「モスクワには、冷戦は終わり、ロシアは負けたのだということを知らしめる必要があります。ロシアの意向で、NATOが分裂するような事態を許してはなりません」といった発言もしている。

冷戦終結は東西の共同作業だったはずだと主張してきたゴルバチョフ氏や、NATO東方拡大は危険な誤りだと指摘したジョージ・ケナン氏、冷戦後の西側の傲慢さを指摘していたアンドリュー・ベースビッチ氏らが、最も問題視していたのがこの「勝利者意識」だった。ライス氏の回顧録から期せずして、米国エリート層の伝統的な優越意識というものが垣間見えたような気がする。

メルケル首相の引退

このとき、慎重な姿勢をとっていたドイツのメルケル氏は、2021年12月8日、05年から務めていた首相を退任し、政界を引退した。旧東欧圏で生まれ育った米国のベテランジャーナリスト、カティ・マートン氏が2021年に出した『メルケル――世界一の宰相』(倉田幸信、森嶋マリ訳、文藝春秋)には、「プーチンと渡り合えるのはプーチンだけ」と書かれている。

メルケルは案の定、外交による解決の道を唱えた。「メルケルはプーチンと話し合い、さらには説得さえできる自分の能力に絶大な自信を持っていました」とビクトリア・ヌーランドは言う。「彼女はよく『彼をちょっとだけ軟化させてみる』と言っていました」

プーチンは、（略）外国首脳と長時間の話し合いをすることは滅多にない。だがメルケルは例外だった。（略）プーチンの沈黙が生み出す重圧――やその他のＫＧＢ仕込みの策術――に動じないように見えるのはメルケルだけだった。（『メルケル』）

メルケル氏はウクライナ危機が高まって以降、英仏米がウクライナ軍支援の重火器供与の案を出しても反対した。武力が紛争を終わらせることはまれで、むしろエスカレートさせるという固い信念があった。ドイツ人の平和主義的な傾向を意識していたからでもある。そのメルケル氏が首相を退任して2カ月半後、ウクライナ戦争が起きた。これは単なる偶然だろうか。

米国などＮＡＴＯ諸国は、ウクライナをＮＡＴＯに入れるのは現実として難しいとわかっていながら、いつかは入れると公言してしまった。このため、「入れない」という一筆はもはや書けなくなった。この急所をプーチンが突き、ゴルバチョフ氏の二の舞になるまいと徹底して文書化を求めた。この結末がウクライナ戦争だったのである。

警告だったジョージア紛争

NATO東方拡大がロシアのレッドゾーンに抵触すればどういう事態が起きるのか。それを如実に示したのが、08年8月8日の北京五輪の開会式当日（現地時間では7日夜）に起きたジョージア紛争だろう。米ロの代理戦争ともいわれたそれは、その14年後に起こることになるウクライナ戦争を防ぎ得た警告だったのかもしれない。しかしロシアは、それでも米国やNATOがウクライナをつかみ取ろうとし続けているとみなし、ウクライナ市民を直接戦闘に巻き込む暴挙に踏み出してしまった。

ジョージア紛争をめぐっては、米国の学者スティーブン・コーエン氏が「米国の代理人」と称したサアカシュビリ政権や欧米メディアは当初、ロシアによるジョージアへの侵攻と報じた。だが、この代理戦争の犠牲となった前線の町を訪ねてみると、西側メディアの後追いをする日本での報道と、現地でみる現実との落差を痛感せずにはいられなかった。紛争の発端は、ジョージアからの独立を主張する南オセチアの中心都市ツヒンバリに、ジョージア軍が総攻撃をかけたことだった。それがロシア軍の過剰な反撃を招き、ジョージアの首都トビリシの空爆へとエスカレートした。

このとき「ロシア、グルジア侵攻」の大きな見出しが日本の新聞に躍った。しかし、1年後の09年秋、欧州連合（EU）の諮問を受けて軍事衝突の経緯を調査していた独立国際委員会が、「紛争の原因は、グルジアからの独立を主張する南オセチアにグルジア軍が砲撃を仕掛けたことにあり、国際法に照らして不当だった」との報告書をEUや国連に提出する。そのニュースは、朝日新聞では「（地球24時）EU諮問の調査委報告『紛争発端はグルジア』」というベタ記事にしかならなかった。

個人的な話で恐縮だが、私は会社の語学留学で1996年8月から1年間モスクワにいたとき、ジョージア人の女子学生をロシア語の家庭教師に雇った。金銭的な応援の意味も込めてだった。97年の大学の夏休みに彼女の故郷のトビリシを訪れると、家族や親戚が精いっぱいの歓待をしてくれた。電気は1日2時間、トイレの水も流れなかった。それでも、自国の文化や伝統への熱い誇りを感じた。それから11年後、ジョージア紛争後の08年11月に取材でトビリシを訪れた際、再会を果たした。彼女は3児の母になっていた。探し当てた住まいはコンクリートむき出しの古いアパートの10階。やはり一家は歓待してくれ、夫とは特産ワインやコニャックで乾杯を重ね、彼女の手料理がテーブルに並んだ。二日酔い防止にと、牛の内臓を煮込んだ「ハーシ」というスープまで用意してくれた。

8月の紛争は彼女の家族も揺さぶっていた。トビリシ近郊にもロシア軍の空爆は迫り、幼子を抱えて避難した。夫は仕事でちょうど南オセチアにいた。無事を伝える電話を夜ごと待ったという。

ロシアでは、友好のため、女性のため、健康のため……と、何に対する乾杯かを必ず述べてから酒を飲む伝統がある。それはジョージアでも同じだ。しかし、両国を結ぶ直行便はもうなくなっていた。夫妻は親類を頼ってフランス移住を考えていると漏らした。ロシアから遠のきつつあるのを実感した。そして現在、一家はフランスで移民として暮らしている。

そのジョージアに私は09年夏以降、入国できなくなった。ジョージア紛争から1年を前に、紛争地となった南オセチアのツヒンバリへ、ロシア連邦の北オセチア共和国から陸路入った。その際、パスポートに検問所のスタンプが押され、入域の証拠が残ってしまったからだ。その後、ジョージアから同じく独立を主張しているアブハジアにも陸路で入ったため、それがだめ押しとなった。南オセチアの歴史には、グルジア人だったソ連の独裁者スターリンが関わっている。一度もジョージア国民であったことのないオセチア人を南北に分断し、北側をロシアに、南側をジョージアに強制的に入れた。だからこそ、ソ連崩壊後にトビリシからの離脱を進めたのだ。そこに、ブッシュ米政権の一層のNATO拡大方針と、欧米諸国が新ユーゴからのコソボの分離独立を認めたことから、いわゆる「未承認国家」の問題が火を噴き始めた。そして08年8月の紛争後、ジョージアからの南オセチアとアブハジアの独立をロシアは承認することになる。

ジョージア紛争1年に向けた取材で南オセチアの中心都市ツヒンバリやその郊外を訪れると、緑のトウモロコシ畑の中に、壊れた家々が無残な姿をさらしていた（次ページの**写真**）。

08年8月8日、ジョージア軍の戦車から砲撃を受けた60代のオセチア人女性は、肩を負傷したまま地下室に閉じこもって4日間、恐怖に耐えたという。屋根も窓も崩れ落ちた家の傍らに小屋を建て、一人で暮らしていた。春になって畑仕事ができる体調になったが、「またジョージア軍が来るかも」とおびえ、「家の再建の見通しもない」と涙ぐむ姿に胸が痛んだ。南オセチアでも紛争までは、オセチア人とジョージア人が何とか交じりあって暮らしていた。自宅ががれきの山と化した60代のジョージア人女性は「戦車はあたり構わず撃ちまくった。ジョージア軍の行為が信じられなかった。また攻めてきたら武器を持って戦う」とまで言った。

その女性の28歳の息子は、紛争でジョージア軍と戦って死んだ。女性は、携帯電話に保存してある息子の写真を時折見ては涙ぐんでいた。ジョージア人がジョージア軍と戦う――。

壊れたままのオセチア住民の家(2009年7月10日、ツヒンバリ)＝副島英樹撮影

ジョージア軍戦車の砲撃で破壊された女性の家。1年たっても再建の見通しはない(2009年7月11日、南オセチア・ツヒンバリ郊外)＝副島英樹撮影

日本では想像できないような錯綜した現実が、旧ソ連圏にはあるのだ。そして、そこから南オセチア・ジョージア境界を隔ててすぐの村に行けば、そこは住宅の9割近くが放火され、ロシア軍の空爆も受けた。村人の大半は逃げたまま。かつてこの一帯は人と物が活発に行き来したが、紛争後、往来は途絶えた。両側に新設された検問所はものものしくコンクリートブロックなどで覆われていた。

ジョージアを後押しする米国と、旧ソ連圏への影響力を取り戻そうとするロシア。その対立の高まりに国際社会は緊迫した。その最前線となった南オセチアの境界は、まさに深い分断の象徴だったのだ。なぜこんなことになったのかと、何度も考えさせられた。

ロシアとの紛争発生直後、ミハイル・サアカシュビリ氏は米CNNや英BBCなど西側メディアに連日登場し、ロシア批判を展開した。ジョージアのNATO加盟候補国入りを強力に後押ししてきたブッシュ政権は、人道支援のため米軍機や米艦船をジョージアまで送り込んだ。

だが、その欧米との関係に黄信号がともる。08年10月末、BBCがツヒンバリでジョージア軍による市民無差別攻撃があったと告発し、ニューヨーク・タイムズは、ジョージアの住民への攻撃を見たという欧州安保協力機構（OSCE）の監視員の証言を掲載するなど、欧米メディアのジョージア批判が広がった。EUも調査に乗り出すことを決めた。

11月になってサアカシュビリ氏は、紛争をめぐる議会調査委員会で、最初に軍事行動を始めたのはジョージア軍だったことを初めて公に認めることになる。ただ、「ロシア軍がジョージア領内に入っているという情報を何度も確認した」「自国の領土と市民を守るために重大な決定をした。他に選択肢はなかった」などと説明し、「正当で適切な措置だった」と証言した。確かに、南オセチアを支援するロシア側から挑発があった可能性も否定できない。しかし、ロシア軍の幹部は当時、「国際社会もＮＡＴＯさえも、ジョージアが先に攻撃したのは確信していた。（正当化の発言は）責任を逃れるためのものだ」と批判していた。

冷戦後のユーゴ解体とＮＡＴＯ東方拡大を通じた一極化への動きは「戦闘的なネオコンなどの米国の支配潮流が促進した」と語る下斗米伸夫氏は、ジョージア紛争について自著『新危機の20年』の中で次のように指摘している。

この事件の背景が冷戦終結後の安全保障をめぐる過程、特にＮＡＴＯ東方拡大という複雑な因果連関のなかにあることがわかってきた。軍事力の行使にかんしては、２００８年８月７日にサーカシビリ政権軍が南オセチアの首都ツヒンバリを武力攻撃、紛争をはじめたことが明らかになった。

米国のソ連大使だったジャック・マトロックまでもが「大国間の対立を引き起こしたサーカシビリの重要な過誤」を指摘した。彼は国務省や米国ジョージア大使がロシアの反発を招くという忠告をおこなったにもかかわらず、サーカシビリ政権の強硬策を支持した勢力が米政界にあったという。マトロックは１９９８年のＮＡＴＯのセルビア爆撃、２００８年コソボ独立を、国連を無視して欧米が認めたことが、逆にジョージアからの独立を求める南オセチア、アブハジアという非承認国家を勢いづかせたとも付加した。

（『新危機の20年』）

『ライス回顧録』には、ライス氏がサアカシュビリ大統領に何度も釘を刺したと書いてある。「あなたは武力不行使誓約に署名する必要があります」「ロシア側の挑発に乗ってはいけません」と。

八月七日夜、ついにダムが決壊した。この日、グルジアは一方的に停戦を宣言していたが、南オセチア反乱軍は州都ツヒンバリ内外のグルジア系の村落に対し、砲撃を継続した。これをうけて、グルジア軍の高官が、政府が南オセチアの「憲法秩序」回復を決定した旨を宣言し、グルジア軍による反乱軍への激しい攻撃が始まった。

（『ライス回顧録』）

こうして、誰もが心配したことが起こってしまった。ジョージアがEUやNATOに加わるためには、「領土の統一性」が求められる。「民族自決」とは相矛盾する概念だ。この「領土の統一性」へのプレッシャーが、サアカシュビリ氏を追い込んだとも言われている。

第6章　核同盟としてのＮＡＴＯ

　ウクライナ戦争によって焦点が当てられ、可視化された問題がある。北大西洋条約機構（ＮＡＴＯ）が冷戦時代から実施している「核共有」の議論である。ＮＡＴＯ型の核共有は、核使用の意思決定はＮＡＴＯ加盟国で行い、米国の核弾頭を加盟国の爆撃機で運ぶ形態だ。

　核軍縮問題の第一人者である黒澤満・大阪大学名誉教授によると、米国は約１００の非戦略核兵器（戦術核）を欧州のＮＡＴＯ基地に貯蔵しており、約１３０を米国本土に貯蔵しているとされる。欧州にある米国の核は、ベルギー、ドイツ、イタリア、オランダ、トルコの5カ国の六つの核兵器施設に貯蔵され、いずれも非戦略爆撃機搭載のＢ61重力爆弾である。一方、核配備状況に詳しい「全米科学者連合（ＦＡＳ）」のハンス・クリステンセン氏によると、米国は欧州5カ国6基地に約１００発の核爆弾を配備しているが、イタリアのアビアノ米軍基地配備の20発は米軍機用であり、トルコ配備の20発は投下用のトルコ機がなく、米軍の投下用航空機の常駐もないため、２０２１年

10月現在でベルギー、ドイツ、イタリア、オランダの4カ国に15発ずつ配備されている計60発の米国の核爆弾が「核共有」状態にあるという。

4カ国のパイロットは定期的に模擬投下訓練を受けており、核戦争の際には実弾を投下する仕組みになっている。核使用の最終決定は米国大統領が下すため、4カ国が勝手に「共有核」を使えるわけではない。

揺れる「核共有」

ロシアのプーチン大統領は「ロシアは最も強力な核大国の一つだ」と恫喝をして2022年2月24日、ウクライナへの「特別軍事作戦」に突入した。その直前の2月7日、プーチン氏はフランスのエマニュエル・マクロン大統領とモスクワで会談した後の共同記者会見で、「もしウクライナがNATOに加盟し、軍事的手段でクリミア奪還を図れば、欧州諸国は自動的にロシアとの武力紛争に巻き込まれる。だが、ロシアは代表的な核大国の一つだ。この戦いに勝者はない」などと述べている。

「この戦いに勝者はない」という言葉は、米国のレーガン大統領とソ連のゴルバチョフ書記長による「核戦争に勝者はない」との共同声明（1985年）を連想させる。米ソ冷戦末期、世界で最大7万発に達した核弾頭数を初めて減少に転じさせ、冷戦終結にもつながる起点となった合意だ。

この「核戦争に勝者はない」との表現は22年1月3日、核不拡散条約（NPT）で核保有が認められている米ロ英仏中の5カ国が出した共同声明で復活する。主導したのは自分だとロシアはアピールしている。もしこれが、約2カ月後のウクライナ侵攻を想定し、NATOへの牽制が狙いだったとすれば、レーガン・ゴルバチョフの合意の精神をはき違えている。

ロシアは常に米国の行動の後追いをしてきた。隣国ベラルーシへの核配備の動きも、米国がNATO5カ国に戦術核を配備する「ニュークリア・シェアリング（核共有）」の前例を口実にした行動だ。そして日本でも安倍晋三元首相が22年2月、「世界の安全がどう守られているかという現実についての議論をタブー視してはならない」と語り、米国の核兵器を日本に配備して有事に使えるよう協力する「核共有」の議論の必要性を主張した。日本維新の会も「核共有」の議論を提起し、松井一郎代表（大阪市長）は「我々はタブーなしで議論すべきだとの考えだ」と述べた。同時に、ウクライナがソ連崩壊後、一時的に核保有国の状態になっていたことを持ち出し、「ロシアに核を移送せずにウクライナが核を持ち続けていれば、侵攻はされなかったはずだ」との意見が再燃した。

長崎大学核兵器廃絶研究センター（RECNA）の吉田文彦センター長によると、もしもこの核共有を日本に応用した場合、米国の核弾頭を自衛隊のミサイルに装着して自衛隊の爆撃機や潜水艦で運ぶか、地上配備のミサイルで発射するかになるが、使用の意思決定は日米両国で行い、核ミサイルの発射ボタンを押すのは米兵ではなく自衛官になる。

日本には「核を持たず、作らず、持ち込ませず」とした非核三原則がある。岸田文雄首相はいち早く「核共有」の議論化を否定した。

日米関係筋によれば、米政府や議会から「日本は核武装したいのか」という不信の声も上がったという。手元に核を置いてもらわないと不安だ、という議論は、米国の拡大核抑止への不信を表明することにもなる。そもそも米国が認めるはずがない。「核共有」の具体的な運用方法を考えれば考えるほど、現実性に乏しいことがわかる。日本に核を置いた場合、攻撃対象になりやすく、米国も核兵器の運用が複雑になるだけでなく、明らかに核の拡散につながる。

そのためか、日本の防衛力増強の掛け声が高まっていく陰で、「核共有」の議論はしぼんでいった。こうした騒動を、冷静な目で批評してくれたのが、22年6月にウィーンで開かれた核兵器禁止条約（核禁条約）の第1回締約国会議で議長を務めたオーストリア外務省の核軍縮担当部長、アレクサンダー・クメント氏だ。会議開幕を前にした朝日新聞のオンライン取材で、安倍元首相の「核共有の議論をタブー視してはならない」との発言について聞かれ、クメント氏はこう述べた。

> それは日本の国内で議論すべきことであり、私はコメントしたくありません。（日本のような）NPTの加盟国は、第6条で核軍縮に取り組む法的義務を負っており、それは核保有国にも、非核保有国にも適用されます。これが私の答えになります。
>
> （2022年6月4日、朝日新聞デジタル）

「核共有」は核の拡散にほかならない。常識的に考えれば、NPT違反を疑われるだろう。しかし、NATOはそれが許されている。なぜか。ウクライナ戦争はまさに、その問題をクローズアップさせた。

日本の核専門家の間では、核保有国が核兵器の「管理の移譲」さえしなければ条約上の違反にはならないとの見方が強い。「核共有」は法的には可能だということだ。しかし、22年8月のNPT再検討会議では、中国がこの問題を提起した。NATOの核共有体制はNPT違反であり、核拡散・核戦争をもたらすと主張し、核共有をしているドイツと論争になったのだ。

原子力・核兵器問題を扱う民間のウェブサイト「核情報」が、この経緯を詳しく伝えている。それによると、中国が8月2日、NATOの核共有体制はNPTに違反し、核拡散・核戦争をもたらすと主張した。これに対して4日、核共有国のドイツがNATO側の解釈を繰り返した。つまり、1970年に発効したNPTは、発効のずっと前から存在していたNATOの核共有体制の維持を前提に交渉されたものであり、すべてのNPT加盟国はNATO解釈を受け入れているというものだ。

これに対して中国が再反論し、そのような解釈は、他国が核共有体制をNPT違反と見るかどうかとは関係ないと主張した。ドイツやその他のNATO諸国の反核運動も、中国と同様の問題意識を持っているという。

核爆弾は通常は米国の管理下にあり、戦争が始まればNPTは失効するから、この体制は核兵器国から非核兵器国への核兵器の移譲を禁じたNPTの条項に違反しない――と米国やNATO諸国は主張している。

ドイツは「すべてのNPT加盟国はNATO解釈を受け入れている」と主張した。確かに米国は、NPTのもとでの核共有に関する米国側の解釈について、1967年4月28日にソ連側に提示している。

しかし、その文書が「公開」されたのは68年7月9日になってのことだ。条約の批准について議論する米上院に送付する形をとったという。NPTが署名開放となったのは、その約1週間前の7月1日（56カ国署名）に過ぎなかった。そのため、公開されたといっても、どれほどの国が署名・批准前にこの解釈について理解していたかは疑問だ、と「核情報」は指摘する（中・独核共有論争――「戦争が始まればNPTは失効」とのNATO解釈巡り／NATO解釈をいつ知ったか、支持するか――答えない日本政府〉）。

実際、1980年代以来、米・NATO解釈は問題にされてきた。例えば1999年には「NPTの各条項は、各加盟国に対して、常に、いかなる状況においても拘束力を持つ」との文言を入れた決議案が国連総会で可決されている（賛成111、反対13、棄権39）。この決議案の提案国（および賛同国）や欧米の反核運動の主張は、冷戦後無用のものとなっている欧州配備の米核爆弾をすべて撤去し、論争に終止符を打つべきだというものだ。今回も、1995年に核共有についての解釈に異を唱えた非同盟諸国（NAM）を代表してインドネシアが、8月8日に核共有体制に終止符を打つよう要求している。なお、条約の交渉時にNATOの核共有体制について受け入れていたはずのロシアも、NATO加盟国が増えている状況を背景に核共有を取りやめるよう要求している。

（「核情報」のウェブサイト）

中国はこう主張した。いわゆる核共有体制は、NPTの条項に抵触しており、核拡散と核戦争のリスクを高める。米国は、ヨーロッパからその核兵器を撤去するとともに、他の地域における核兵器の配備も控えるべきだ。関係する非核兵器国も、NPTの下における義務と自らのコミットメントを誠実に履行し、核共有その他の形の核抑止体制を推進するのをやめるべきだ。NATOの核共有モデルをアジア太平洋地域でコピーしようというい かなる試みも、地域の戦略安定性を損なうことになる――と。

ドイツは中国の批判は根拠がないと批判し、こう主張した。NATOの核能力の基本目的は、平和を維持し、強要を防止し、侵略を抑止することにある。NATOの核共有体制はNPTと整合性を持ち、これを遵守するものであり続ける。この体制は、NPTが発効した1970年よりずっと前から存在していた。NPTはNATOの核共有体制を考慮に入れて交渉されたものであり、このことはNPTのすべての加盟国にずっと以前から受け入れられ、公に理解を得ている。米国がヨーロッパに前進配備している核兵器は、米国による完全な保管・管理下にある。これは、NPTの第1条及び2条に完全に合致している――と。

これに中国は再び、こう反論した。核兵器国は、核兵器の所有あるいは管理を他国に移譲しないと約束しており、したがって、非核兵器国はこのような配備を受け入れるべきではない。多くの国は米国によるNATO諸国への核兵器の配備はNPTに違反していると考えており、中国もこの立場を支持する。このような体制が条約発効の前に存在していたという一部の主張が真実かどうかにかかわらず、これは他の国々が条約をいかに解釈するかに影響を及ぼすものではない――と。そして、核共有体制は核抑止と核拡散をもたらすと強調した。

このNATO解釈について、日本政府はどう考えているのか。立憲民主党の逢坂誠二議員が質問主意書（22年8月3日）で、米国の解釈を日本（1970年署名・76年批准）がいつ、どのような形で知ったのかをただしている。日本政府は、米解釈については知っているが、米国との関係もあり、答えられないと回答した（同8月15日）。米・NATOが主張しているように「NPTは失効することがあるか」との問いには、日本政府は意味が分からないと回答を避けている。

「核情報」を主宰する田窪雅文氏は「核共有体制についての解釈は、NPTの根幹にかかわる問題だ。マスコミ関係者、政治家、反核運動などが、日本政府に対し様々な形で、核共有に関する米・NATO解釈を支持するのかどうか、明快な答えを要求し続けることが必要だろう」と問題提起している。

疑心暗鬼

NATOの本質を示しているのが核共有である。厳格な核同盟ということだ。冷戦期間中、NATOはソ連の領土的野心を抑止する中心的な役割を担っていたと、ウィリアム・ペリー氏は自著『核戦争の瀬戸際で』の中で指摘している。

その抑止力は、ソ連軍が万一ヨーロッパを侵略する場合にはNATOが戦略核を使用するという恐怖の上に成り立っていた。たとえ同盟国の領土内で核兵器を使用することになっても、ソ連の攻撃を撃退する決意の前ではやむを得ないと考えられていたのだ。こうした懸案事項を調整するために、NATOは「ハイレベルグループ（HLG）」と呼ばれる核兵器使用計画を策定するグループを立ち上げ、核兵器使用に向けた戦術と戦略を練り上げていた。そして、演習も重ねていた。

日本でもアマゾン・プライムビデオで話題になった連続ドラマ「ドイツ１９８３年」（２０１５年公開、ドイツ・アメリカ制作）は、まさに東西冷戦下で、核戦争勃発の危機に直面していた１９８３年のＮＡＴＯ軍事演習をテーマにした作品である。東ドイツの秘密諜報機関が、ひとりの若い軍人をスパイとして西ドイツへ送り込む。その任務は、西ドイツ軍の兵士になりすまし、将軍の側近となって情報を盗むことだった。平和・反核デモがうねりを見せるなか、ＮＡＴＯの軍事演習を攻撃の兆候とみなしたソ連側が、核ミサイルを先制発射するかどうかの瀬戸際まで追い詰められる。若いスパイは「あれはあくまで演習だ」と伝えようとするが、ソ連の当局者はなかなか信じようとはしない……。核で対峙することの恐怖と不条理が、当時の時代状況とあわせて非常によく伝わるドラマだ。

このＮＡＴＯの軍事演習は、キューバ危機（１９６２年）に次いで核戦争の危機が高まったといわれた83年11月に、核戦争が始まることを想定してＮＡＴＯ軍が実施した軍事演習「エイブル・アーチャー83」である。そのシナリオは、ソ連が欧州諸国に侵攻するところから始まる。その年、ソ連の諜報機関は、米国が演習と称して核の先制攻撃をしてくるのではないかと疑心暗鬼になり、核ミサイルの発射準備を進めていた。結果は何事もなく済んだが、米国は後に、核戦争の一歩手前の状態にまで至っていたことを知る。

この危機は、１９８１年に「強いアメリカ」を掲げるタカ派のレーガン大統領が登場し、翌82年にはソ連にＫＧＢ出身のユーリー・アンドロポフ共産党書記長が現れたことで高まった。それは、

70年代の米ソのデタント（緊張緩和）が終わったことを意味した。アンドロポフ氏はＮＡＴＯが先制核攻撃をしてくると思い込み、ＮＡＴＯ軍による先制核攻撃の兆候があれば、先んじてソ連が先制核攻撃に踏み切るという作戦をとっていた。

「エイブル・アーチャー」はＮＡＴＯが定期的に行っている軍事演習だった。ブリュッセルのＮＡＴＯ本部を拠点に西欧全域を巻き込んで実施され、ワルシャワ条約機構の侵略に対処するため加盟各国の司令部同士の連携をシミュレーションするものだった。そして83年11月7日、ＮＡＴＯ軍が核攻撃のシミュレーションを開始すると、ソ連の情報機関は核先制攻撃が近いと受け止めたのだ。警戒心の強いＫＧＢ諜報員はこの演習を「実際のもの」として間違って報告し、ソ連の核準備態勢が強化されるのである。ＮＡＴＯ軍はソ連側の動きを把握していたが、自らは警戒態勢強化をしない決定をしたことで、結果的に危機は回避された。しかし、ソ連側にとっては、ＮＡＴＯの演習と実際の武力行使とを見分けるのが難しくなっていくことに変わりはなかった。「エイブル・アーチャー83」については、吉田文彦氏の新著『迫りくる核リスク〈核抑止〉を解体する』（岩波新書）にも詳しく書かれている。吉田氏は「ひとつ間違えば意図せぬ核戦争につながりかねない重要な教訓のひとつ」だとし、核戦争が生じるリスクの評価は今も重要な歴史研究のテーマであると指摘する。

レーガン氏は回顧録で、ソ連上層部の多くが、米国を潜在的な侵略者として心から恐れているということを初めて認識したと振り返っている。『ハルマゲドン——人類と核』（ロドリク・ブレークスウェート著、平賀秀明訳、白水社）によると、レーガン氏は「多くのロシア政府関係者はわれわれを恐れているんだ。単なる敵国というだけでなく、潜在的な侵略者として。あいつらは核の先制攻撃によって、俺たちを傷つけるかもしれないとね」と述べた。レーガン氏が85年にジュネーブでゴルバチョフ氏と会談するまで、米ソ首脳は6年も会っていなかったのである。

その後2人は87年に中距離核戦力（ＩＮＦ）全廃条約に署名して冷戦終結への道筋をつけるが、安全保障上の相手の疑心暗鬼や過剰な防衛意識を鎮めることがいかに重要であるかを示す好例ではないだろうか。

現在のロシアがＮＡＴＯの東方拡大を極度に恐れ、ウクライナが西側陣営に取り込まれるのを何が何でも武力で強制阻止しようとする行為は、国際法的にも人道的にも決して容認できるものではない。しかし現実として、そうしたロシア側の不安を軽視することで、無辜《むこ》のウクライナ市民が犠牲となる事態が結果的に生まれているのも確かだ。冷戦当時の思考回路が現代のロシアにも引き継がれているとすれば、それを前提に外交関係を築く深謀遠慮が各国の指導者には不可欠だろう。

戦術核の攻防

ＮＡＴＯは冷戦終結後もそのまま残った。米国側は、旧ソ連諸国や旧ワルシャワ条約機構を取り込む最善の枠組みがＮＡＴＯであると見なすようになった。そして実際に東方拡大を続け、冷戦期からの「核共有」の仕組みを維持した。ロシアとの新たな戦略兵器削減条約（新ＳＴＡＲＴ）を締結したバラク・オバマ米大統領は、戦略核に続いて戦術核の削減をも模索したが、この核共有がネックになった。

ロシア側は、自らの核弾頭はすべて自国領内に置いているのに、なぜ米国は他国領土に配備しているのかと問題視し、戦術核削減の交渉をするには、米国がすべて自国領内に引き揚げることが前提だと主張したのだ。

さらに、ロシアが交渉に慎重だった理由として、米国が欧州で配備を進めるミサイル防衛（ＭＤ）網があった。ＭＤ網の増強は旧東側の東欧でも進められ、ロシアは自国の戦略核が無力化されてしまうと警戒していた。米国と足並みをそろえて戦術核を減らすと、一方的に不利な立場に置かれると考えたからだ。

こうした中で、米国が単独で削減に踏み切ることが事態の打開に効果的だと指摘する声も出た。米国の戦術核が「軍事上、何の役目も果たしていない」（ＮＧＯ軍備管理協会のダリル・キンボール会長）という見方は、多くの専門家が共有していた。削減してもＮＡＴＯや米国の戦力にほぼ影響はなく、米国が完全撤去に動けば、戦術核の削減をロシアに迫ることも可能になると見たのだ。しかし、事態は進んでいない。

黒澤満氏によると、米国は約１００の戦術核を欧州のＮＡＴＯ基地に貯蔵し、約１３０を米国本土に貯蔵している。ロシアは自国領内に様々な運搬手段で使用できる約１８７０の戦術核を保持している。この大きな数的格差も削減交渉を困難にしている。このため、配備に関する規制として、米ロ両国がそれぞれの核弾頭を欧州内や欧州近く（ウラル以西）にある作戦基地から、中央貯蔵サイトに統合すべきだとの提案がある。つまり、ロシアは西側国境（カリーニングラードを含む）近くの作戦基地の貯蔵サイトから核弾頭を移動させ、ロシア内部の中央貯蔵サイトに統合させる。米国は、前進基地の核兵器を欧州のNATO基地から移動させ、米国内の中央貯蔵サイトにそれらを統合させる——との案だ。

しかし、黒澤氏は、このような措置はNATOの内部でジレンマを生じさせる可能性があると指摘する。NATO諸国は、核兵器が撤去される状況になれば、同盟防衛のために核兵器を使用するという広範な米国の約束が弱められると考えるかもしれない。特に、ロシアの脅威を感じているバルト諸国や東欧諸国は、こうした提案に反対する可能性があるという。ただ、NATOだけが核共有を許されている現状は、核拡散の口実ともなり得るリスクをはらむ。

NPT体制の現状

ロシア一国の反対でNPT再検討会議が決裂して間もない2022年9月11日、NHKのBS番組で、グローバル・アジェンダ「核戦争——いま危機をのりこえるために」という討論番組が放送された。核戦略の専門家である米ジョージタウン大学のマシュー・クローニグ教授（米シンクタンク「大西洋協議会」、スコウクロフト戦略・安全保障センター副所長）は、NATOの核政策について、核抑止論に基づく原則的な説明を繰り返した。

米国とNATOは核戦力を強化すべきと主張するクローニグ氏は、緊張が高まって事態が悪化する危険はどのぐらいあるかと問われ、こう述べた。

事態が悪化する危険はすでにある。だからこそ、核の抑止力が働く。使われる可能性がゼロであれば、核兵器に抑止効果はない。アメリカの核は特別な役割を担っている。自国を守るだけでなく、自由を重んじる世界全体を守っている。NATO加盟国や日本、韓国、オーストラリアなど、30を超える同盟国がアメリカの核の傘のもとにある。世界のGDPの6割近くを占める国が、アメリカの核で守られている。ロシアや中国、北朝鮮、将来的にはイランといった国々からの深刻な脅威がある限り、アメリカが強い核戦力で自国と、自由を重んじる同盟国を守り続けることは、非常に重要だと思う。

（2022年9月11日、NHK・BS1「核戦争——いま危機をのりこえるために」）

さらに、アジアの安全保障環境に関しては、次のように述べている。

ヨーロッパとアジアでは戦いの場が大きく異なる。ヨーロッパは陸が中心だが、アジアは空と海が中心だ。核に関して言えば、当然アメリカも潜水艦に搭載する海洋配備型の核兵器を保有しているし、空から投下するタイプの核爆弾B61や戦略爆撃機から発射するタイプの新型巡航ミサイルも保有している。地上発射型の戦力については、これまでも議論の的になってきた。アメリカはINF全廃条約を離脱しているので、今後、通常の弾頭、もしくは核弾頭を搭載した地上発射型の中距離ミサイルを配備する可能性がある。ロシアや中国はすでにこうした戦力を保有しているが、アメリカやその同盟国の間では、あまり熱意が見られない。しばらくは、ヨーロッパとアジア、どちらの地域でも、航空戦力と海洋戦力が重視されることになる。同盟

国の領土に核兵器を配備する際に生じるやっかいな政治的議論を回避できることも理由の一つだ。（同前）

米国トランプ政権の離脱で2019年8月に失効した中距離核戦力（INF）全廃条約は、米ソが初の核削減と冷戦終結を実現する起点となった1987年署名の条約だった。「核戦争に勝者はなく、決してその戦いはしてはならない」という合意を体現した象徴的存在でもあった。その条約が無に帰したことで、地上発射型の中距離ミサイルが復活する可能性が生まれた。たとえアジアでは空と海が主体だとはいえ、軍事的なさや当てが激化することに変わりはない。NPT第6条の核軍縮義務に明らかに逆行している。

そのNPT体制は米国にとってどれほど重要なのかを問われ、クローニグ氏はこう述べた。

アメリカはNPTを非常に重視しており、主要なメンバーとして条約の立ち上げにも関わっている。NPTは史上最も成功した条約と言われ、ほぼ全世界の国々が参加し、核兵器の拡散を止めるために機能してきた。アメリカはこの条約に従い、核兵器のない世界をめざして努力を続けている。しかし、現状には問題がある。もしいまアメリカが核戦力を削減すれば、かえって核兵器の拡散が加速してしまうだろう。繰り返して言うが、30を超える同盟国がアメリカの核に守られている。アメリカが核戦力を低下させれば、日本や韓国、そしてポーランドなどのヨーロッパ各国は、自国での核保有を決断する恐れがある。ロシアや中国、北朝鮮などの深刻な脅威がある限り、アメリカが強い核戦力を維持することは重要であり、短期的には核の拡散を防ぐことにもなる。いつの日か、安全保障環境に抜本的な変化があれば、アメリカは核兵器のない世界を率先してめざすだろう。しかし、まだ先の話だ。（同前）

その「いつの日か」を待つ間に、ウクライナ戦争が泥沼化し、NATOによるウクライナへの軍事支援で追い詰められたロシアが戦術核に頼る局面がないとはいえない。そうなれば、NATOとロシアの直接的な衝突もありえるだろう。将来の悲劇的結末を避けるためにも、ウクライナの中立化を視野に入れた妥協と即時停戦を最優先すべきではないだろうか。

この討論には、ニコライ・ソコフ氏（ウィーン軍縮・不拡散研究所上級所員）も参加していた。ソコフ氏は、ロシアはNPT体制を危うくしていることを自覚しているのかと問われ、こう語った。

実際のところ、プーチン政権にそういう意識はないと思う。世界における核兵器の役割には、何の変化も生じていないと考えているだろう。ロシアには、もしもこの世に核兵器が存在していなかったら、通常兵器による第3次世界大戦が非常に早い段階で始まっていたという根強い考え方がある。だからこそロシアは、国際社会のあり方が変化し、世界を巻き込むような通常兵器による大規模戦争の危機が消え去ったときでなければ、核軍縮などできるはずがないという、従来からの立場をとり続けている。大規模戦争の危機を乗り越えられるかどうかは、今のところ全く予想できないが、これがNPT再検討会議におけるロシア政府の考え方だと思う。

（同前）

核軍縮は、まず米国とロシアが動かないと進まない。22年6月のウィーンでの核兵器禁止条約第1回締約国会議にNATO加盟国のドイツ、ノルウェー、オランダ、ベルギーがオブザーバーとして出席したことは、戦争被爆国日本がこの会議へのオブザーバー参加を見送ったことに比べてはるかに評価されるべきことであり、自分たちがこの条約の価値観を共有していることを示す大きな意義があった。

しかし、これらの国も近い将来に核兵器禁止条約に批准することは計画していない。日米同盟と同様、NATOに対する米国の核の縛りはそれほど強力なのだ。核兵器禁止条約は決して認めない立場だ。

一方、ロシアが主導する集団安全保障条約機構（CSTO）はどうか。22年時点で、ロシア、アルメニア、ベラルーシ、カザフスタン、キルギス、タジキスタンの計6カ国が加盟しているが、カザフスタンはすでに19年に核兵器禁止条約に批准している。キルギスとタジキスタンもカザフスタンとともに、中央アジア5カ国が06年に署名した中央アジア非核兵器地帯条約（09年発効）に加入しており、ロシアの核の傘が必要な状況ではない。

このように見てくると、核問題は詰まるところ、米国の問題なのである。

もう一つの波紋「ブダペスト覚書」

ロシアのウクライナ侵攻を機に「核共有」の議論が高まった背景には、核をめぐるウクライナの歴史がある。

新生ロシアの大統領となるボリス・エリツィン氏は1991年12月、ベロベーシの密約で、ロシア、ウクライナ、ベラルーシのソ連からの離脱と独立国家共同体（CIS＝旧ソ連12カ国）の創設を決め、ソ連を解体した。このとき、将来的に大きな問題になるであろうクリミア半島の帰属と、配備されている核兵器の管理の具体策については話を詰めていなかったため、深刻な禍根を残すこととなった。エリツィン氏が一刻も早く、クレムリンの玉座に座りたかったからだと言われている。

ウクライナは、その東西で歴史も宗教も政治的志向も違う人々を抱えたまま、そして、ロシアに戻すかそのままにするか帰属を明確化すべきだったクリミア半島と、運用権限のない大量の核兵器を抱えたまま、独立することになったのである。

この残された核兵器をロシアに移送することを決めたのが、1994年のブダペスト覚書だ。今回のウクライナ戦争によって、再び注目されることになった。「ウクライナが核を持ち続けていたら侵略されなかったかもしれない」という文脈からである。

ここで、ソ連崩壊期の核兵器の状況について振り返っておきたい。

ソ連が崩壊する約5カ月前の1991年7月31日、保有する戦略核弾頭数を6000発まで削減することなどを規定した米ソの戦略兵器削減条約（START）が、米国のジョージ・ブッシュ

(父)、ソ連のゴルバチョフ両大統領によって署名された。しかし、同年12月8日のロシア、ウクライナ、ベラルーシによるベロベーシ合意でソ連が解体されCISが形成される中で、核兵器の一元管理が表明され、12月21日にはベラルーシ、カザフスタン、ロシア、ウクライナの間で、CISの核使用は4国の合意によることが決められた。

12月25日にゴルバチョフ氏がソ連大統領を辞任してソ連が崩壊する際、「核のボタン」は新生ロシア連邦のエリツィン大統領に引き継がれる。そして12月30日にCISは、核兵器の使用はベラルーシ、カザフスタン、ウクライナの合意を得てロシア連邦大統領によってなされるというミンスク協定に署名する。黒澤満氏によると、当時の戦略核兵器の配備数は、ロシア約8750、ウクライナ約1750、カザフスタン約1400、ベラルーシ約100にのぼった。

92年に入り、ロシアとウクライナ間、ロシアとカザフスタン間で意見の対立が出てくるが、ウクライナとカザフスタンは同年5月、米国との会談で、START条約の批准とNPT加入、そして核兵器の撤去に合意する。それを受けて92年5月23日、米ロと、ウクライナ、カザフスタン、ベラルーシ3国の計5国間でリスボン議定書(START条約議定書)が署名される。それは、①ロシアと3国は、条約との関連で旧ソ連の承継国として義務を引き受ける、②ロシアと3国は、条約の制限と規制を実施し、検証規定を機能させる、③3国は非核兵器国としてNPTに加入する——ことなどを盛り込んでいた。

そして94年12月5日にSTART条約が発効すると同時に、ブダペスト覚書が交わされる。米国、ロシア、英国は、ベラルーシ、カザフスタン、ウクライナがNPT締約国となったことを認め、実際にロシアに核兵器を引き渡すことによって、以下の点で合意するという内容だ（黒澤氏による）。①3国の独立と既存の国境を尊重する、②3国に対する武力の威嚇や使用を控える、③3国に政治的影響を与える目的で経済的圧力をかけることを控える、④3国が侵略行為の犠牲となり、または核兵器が使用される侵略脅威の対象になった場合には、援助を提供するための安全保障理事会の行動を求める、⑤3国に対する核兵器の使用を控える、⑥これらの約束につき疑義が生じた場合には、互いに協議を行う――。

ウクライナなど3国に配備されていた核兵器は、ロシアが管理する電子的行動許可伝達システム（PAL=Permissive Action Link）とロシアの指揮統制システム（CCS=Command and Control System）に基づいて運用管理されていた。このため、ウクライナは技術的にも経済的にも核兵器を管理する能力をもっていなかった。そもそも、NPTを最重視する米国をはじめ五つの核保有国が、新たな核保有国の出現を許すことは考えられなかったのだ。

だがその裏で、ロシアのエリツィン政権は93年、新たな軍事ドクトリンを発表する。自国の国益を守るうえで他に相応の手段がない場合、核兵器の先制使用も辞さないという内容だった。冷戦期は、圧倒的な陸上兵力を持つソ連陣営に対し、NATOは核の第一撃の可能性を明示することで防衛力を確保しようとしたが、新生ロシアになって以降、かつての東西の立場は百八十度入れ替わったのである。ロシアは核兵器にすがるしかなくなったのだ。

まさにその核兵器を脅しに使われて侵略された現実を前にして、ウクライナ市民の中に「核兵器を持っていれば侵略されなかったかも」という心情が出てくるのは当然かもしれない。

22年夏の平和企画で、朝日新聞広島総局の記者たちは「希望の音色〜被爆バイオリン」という連載の取材を通して、ウクライナ人たちの思いに迫った。米軍が投下した原爆の被害を奇跡的に免れた「被爆バイオリン」が広島にある。

その稀有なバイオリンをめぐる人間模様を描いた企画の冒頭を紹介したい。

　ウクライナのバイオリニスト、イリア・ボンダレンコさん（20）は4年前、特別な楽器を手に取った。

　米軍が広島に投下した原爆の破壊を奇跡的に免れた「被爆バイオリン」だ。

　大事故が起きたチェルノブイリ原発に近いまちで、慰霊行事があった。ボンダレンコさんは、日本の被爆者と一緒に来た被爆バイオリンの弾き手を任された。

　「原爆は世界で最も恐ろしい経験」。それを生き延びたバイオリンを持ったとき、いつもと違う何かを感じた。

　「音色の中に記憶がある」。ボンダレンコさんは広島、長崎で起きた悲劇に思いをはせた。

　「核の脅し」を振りかざし、隣の大国が母国に攻めてくる日が来るとは、思っていなかった。

　今年7月19日夕、首都キーウの高台に立つ礼拝堂で、ボンダレンコさんは自前のバイオリンを鳴らした。2月のロシアの侵攻後、音楽家の坂本龍一さんの持ちかけで共同制作した「Piece for Illia」（イリアのための曲）だった。

　「とても単純なメロディーだけど、誰もがその意味を理解できる。いま、私たちに必要なすべてを表してくれている」

侵攻から5カ月、キーウの人々は暮らしを取り戻しつつある。ただ、広場にはロシア軍のミサイルや軍用車の残骸が置かれている。

ウクライナ東部や南部では戦闘が続き、国連によると、民間人の死者は5千人を超えた。戦いの出口は見えぬままだ。

ボンダレンコさんは、こんな言葉を口にした。

「核兵器を持っていたらこんなことは起きなかったかもしれない」

ソ連崩壊後、一時は世界第3位の「核保有国」になったウクライナは、旧ソ連の核兵器をすべてロシアに移した。だが、安全保障の約束は踏みにじられた。

ボンダレンコさんは2020年8月に広島の市民団体が開いたオンラインイベントで「ノーモア・ヒロシマ、ノーモア・ナガサキ」と語っていた。

被爆バイオリンの音色を忘れたわけではない。「広島、長崎が繰り返されることは誰も望んでいない。核兵器のない世界の方がいい」。一方で、こう続けた。「私たちは理想郷に住んでいるわけではない」

（2022年7月31日付、朝日新聞）

ロシア大使の「あてつけ」

核兵器廃絶を願いながら、それを言い切れない現実を、彼の言葉は可視化させた。

被爆77年の8月6日、広島市の平和記念公園で開かれた平和記念式典は、例年とは違った風景だった。7月に起きた安倍晋三元首相銃撃事件の影響で、立ち入り禁止区域の警戒線が広げられただけではない。ロシアのウクライナ侵攻を受けて、ロシアとその同盟国ベラルーシの代表が式典に招待されなかったのである。

そのため、ロシアのミハイル・ガルージン駐日大使は8月4日に広島の平和記念公園を訪れ、原爆死没者慰霊碑に献花した（次ページの**写真**）。「あてつけ」のようにも見えた訪問の中でガルージン氏は、炎天下での27分間の取材対応やその後の記者会見を通して、「自国外での核配備はNPT違反だ」とNATOの核共有を批判するなど、ロシアの主張を訴えた。

4日午前の献花後、報道陣の取材に応じたガルージン氏に真っ先に向けられた質問は、訪問の目的についてだった。ガルージン氏は流暢な日本語で、メモも見ずにこう切り出した。

「1945年8月6日、アメリカが行った原爆投下という戦争犯罪の犠牲者の方々が、言葉で言い尽くせないほどの痛み、悩み、苦しみを感じられたことを、私がこの広島平和公園で記念碑に献花します際に、改めて痛感いたしました」

「そして、本日こちらにお邪魔させて頂きましたのは、まず犠牲者の方々のご冥福をお祈りし、遺族の方々に哀悼の意を表し、被爆者の方々のご健康をお祈りするためです」

「そしてロシアが、核兵器の削減、最終的な廃絶のために行っている積極的な努力について説明するためでもあります」

ガルージン氏は午後、広島市内のホテルでロシア大使館と民族派団体「一水会」が共催した円卓

原爆死没者慰霊碑に献花したロシアのミハイル・ガルージン駐日大使（2022年8月4日、広島市中区）＝上田潤撮影

会議「軍備管理と核軍縮の現状と見通し」に参加した。米国の原爆投下の責任を明確にしなければならないとする「一水会」とは原爆をめぐる歴史観で認識が一致するため、共同で円卓会議を開くことにしたという。会議終了後には約1時間、記者会見に応じた。報道各社からのすべての質問に答え、ロシア側の主張を繰り返した。

今回の広島訪問が、ウクライナ危機やロシアの核政策をめぐって、自国の立場や主張を発信する絶好の機会になり得ると踏んでいたように私には思えた。

ガルージン氏はこの日、こんな主張を全面的に展開した。

77年前の米国の原爆投下は「戦争犯罪」であり、米国こそ核兵器を無辜の住民に使用した唯一の国であること。米国が弾道弾迎撃ミサイル（ABM）制限条約や中距離核戦力（INF）全廃条約といった米ロの軍縮条約から脱退し、包括的核実験禁止条約（CTBT）も批准していないこと。米国やNATOの側に建設的対話の用意がないこと。NATOが東方拡大を続け、ウクライナを反ロシアの軍事拠点にしたことを脅威と受け止めていること。ロシアはNPTの忠実な締約国であり、22年1月に核保有5カ国が出した「核戦争に勝者はない」との立場は堅持していること――。

さらにガルージン氏は「ウクライナでの『特別軍事作戦』で核兵器を使う意図はまったくない」と明言した。核を使用しない理由として、①大量破壊兵器を伴う侵略、②国家の存立危機といった、核使用を想定する軍事ドクトリンの二つのケースに当たらないためだと説明した。ただ、ガルージン氏は一方で「NATO諸国から直接侵略があれば我々は後退しない。二つのシナリオを想定せざるを得なくなる」と牽制した。

そして、ウクライナ侵攻に対する批判については、「特別軍事作戦は、武力クーデターでできたウクライナ政権から東部住民を守るための正当な作戦だ」と主張した。「ウクライナは残念ながらＮＡＴＯの消耗品にすぎない。ウクライナ国民がかわいそうだ」とも述べた。

こうした主張の中で、ガルージン氏が米ロのＡＢＭ制限条約から米国が脱退したことについて触れたのは象徴的だ。まだプーチン氏がＮＡＴＯとの関係を維持していこうとしていた2002年6月、米ソが1972年に締結したこの重要な条約は、当時のブッシュ（子）政権による脱退で失効した。これは、相互確証破壊（ＭＡＤ）の放棄を意味した。つまり、一方が相手に対し核を先制使用した場合、もう一方は破壊を免れた核戦力で確実に報復することを保証する――という理論の放棄である。

一般に「矛と盾」の関係に例えると、盾がない方が双方とも矛の攻撃がしにくい。しかし、一方だけが盾を持つとバランスが崩れてしまう。この場合の盾は「ミサイル防衛」を意味する。米国はフリーハンドでミサイル防衛を展開できるよう、条約を脱退したのだ。これをプーチン氏は西側の最初の裏切りと受け止めた。その後、長期独裁政権を築いていく中で、これを決して忘れなかったのである。

プーチンの「恨み」

ＡＢＭ制限条約をめぐる経緯を見ると、この条約が冷戦期の1972年にできることによって、防御兵器が制限され、その後に攻撃兵器の制限や削減につながった。しかし冷戦終結後、まさに第

5章で述べたNATO・ロシアの2002年5月28日のローマ首脳会議の半月後に、米国は脱退するのである。黒澤満・大阪大学名誉教授が半世紀にわたる核軍縮研究の集大成としてまとめた『核不拡散条約50年と核軍縮の進展』（信山社）によると、ブッシュ（子）政権は、冷戦が終結してロシアはもはや敵ではなく、冷戦時のような時間のかかる詳細な規定を持つ軍備管理条約は必要ないと考えていた。ブッシュ政権の政策は一貫して「核兵器の削減は一方的に実施し、条約には依存しない」との立場だった。

これに対し、プーチン氏は条約に基づくべきだと強硬に主張した。米国のABM脱退は、核軍縮史の中で核バランスの面からも大きな転換点だったと黒澤氏は指摘する。米国はその後、北朝鮮やイランを対象に戦域ミサイル防衛システムを配備していったが、ロシアは自国への戦略的な意味があると受け取り、常に米国のミサイル防衛に対して危惧を表明していた。特に2020年の米国の戦域ミサイル防衛「イージスSM-3ブロックⅡ」の実験は大陸間弾道ミサイル（ICBM）の迎撃に成功しており、ロシアを刺激した。ロシアは自国のミサイル防衛を進めるとともに、米国のミサイル防衛をかいくぐる攻撃兵器の開発を進めており、軍備競争がいっそう激化する原因となっている。

このABM制限条約の「恨み」をプーチン氏は決して忘れてはいなかった。それは長期独裁政権の弊害ともいえるが、ある意味、戦争は人間の心から起こる証左でもあるだろう。

2018年3月1日、プーチン大統領はモスクワでの年次教書演説に臨んだ。18日には「圧倒的勝利」で4選をめざす大統領選が控えていた。米国の「核態勢見直し」（NPR）にはロシアの戦略兵器の増強で対抗する姿勢を鮮明にし、有権者に自身の選挙スローガンである「強い大統領、強いロシア」を印象づけた。

プーチン氏は、小型核弾頭の開発などを掲げた米国のNPRについて「現実に核兵器使用のハードルを低くしている」と批判した。ミサイル防衛システムも「ロシアの反対にもかかわらず、拡大されるばかりだ」と強調し、2010年に合意した新STARTが骨抜きにされていると訴えた。

この中で最大のターゲットにしたのが、あのABM制限条約だった。

プーチン氏はこう主張した。我々は条約失効後も米国を交渉の席に戻して戦略的安定を図ろうと努力してきたが、米国はロシアの意見など考慮しなかった。ミサイル防衛の基地が今や、ルーマニアやポーランドに出現している。だが我々は手をこまぬいていたわけではない――と。そして、「その答えがここにある」と、大型スクリーンを見るよう促した。

そこに次々と映し出されたのは、ミサイル防衛を無力化する新兵器の数々だった。ミサイル防衛システムでも捕捉が難しいとされる多弾頭型のICBM「サルマト」、戦闘機搭載型の極超音速ミサイル「キンジャール」、射程が無限の原子力推進巡航ミサイル「ブレベースニク」……。そしてプーチン氏は「いままでロシアの声に誰も耳を傾けなかった。これからは聞くべきだ」と力を込めた。

これは明らかに、ABM制限条約を葬ったことへの回答だった。16年もの年月をかけて、復讐を遂げようとしていたのである。キンジャールは実際、ウクライナ戦争で使用された。

プーチン氏はこの場でも「ロシアは最強の核大国だ」と述べ、紹介した新兵器は「こけおどしではない」と強調した。こうした表現は、２０１４年２月の「マイダン革命」を経て14年３月にロシアがクリミアを一方的に併合し、ロシアが主要８カ国（Ｇ８）から排除されて以降、定型化していく。

14年８月にセリゲル湖畔で開かれた若者フォーラムでプーチン氏は「ロシアは最も強力な核大国の一つだ」「軍事紛争で我々にかかわらない方がよい」「核戦力を増強する」「これは本当だ。口先だけではない」と語っている。これと似た表現は、22年２月24日の「特別軍事作戦」の宣言でも繰り返されたのである。

葬られたミンスク合意

今回のロシアによるウクライナ侵攻で大きなカギを握っているのが、いわゆる「ミンスク合意」である。

14年３月にロシアがクリミアを一方的に併合し、ウクライナ東部で親ロシア分離派勢力とウクライナ軍との戦闘が続くなか、ベラルーシの首都ミンスクで14年９月、欧州安保協力機構（ＯＳＣＥ）の援助のもとで、ウクライナ、ロシア、ドンバス地域の「ドネツク人民共和国」と「ルガンスク人民共和国」が停戦合意するミンスク議定書に署名した。

しかし合意は守られず、15年２月にロシアとウクライナ、ドイツ、フランスの首脳がミンスクに集まり、「ミンスク２」をまとめた。これによって、不完全ではあるが全面戦争は回避された。特にドイツのアンゲラ・メルケル首相が長期間の尽力の末、プーチン氏と渡り合ってまとめあげたものだ。

プーチン氏はミンスク合意の履行を7年待たされる格好になっていた。

しかし、ゼレンスキー政権はそれを受け入れられる状況ではなかった。ウクライナ憲法でドネツク、ルハンスクの東部2州を特別な地位に位置づける内容だったが、国内の猛烈な反発が予想された。そんなことをすれば、政権そのものが崩壊してしまう。

ドイツやフランスは履行するよう説得し、米バイデン政権もミンスク合意の履行を支持するとロシアに伝えていたが、ウクライナが強硬に反対すると、お手上げの状態になってしまった。一向に履行されない事態にしびれを切らし、プーチン氏は自らちゃぶ台をひっくり返してしまう。

22年2月21日にドンバス地域の一部を実効支配する「ドネツク人民共和国」と「ルガンスク人民共和国」の独立を承認し、翌22日の会見で「ミンスク合意は長期間履行されず、もはや合意そのものが存在していない」として破棄した。そして24日、「ウクライナの非軍事化と非ナチ化のため」と称してウクライナに侵攻するのである。

袋小路に陥ったウクライナの政権

少なくとも、ミンスク合意の枠内で東部2州がウクライナ憲法に位置づけられていたら、これほどの犠牲者を出すことも、1500万人もの避難民を生むことも、ウクライナ南部の領土まで奪われることもなかったのではと思わずにはいられない。国民の生命と財産を守ることが国家元首の最大の使命とするなら、一般市民に甚大な被害が出ないように、いかなる相手とでも政治交渉をすることが最大の責務ではないだろうか。適切に対処していれば、戦争の意思は封じ込められたかもしれない。

だが、ウクライナの政権が袋小路に陥り、打開策を見つけられなかったのも現実だ。

2008年のジョージア紛争の際、米国がサアカシュビリ大統領の暴発を抑え込もうとしたように、今回も最悪の事態を避けるためにウクライナのゼレンスキー大統領を説得しきれなかったのかと思う。非は当然、暴挙に出たロシアにあるが、ゴルバチョフ氏も自叙伝『我が人生』を執筆した2017年時点で「ウクライナ危機の解決はミンスク合意の履行に尽きる」としていた。結果論かもしれないが、当事国と関係国が練り上げたこの合意を最大限生かせなかったのかと考えてしまう。

しかし、ただでさえ政治経験の乏しいゼレンスキー氏にとっては針の穴にラクダを通すような難題だった。コメディアンから2019年5月に大統領に就任した彼は、ドンバス紛争の打開を最優先課題に挙げた。10月には、「ミンスク2」を補足する形でドイツ外相が提案していた内容を受け入れる方針を示す。ドンバス2州の親ロシア派支配地域で、首長と議会の繰り上げ選挙の投票実施日の夜8時に、特別な自治権を付与する法律を発効させる内容である。

これはプーチン氏との対話の糸口を模索したものだったが、ウクライナ国内で猛反発を招き、1万人規模の抗議集会には前大統領のペトロ・ポロシェンコ氏も参加した。大統領の支持率は急落した。そうした中で12月、独仏首脳の立ち会いのもとで、プーチン氏との初の会談が実現した。しかしこの場で、「ミンスク2」の履行とクリミアのロシア主権の承認を強硬に迫られる。まさに板挟みの状態に置かれ、以後、急速に反ロシアに転じていく。

そして、米国やNATOへの傾斜を強め、ウクライナ民族主義の高まりとともに、21年3月には「クリミア占領解放・再統合戦略」を打ち出すことになる。

その後のミンスク合意をめぐる経緯を、毎日新聞元モスクワ支局長・石郷岡《いしごおか》建氏の講演録「何がロシアを軍事侵攻に突き進ませたのか」（22年7月発行『JICインフォメーション』所収）を参考に振り返っておきたい。

21年6月、バイデン・プーチンの米ロ首脳会談がジュネーブで開かれた。1985年にジュネーブで開かれたレーガン・ゴルバチョフの米ソ首脳会談を彷彿とさせるように、「核戦争に勝者はなく、決してその戦いはしてはならない」の合意が再確認された。その会談後の記者会見で、プーチン氏は「稲妻の閃光を見た」と発言する。後にラブロフ外相がその意味を明かすが、首脳会談で米国はミンスク合意をもとに解決をはかる方針を確認したのだった。

ミンスク合意は、「ドネツクとルハンスクはウクライナの領土内に留まるが、両地域には多くのロシア系住民が住んでいるため、ウクライナ憲法を改正して特別な自治を与える」という妥協だ。一度は合意されたが、ウクライナの民族主義者たちは「認められない」と反発し、ミンスク合意の履行は膠着状態に陥った。これに米国がどういう態度をとるかが重要な意味を持っていた。米国はミンスク合意の履行に同意したのである。だが、先に述べたゼレンスキー氏の苦境を見てもわかるように、その後も履行は進まなかった。

21年9月、ロシアが大規模軍事演習「ザーパド（西）2021」を開始すると、NATO軍も三つの軍事演習を実施し、そのすべてにウクライナ軍が参加した。核搭載可能な爆撃機や偵察機がロシア国境付近に飛来するようになったのだ。同年10月には、トルコ製ドローン兵器で親ロシア派勢力に攻撃を仕掛けている。

ウクライナを挟んでロシアとＮＡＴＯの間にきな臭い空気が漂う中で、プーチン氏は11月、長期的な欧州安全保障の交渉準備を外務省に命令する。すなわち、①ＮＡＴＯの東方拡大阻止、②ウクライナでの対ロシア攻撃兵器の配備阻止、③ＮＡＴＯ東方拡大以前のＮＡＴＯ・ロシア基本文書（１９９７年）当時の軍配備まで戻す——という内容だ。

石郷岡氏は、ロシアにはＮＡＴＯとの交渉で軍事威嚇しか有効なカードがなく、ある意味で「チキン・ゲーム」（命がけの我慢比べ）を始めることだった、と読み解いている。

プーチン氏は21年12月７日、「欧州安全保障交渉を進めたい」とジョゼフ・バイデン米大統領に電話し、同15日にはロシア外務省が欧州安全保障合意の条約草案を欧米諸国に提示した。22年１月３日には米国務省がミンスク合意履行に支持を表明し、同20日にはバイデン氏が「ロシアの安全保障の懸念について協議する用意がある」と述べて、米国、英国、ドイツ、フランス、イタリアの５カ国とロシアの協議機関の設置を提案した。プーチン氏にとっては、交渉の環境が整ったと受け止めたのに違いない。

だが、この流れに反対したのがウクライナと東欧諸国だった。東欧ではとりわけポーランドとバルト諸国が協議機関の設置に強く反対し、その構想が立ち消えになることで事態は暗転していく。

バイデン氏は22年１月27日、ゼレンスキー氏に電話をしてミンスク合意の履行を迫ったとされる。この日のブリーフィングでビクトリア・ヌーランド国務次官は、フランス、ドイツ、ロシア、ウクライナの4カ国会議「ノルマンディー・フォーマット」に触れ、「ノルマンディー・フォーマットはミンスク合意の履行とドンバス紛争の解決にとってベストの形だと我々は信じている」と述べている。

しかし、その直後の2月10日に開かれたノルマンディー・フォーマットで、ウクライナはミンスク合意を明確に否定する。ドイツ、フランスはどうしようもできない。米国はさじを投げたのだろうか。あるいは、その方が自分たちにとって好ましいという思惑が働いたのだろうか。事実上、ウクライナ危機の話し合いは決裂した。石郷岡氏は「おそらくこれが引き金になった」「2月10日ですべてがクルリと変わった」と指摘する。

さらに2月20日、ゼレンスキー氏は1994年のブダペスト覚書の有効性に疑義を表明する。この意味をロシア側は、ウクライナが核保有を宣言したとみなした可能性がある。

その4日後、プーチン氏は「ロシアは最強の核大国の一つだ」「ウクライナの核保有は許さない」などと述べて、ウクライナに侵攻するのである。

第7章　西側の「勝利者意識」

冷戦を終結させたミハイル・ゴルバチョフ元ソ連大統領は、ウクライナ戦争が長期化するなか、2022年8月30日にこの世を去った。

2021年11月30日付の朝日新聞オピニオン面に掲載されたゴルバチョフ氏の「私の視点」は、まさに彼の遺言のようになった。見出しは「ペレストロイカと世界　人間の安全保障へ、教訓を」。ソ連崩壊30年を前に、モスクワのゴルバチョフ財団から受け取った長文の論考を私が抄訳したものだ。

ソ連でペレストロイカ（再建）という変化が起きてから35年以上が過ぎた。その目的は、人間を解放し、人間を自らの運命や自国の主人公にすることだった。数百年にわたって人々が独裁に従い、その後は全体主義国家に従ってきた過去との決別であり、将来への突破口だった。

同時に進めた新思考外交は、核戦争や環境破壊から人類を救うことを最優先した。我々は、対立する二つの社会体制が争う視点から世界の発展を見ることを拒否した。世界政治の非軍事化を課題に据えた。

私と私の支持者は、分離主義者や《急進的民主主義者》による連邦解体の試みと、民主化プロセスをつぶしたい党指導部内の人々の行動と、同時に闘わなくてはならなかった。

苦しい状況下で、連邦を維持する連邦条約案を準備し、米ソ首脳会談で核軍縮条約も締結し、1991年7月末には危機回避に必要な条件がそろった。85年4月に始まった改革路線の模索と努力の表れだった。

しかし、二つの打撃が致命的だった。反動勢力が企てた91年8月の国家クーデターの試みと、わが国の歴史を断ち切った、ロシア、ウクライナ、ベラルーシの共和国指導者による12月の密約である。連邦解体を阻止するチャンスはあったが、急進派と分離主義者、共産主義者がこの密約を支持した。核兵器の運命さえ宙に浮いたままで、密約の性急さと無責任さは米国側をも驚かせた。

私は今でも尋ねられる。連邦維持のために全力を尽くしたのかと。私は武力以外のあらゆる政治的権限や手段を使った。権力を維持するために武力行使するなら、それはもはやゴルバチョフではない。もしそうなっていたら、市民戦争もありえた。

ソ連崩壊はペレストロイカを断ち切った。しかしソ連崩壊は、私の敵対者や、あの時代の本質とその《究極の成果》を理解しない人々が主張するようなものでは決してない。ペレストロイカは、何世紀ものロシアの歴史の中でそれが転換点になったという意義に照らして、全世界にもたらしたポジティブな結果に照らして、評価されるべきだろう。

もちろん我々には失敗もあった。もっと早く党の改革に、連邦の地方分権に取り組み、もっと大胆に経済改革を進めるべきだった。しかし、ペレストロイカには現実の成果がある。冷戦の終結、前例のない核軍縮合意、言論・集会・信教・移動といった人々の自由と権利の獲得、複数候補選挙と多党制だ。何より重要なのは、変化のプロセスを後戻りができない地点にまで導いたことだ。

我々が改革の冒頭で掲げた目的、すなわち定期的な政権交代、人々が決定過程に影響力を持つ確かなメカニズムの創設から、私たちはまだ遠いところにいる。それでも、この数十年間は過去への回帰でも足踏みでもない。私はペレストロイカが具現化したものや価値を維持するよう求めてきた。これは、それがなければ道に迷ってしまう「道標」なのだ。ペレストロイカを理解し、新思考を貫くこと。ソ連大統領を退任後、私はこれに従って行動してきた。

我々は冷戦に終止符を打った。米国の政治家は冷戦での共通の勝利を確認する代わりに、自らの《冷戦での勝利》を表明した。当時、その後の世界の流れを決めることになる失敗や急変が起きた。ここに、新しい世界政治の基盤をぐらつかせた誤りや失敗の根がある。勝利者意識は政治でのあしき助言者であり、モラルを欠くものだ。政治とモラルを結びつける志向は、新思考の重要な原則のひとつである。今日、政治的意志の機能不全を克服するには、倫理的なアプローチに基づくしかない。

グローバル世界の国家関係は、全人類的なモラルの原則に基づいた行動規則によって調整されなければならない。この《振る舞いのルール》は、自制と、全方面の利益の考慮と、情勢悪化や危機の脅威が迫った際の調整と仲介を前提としている。

そして、新思考を貫きつつ私が注意を促す重要なことは、反核、非軍事の方向性である。核兵器が存在する限り核戦争の危険性があるのだ。

我々の時代は、新しい千年紀に人類が直面するどんな試練も脅威も、軍事的解決はできない。そして、どんな問題でさえ、一つの国や国家グループの力では解決できない。

冷戦からの出口で世界共同体は、具体的な課題の枠組みを示した。それは大量破壊兵器の根絶であり、《第三世界》の国々での大規模な貧困の克服であり、教育や健康分野におけるすべての人々への機会均等の提供であり、環境劣化の克服だった。いわば人間の安全保障である。

私が願うのは、ペレストロイカと新思考の目的や価値についての私の回想が、読者にとって今日の意味を考える手助けになることだ。過去と現在の対話が途切れないように、時代の絆を保ちたいと私は思う。過去について真実を知り、将来への教訓を引き出すことは、変わりゆく世界の中で、我々全員に必要なことだ。

ミハイル・ゴルバチョフ

ここでゴルバチョフ氏は、冷戦での米国の勝利者意識が、新しい世界政治の基盤をぐらつかせたと明言している。西側がそれを自覚していたかどうかにかかわらず、少なくともロシア側はそう受け取っていた。回想録『変わりゆく世界の中で』でゴルバチョフ氏は、元米国ソ連大使のジャック・マトロック氏から聞いたレーガン氏の「口述」内容について書いている。ジュネーブでの最初の首脳会談に向けた準備をしていた１９８５年に、備忘録として記されたものだ。そこに非常に重要なフレーズが一つあると紹介している。

「勝者や敗者についての話はなしにしよう。そのような会話は我々を後戻りさせるだけだ」というフレーズだ。

レーガン氏はこの原則にのっとって行動していたと、ゴルバチョフ氏は振り返っている。レーガン氏を引き継いだブッシュ（父）氏についても、私がゴルバチョフ氏にインタビューしたとき、マルタで「お互いを敵とはみなさない」と固く握手を交わした瞬間を生き生きとした表情で振り返った。ブッシュ氏に信頼を寄せていたことが私にも伝わってきた。

冷戦が終結し、ソ連が崩壊した後、ＮＡＴＯが東方拡大したのは、勝者である米国が敗者であるロシアに秩序を押しつけることだった。ロシアはそれに納得せず、ウクライナの中立化と武装解除を求める結果となったのである。

西側を熱狂させたゴルバチョフ氏と、西側から嫌悪されるプーチン氏とは、政治思想も政治スタイルも正反対だ。しかし、２人の意見が合致するのが、ＮＡＴＯ東方拡大への批判である。ゴルバチョフ氏は、ＮＡＴＯ拡大がドイツ統一交渉時の東西融和の精神に反すると考え、厳しく批判した。そこに勝利者意識の傲慢さを見ていたのだ。

「米国の精神分裂」

『評伝ジョージ・ケナン』には、ケナン氏が「米国の精神分裂」について書いた1988年の手紙が紹介されている。その手紙の文面はこうだ。

いわゆる「精神分裂病」とでも呼べる症状が、ソ連に対する態度やアメリカ政治の全構造に行きわたっている。合衆国政府のいっぽうの重要部分が、モスクワとの平和を求めていると公言するかと思うと、米中央情報局（CIA）や国防総省といった別の重要部分は、われわれがロシアと戦争をしているか、まさに戦争を始めようとしているという前提のもとで生活し、行動しているように見える。双方とも、国内に派閥集団や支持者を抱えている。そして、善良な大統領［当時はロナルド・レーガン］は、双方の支持を保持したいがために、片方のポケットから、これ見よがしに平和を訴え、そしてもうひとつのポケットからは、密かに戦いに従事する。かくして、大統領も精神分裂症に陥る。

（『評伝ジョージ・ケナン』）

おそらく冷戦後の米政府は、文面に出てくる後者の「別の重要部分」が勝っていったのだろう。冷戦終結は東西の共同作業でも何でもなく、ソ連を封じ込めて内部から自壊させるのに成功したからだと考える勢力である。

ケナン氏の遺志を継ぐ元軍人で歴史家のアンドリュー・ベースビッチ氏は、自著『幻影の時代

――いかに米国は冷戦の勝利を乱費したか』で「勝者の病」について書いている。１９４７年の生まれで、米陸軍士官学校を卒業後、ベトナム戦争従軍を含め米軍に23年間勤務した経歴を持つ。保守派の論客として、米国の対テロ戦争を批判してきた。

そのベースビッチ氏へのインタビュー記事「『勝者の病』に冒された米国　世界を変えた四つの過信」が極めて興味深い。ベースビッチ氏は、米国が冷戦の「勝利」を過信し、道を誤ったと訴えていたという。そして冷戦後に、米国の指導層が信じ込むようになったことが四つあると指摘する。

冷戦が終わり、ソ連崩壊にまでつながるとは、私も含め、米国ではほぼ誰も想像していませんでした。ベルリンの壁崩壊を目の当たりにして、米国の政治家や知識人は古来、戦史で繰り返された「勝者の病」というべき傲慢《ごうまん》さに陥り、現実を見る目を失ったのです。（略）貿易と投資の壁を取り払い、人とアイデアを自由に動かすことで想像を超える富を生み出せるという「グローバル化」、ソ連崩壊と湾岸戦争でより確信が深まった「米軍の覇権」、責任や義務の感覚を伴わない「自由至上主義」、議会と司法とを含む三権分立の機関のなかで突出した「大統領の機能強化」です。いずれも深刻な欠陥を含んでいました。

（２０２０年６月12日、朝日新聞デジタル）

ソ連型体制の腐敗と崩壊を考えれば、米国が勝利を信じたのもやむを得なかったのではないかとの記者（アメリカ総局・青山直篤特派員）の問いに対し、ベースビッチ氏はこう話す。

資本主義は確かに、富を生み出すことではソ連型社会主義よりも優れていました。冷戦後、貿易や投資の急拡大はすさまじい富を生み、中国のような国も利益を得た。ただ、資本主義は富の分配という面では必ずしもいい制度ではありません。資本主義か社会主義かという論争は冷戦終結で決着しましたが、では、どのような資本主義こそが米国人の幸福感のある暮らしにつながるのか。米国もまだ答えを出せていません。（同前）

自身の息子がイラク戦争で戦死したことについては、自分の胸にとどめ、語らないようにしていると断ったうえで次のように続ける。「国に仕える軍人を尊敬しています。ただ、特に9・11テロ以降、米国の外交政策を指導する人々の間で戦争への現実感覚が薄れ、安易な軍事介入で状況の悪化を招くことが続きました」「軍事力の政治的手段としての有効性には、限界があります。9・11テロ後、米国は他国に侵攻し、政権を転覆させれば自由民主主義国家のようなものをつくれると信じました。結果、生まれたのは混沌《こんとん》と無政府状態です」と率直に語っている。

自由至上主義について、記者から「19世紀前半の米国を観察した仏思想家トクビルは、米国社会は個人主義的だが宗教や地方自治を生かして公共心を育んでいると指摘していた。何が変わったのか」と聞かれ、次のように発言している。

トクビルが強調したのは、民主主義社会の市民として受ける特権には義務が伴うということ。

米国ではその感覚が冷戦終結後、消え失せてしまいました。ただそれ以前の60年代以降、特にベトナム戦争からこの傾向は生まれていた。徴兵制が終わり、民主主義国家を守るための義務という感覚が失われた。個人の幸福の追求に極端な比重を置いた「自由」の感覚が台頭したのです。（略）米国には戦後の50～70年代、西側世界の協調を先導したときのような国力がありません。もはや世界を指導する唯一無二の国（the global leader）ではなく、ほかの主要国と同列に位置づけられる国（a global leader）にならざるをえないでしょう。（略）この現実を米国だけでなく、日本や中国、英独など世界の主要国が真に理解することから始め、「共存条件」を外交を通じて探ることが必要です。安全保障上の基礎的な要求を互いに尊重し合い、軍拡競争を防ぐ。貿易によって、ふつうの人々の暮らしが傷つけられないようにする。グローバル化が止まることはありませんが、負の側面を管理する方法を協調して見つけ出さなければなりません。

（同前）

ベースビッチ氏の「外交を通じて『共存条件』を探る」「安全保障上の基礎的な要求を互いに尊重し合い、軍拡競争を防ぐ」との指摘は、ゴルバチョフ財団が即時戦闘停止を求めた22年2月の声明の中の「相互の尊重」と「双方の利益」という表現に通じるものがある。

西側の価値観を押しつけることが、相手からどう見えるのか、一度立ち止まって冷静に考える必要がある。ＮＡＴＯ東方拡大からユーゴ紛争に至る米国のヘゲモニー的政策を受け入れざるを得なかったロシアは、屈辱をため込んでいたのである。それがいい悪いではなく、それがウクライナ戦争へとつながった現実から目をそらしてはならない。

「屈辱の90年代」――個人的体験から

ソ連末期のペレストロイカ（改革）からソ連崩壊を経て、混乱する社会経済状況を引き継いだ新生ロシアのエリツィン大統領は、民主化の号令のもと、「ショック療法」と言われた急進的市場改革を進めた。それが「オルガルヒ」という新興財閥の台頭を招き、その影響力は政治をゆがめていく。医療費や教育費、家賃などの負担がのしかかるようになった庶民は「弱肉強食の資本主義」を味わわされ、デノミ、給与遅配・未払い、汚職の蔓延などの苦境にさらされ、惨《みじ》めな思いを体験した。混乱を抑えきれなかったエリツィン氏は99年末の辞任演説で、「明るい未来には一挙には行けなかった」と国民にわびることになる。これが「混乱の90年代」や「屈辱の90年代」と呼ばれる時代だ。

日本では長期政権を築いた安倍晋三元首相がしばしば、かつての民主党政権時代を指して「あの時代に戻りたいのか」と言っていたが、プーチン氏もよく「あの時代に戻りたいのか」と口にした。それの意味するのが「屈辱の90年代」である。ロシア国民が「自由」を制限されても「安定」の方を優先し、それがプーチン支持の基盤になっていると言われるのは、この「屈辱の90年代」を恐れるが故なのだ。

その90年代のロシアに私もいた。会社派遣の語学留学で96年8月から97年8月まで、モスクワ大学付属の語学センターでロシア語を学んだ。大学の教室は机も椅子も雑然とし、トイレは汚れて便座はなく、建物の10階ぐらいでも旧ソ連製のエレベーターを待つよりは階段で降りる方が早かった。

モスクワ大学の寮はトイレもシャワーも共用だったが、突然の断水や、冬場にシャワーの途中で温水が出なくなることも多々あった。寮の食堂の肉があまりに硬く、アルミ製のフォークが曲がってしまったこともある。

露店で緑の野菜を見つけたら、そのとき買っておかないと後で後悔したものだ。ただ、冬場に露店で白菜を見つけ、すっかり凍っていたが鍋で煮れば大丈夫だろうと思って買って帰ると、煮ても硬くて食べられなかった思い出がある。

地下鉄の出口には、古着や花を手にしたおばさんたちが物売りのためにずらりと並んでいた。子どもから老人まで、街には物乞いがあふれていた。

化粧をしている女性は少なく、ジャージ姿の女性が目立った。売春をしないと生きていけない境遇の女性も大勢いた。旧ソ連型ホテルの従業員も警備の警官も売春システムの一部に組み込まれていた。大学の教授は職にあぶれ、〝白タク〟の運転手で日銭を稼ぐしかない。給与遅配の警官たちは家族を養うため、頻繁な〝ネズミ捕り〟に繰り出し、袖の下を受け取って糊口をしのいだ。

99年4月から2001年8月まではモスクワ支局員として赴任したが、似たような状況は続き、治安も安定しなかった。

零下20度近い雪のモスクワで01年2月の夜中、支局での夜勤を終えて徒歩で帰宅途中、私は暴漢に襲われ大けがをした。気を失い、金を奪われた。財布からドルだけが抜かれ、ルーブルは残っていた。治療で1カ月仕事を休み、多くの人に迷惑をかけることになった。ロシアのある新聞は、支局が入った建物の駐車場に積もった雪の上に、ＡＣＡＸИ（朝日）の文字と髑髏《どくろ》マークが描かれている写真を掲載し、ネオナチの犯行を匂わせる事件記事を1面で大きく報じた。

モスクワの日本人社会に動揺が走った。その後しばらくして、その絵柄はカメラマン本人が描いていたことが判明し、新聞社に抗議を申し入れる出来事もあった。

この事件で私が入院していたときのことだ。若い捜査員が犯人のモンタージュを作りにパソコンを持って病室にやって来た。かすかな記憶を頼りに、パソコンに入力されている様々な髪形やあご、耳、口、目の中から一番近いものを選び、組み合わせていく。パソコンを起動させて間もなくすると、画面に縦線が入って動かなくなった。「パソコンが古い。部署に2台しかない。資金不足で新品は買えないのです」と捜査員はぼやいた。文字盤パネルを外し、ナイフで配線をいじり、パソコンの下に本を挟んで斜めに立てたりしていると再び動き出した。

財政難→捜査不十分→検挙率低下→犯罪多発→財政不足（財政難）、の悪循環を思った。できあがったモンタージュは、まぶたに残る犯人像とは似ても似つかない。検挙など絶望と悟る。被害調書が仕上がると、捜査はそれで終わりという感じだった。

「もうロシアは嫌になっただろう？」と現地の日本人から何度か尋ねられた。その度に、ぽんこつパソコンと悪戦苦闘する捜査員や、目を真っ赤にして革ジャンの血のりをふき取ってくれたお手伝いさんや、「ロシア人として恥ずかしい」と謝ってくれた医師たちの顔が浮かんだ。この混乱した社会を生き抜かなければならないロシアの人々を、私はとても憎めなかった。ロシアの文豪トルストイやドストエフスキーの世界を見ているような感覚さえ覚えた。

プーチン再登板の衝撃

ここまで振り返ってきたのはエリツィン政権からプーチン政権初期にかけての時代だが、それから10年以上が経ち、プーチン氏が首相としてメドベージェフ大統領と「双頭体制」を組んでいたとき、ロシアの将来にとっての大きな分岐点が訪れる。

２０１１年9月24日にモスクワで開かれた政権与党「統一ロシア」の党大会だ。党首を務めるプーチン首相がこの場で、12年3月の次期大統領選に立候補する考えを表明したのである。実権を握るプーチン氏に有力な対立候補は見あたらず、かつて00年5月から08年5月まで2期8年務めた大統領に返り咲くのは確実な情勢だった。

12年にはロシアだけでなく、米国やフランスでも大統領選があり、中国でも最高指導者が交代する。プーチン氏の再登板で世界の政治地図が大きく変わる予感がした。このため、11年9月24日の党大会で「プーチン大統領復帰」の方針が決まれば大きく報じる必要があると考え、モスクワ支局員の関根和弘記者と予定原稿を3本用意して備えた。党大会が開かれるのは日本時間の夜であるため、決まればすぐに原稿を出さなければならないからだ。復帰の方針が明らかになると、1面、総合面、国際面それぞれの原稿を手直しして送り、東京の編集局にこのニュースが持つ意味合いの重要性を説明した。降版前の大刷りでは1面3番手の扱いだったが、最終的には「プーチン氏、大統領復帰へ」の見出しで1面トップを飾った。東京の編集局は的確な価値判断を共有してくれたと思っている。

この1面本記の記事は「元情報機関員で『強いロシア』を掲げたプーチン氏には、統治手法や人権問題での批判が欧米に根強い」との表現で締めた。当時、将来への漠然とした不安を感じ、胸騒ぎがしたのを覚えている。米国やNATOへの強い恨みを忘れていないプーチン氏が、再び表舞台に出てくるのだ。2022年についに火を噴くウクライナ戦争は、このときに火種が宿ったように思えてならない。まさしく長期政権の弊害である。

プーチン氏復帰への反発は、ロシア国内でも巻き起こった。下院選挙のあった12月にはソ連崩壊後20年で最大規模の数万人が集会に集った。今まで抗議行動をしたことがなかった市民たちが街頭に出たのだ。

その当時、「20歳のロシア　プーチン再び」という企画でデモの様子を記事にした（次ページ）。このデモは、1990年代の混乱を「自由の代わりに安定をもたらす」という図式で立て直したプーチン体制に、「我々の声を尊重しろ」と市民が立ち上がったものだった。もともとは野党勢力が呼びかけた集会だったが、主役は普通の市民たちだった。下院選では政権批判票として共産党や中道左派「公正ロシア」へ投票した層だ。中道の政権与党「統一ロシア」と民族右派、さらに左派系という現行のロシア政治の勢力図からはこぼれ落ちる、「行き場のない有権者層」だった。大規模集会を許可した当局も、民意の動きを感じ取っていた。

成熟社会の基盤である中流層は、安定した暮らしのもとで民主的な政治を求める。政治学者のラジホフスキー氏は「中流クラスは2000年代の原油高騰期に生まれた。そしていま、政治的に物言う時が来た」と指摘した。こうした中流層は、ロシア国営保険会社の調査では17%とされたが、

「都市の中流層台頭　反政権デモ、最大規模に」
（2011年12月22日付、朝日新聞より抜粋）

プーチン氏の与党「統一ロシア」に打撃を与えた下院選に続き、モスクワでの反政権集会に市民が集まった。旧ソ連崩壊から20年で最大規模だ。「中流」が台頭し、「市民は目覚めた」という。

●「ソ連のにおい」に反発

自動車雑誌の編集者、ナタリヤ・ドルゴワさん(40)は10日、クッキーとミネラル水をバッグに入れ、ペットの猫を残した自宅の鍵を隣人に預けてモスクワ中心部に向かった。「集会参加の権利」を認める文書もネットからプリントアウトした。「反プーチン集会」で当局に拘束された場合に備えてのことだ。

内心、怖かった。でも、ほどなく緊張はとけた。人で埋まったボロトナヤ広場はメーデーのような雰囲気で、和やかさもあった。

あの時を思い出した。

ソ連崩壊の引き金となる保守派のクーデターが起きた1991年8月。ロシア最高会議ビルの前に、民主化に逆行するクーデターを阻もうとする市民が集まった。学生だったナタリヤさんも、その輪の中にいた。

民主的な価値を守りたい。同じ空気を感じとって、20年ぶりに集会に足を運んだ。「今の政権にはソ連のにおいがする。過去に戻りたくないから集会に出たんです」

いっしょに出かけた友人の家庭教師ナターシャ・ボグダノワさん(27)は「選挙が民主的になってほしい、政権側も変わってほしい」と話した。髪飾りもコートも手袋も白でそろえた。明るい集会にしたかった。手にした白い花のうちの一輪は、立ち通しの女性警官に贈った。

2人は、大統領への復帰を表明したプーチン首相の演説が不満だという。「国民の希望だからやりましょうという口ぶりだった。投票しても同じだと言われた気がした。国民を尊重していない」

体制を壊したいわけではない。つぶれるとも思っていない。「政権にシグナルを送ったんです。このままでは我慢できませんよと」

動いたのは、都市部に育つこうした中流層だ。

モスクワでIT関連企業に勤めるアンドレイ・クリュチェンコさん(27)は、ネット経由で連絡を取り合った友人らと参加した。

「政権も既存の野党も支持しない人が多く集まった。みんな選挙（下院選）の不正に怒っていた」

4日の投票日。有権者リストに名前がなくても簡単に投票できる投票所があるのを目撃した。複数回の投票が可能になる。政権への疑念が膨らんだ。

自身は、迷った末に共産党に入れた。最も野党らしいと考えた。議席獲得ラインに届きそうにないリベラル政党の「ヤブロコ」に入れれば結果的に与党を利することになる。「今の体制下では競争も選択もない」

3月の大統領選ではプーチン氏が勝つとみている。ソ連崩壊後の90年代の混乱を体験した高齢者が、変化を恐れているように感じるからだ。「若者が減って年金生活者が増える。彼らは政権とはけんかできない」

クリュチェンコさんの月給は5万5千ルーブル（約13万5千円）。政治意識が高まるとされる中流層の「下の方かな」という。「なぜ野党勢力は統一候補を出せないのか」と歯がゆい。「市民の意識の変化に政治がついていけていない」

都市部では3割に達しているとする専門家もいた。欧米では「中流の崩壊」で街頭デモが起き、ロシアでは中流の形成でデモが起きていたのである。

ただし、ロシアはユーラシア大陸に広がる多民族国家だ。中流が育つ都市部と、なお「安定」が優先される地方とでは、地殻変動に時間差があった。集会があった12月10日と翌11日に全ロシア世論調査センターが実施した調査では、大統領選での投票先はプーチン氏が42％。2位のゲンナジー・ジュガノフ共産党委員長の11％を大きく引き離していた。

12年3月4日の大統領選挙を前にした2月23日の「祖国防衛者の日」には、プーチン支持の集会に数万人が集まった。「90年代に戻りたくない」と書いたプラカードが掲げられ、参加した女性のひとりは「(多民族国家ロシアで) プーチンさんはどの民族も国民として平等と言っている。私が支持する理由です」などと話した。そして、大統領選の結果はプーチン氏が第1回投票で約64％を獲得し、返り咲きを果たした。

しかし、反プーチンの大規模デモは5月の大統領復帰後も続いた。12年6月12日の祝日「ロシアの日」(国家主権宣言採択の記念日) には、野党勢力がモスクワ中心部で反政権のデモ行進と集会を催し、警察発表では約1万8千人、主催者発表では5万人以上にのぼった **(写真)**。このとき、デモ行進を取材していた私は、参加者が掲げる1枚のプラカードを写真に収めた。「(集会を取り締まる) 集会法はファシズム国家への道だ」という表記の下に、5人の見慣れた顔写真が並んでいる。ヒトラー、ムッソリーニ、スターリン、ベリヤ、そしてプーチンだ。このデモからちょうど10年後、プーチン氏はウクライナ侵攻という市民を巻き込む暴挙に出て、キーウ近郊ブチャでの虐殺や原発

道路を埋め尽くした「反プーチン」のデモ行進(2012年6月12日、モスクワ)＝副島英樹撮影

大統領に復帰したプーチン氏に抗議するデモで掲げられたプラカード(2012年6月12日、モスクワ)＝副島英樹撮影

占拠、ウクライナ東南部4州の併合強行など数々の非道行為で国際的非難を浴びているだけでなく、国内では欧米の制裁によって経済的苦境を強いられ、予備役動員による混乱や市民弾圧も重なり、ロシアを自壊の瀬戸際に自ら追いやっている。まさにこのプラカードは、10年後のプーチン氏を見通していたのかもしれない。

ただ、反プーチンのうねりが高まっても、支持の岩盤層が厳然としてあるように思えた。それはどういう人たちなのか。同じく「20歳のロシア　プーチン再び」の企画で取材した記事がある。そちらも紹介したい（次ページ）。

ソ連崩壊後の90年代、ロシア男性の平均寿命は一時、50歳代にまで落ち込んだ。２０００年代のプーチン政権以降、ロシアは保健や教育、住宅、農業を優先的国家プロジェクトに掲げ、国民生活の向上をめざしてきた。11年11月、当時のタチヤナ・ゴリコワ保健社会発展相は「07〜11年で出生数は10％伸び、死亡数は８％減った」と報告。「この8月に人口の自然増を記録した。ソ連崩壊後、初めてだ」と述べている。こうした「安定への兆し」が、「90年代の屈辱を味わいたくない」という意識を刺激し、受動的なプーチン支持へと動いていた。

ロシア人にとってのこの「屈辱の90年代」に、まさにＮＡＴＯの東方拡大が始まったのである。ソ連最後の最高指導者だったゴルバチョフ氏も、新生ロシア大統領のエリツィン氏も、ＮＡＴＯ拡大に「ロシアが尊重されていない」という意識を持ち続けていた。敗者であることを自覚するよう強要されているとの意識が、ため込まれていったように見える。

通算８年にわたるロシアでの生活を通して、私にはロシアの人々の国民性のようなものを感じ取

「暮らし安定、支持呼ぶ　首相から大統領選へ『肯定的』58%」
（2011年11月22日付、朝日新聞）

ロシアのプーチン首相が来春の大統領選で返り咲きを目指すとの表明に、内外から反発や冷たい視線もある。与党の支持率も下降気味だが、それでも勝利は堅いとされる。なぜなのか。

●マンションも別荘も手に入れた

モスクワ中心部で、アレクサンドラさん（21）はモダンダンスを週3回教えている。雑誌「照明工学」の副編集長も務め、今月、ロシアのラジオ局「ヨーロッパ・メディア・グループ」に転職した。「本業」は女子大生だ。

「プーチンさん、愛してる」。そんなタイトルで1年前、モスクワ大の女子学生のセミヌードカレンダーが売り出され、話題を呼んだ。アレクサンドラさんは7月のページを飾った。

ソ連末期の1990年夏に、シベリアのイルクーツクで生まれた。父は軍に属し、寮の一室で暮らした。トランクがベビーベッド代わり。一つのリンゴを分け合って食べたと、母から聞かされた。「今は、ないのは戦争だけ。なのに周りの若い人は不満ばかり。自分の部屋も車もあるのに、ガソリン代が足りないと『プーチンが悪い』。彼がいなければ、もっとひどくなっていたはず」

今はチタン輸出の仕事に携わる父（42）とは意見が合わない。汚職や官僚主義でビジネス環境が整わないと政権を批判する父は、外国に出たいとさえ言うが、自分はこう思う。「汚職は昔からあり、政権はそれをなくそうとしている。プーチンが長く政権を担うのは無意味ではない。この間、生活がよくなったことを人々は忘れている」

モスクワの商業銀行の支配人を務めるミハイルさん（35）は、91年末のソ連崩壊を15歳で迎えた。両親の貯蓄は紙切れ同然となり、「自由を得た代わりに、将来の危うさと不安につきまとわれた」と振り返る。

そして20年。妻と子ども2人の4人家族となり、給与は月2万ユーロ（約210万円）。18万ドル（約1400万円）でマンションを買い、今年はモスクワ郊外にダーチャ（別荘）も建てた。

感じるのは、政治より経済を優先するプーチン氏の徹底した実利主義だ。「合理的でリベラル」とさえ評価する。90年代のエリツィン時代は「急激な民主化でオリガルヒ（新興財閥）や汚職の根を生んだ」。

欧州危機が叫ばれる時期だからこそ、プーチン氏は混乱を防ぐために復帰を決めたと信じる。双頭体制をとるメドベージェフ現大統領と共に「リベラル化を進めるだろう」と話した。

●年金生活者、自由を満喫

オリガさん（72）は、モスクワ郊外のダーチャが集まる村に夫のゲンリフさん（70）と住む。2人はともにモスクワの建設技師だった。ソ連時代はアパートの規格も画一化され、ダーチャの建物も自由にはつくれなかった。

ソ連崩壊後、激しいインフレで給与は激減。医療や光熱費も無料ではなくなった。それでも、小さな自由を手にした。年金生活入りを機に自力でダーチャを建て替え始め、2005年にほぼ完成して住み始めた。

年金は2人で月2万4千ルーブル（約6万円）。足りない分は娘夫婦が助けてくれる。「手作りできることが自由のシンボル」とオリガさん。12月4日の下院選では政権与党の統一ロシアではなく、小さな愛国政党に投票するつもりだが、大統領選は違う。「『安定』を託せる人を見極めてから決める」と話した。

9月にプーチン氏が大統領選出馬を宣言すると、知識層にはうんざり感が漂った。24年までの君臨が可能で、社会が停滞するのではとの懸念も出た。

だが、「世論財団」によると58%が出馬決定を「肯定的」に受け止め、「否定的」なのは23%。（略）「小さな自由と社会の安定」を求める層の受動的な支持も、プーチン氏の強みだ。

ることができた。他者（バーシ＝あなたたち）には一見無愛想に見えるが、いったん身内（ナーシ＝私たち）の領域に受け入れられると、精いっぱいの歓待をしてくれる。同時に、どんな苦しい境遇にあっても、人間関係は対等であるという矜持を感じた。「ウバジャーチ」される（尊敬される）ことに重い価値を置く国民性のように思えた。それを傷つけられたときに、思わぬリアクションに出るのだ。「ロシアは頭では理解できない。信じるだけだ」とうたった詩人チュッチェフの詩を想起させるが、そうした特性を勘案した上で向き合っていく必要があると私は考えていた。「露助《ろすけ》」というヘイトの言葉が物語るように、欧米から蔑視されているのではないかという被害者意識が、ロシアの対外行動に反映されていったのだと思う。

相手を知ることの重要性は、何もロシアに限ったことではないだろう。相手を知ろうとすることは、戦争の芽を摘むことにもなる。戦争は人間の心から起こるからである。

自虐の笑い

そんなロシア人の笑いは、他人を攻撃したり傷つけたりするものではなく、基本的には自虐の笑いだ。自分たちのダメぶりをデフォルメして描く。そんな笑いに魅せられた。

冬のモスクワは重い。朝9時でも真っ暗だ。晴れ間もほとんどない。「もっと光をください」。そんな欲求がピークに達する深夜には、自分が酸素不足で口をパクパクさせる金魚のように思えてきたものだ。モスクワ支局長として赴任した２００８年９月から13年３月の間、毎年どうやって「越冬」するかが難題だった。最後の年は、夏から好きなテレビ番組をＤＶＤにコツコツためるようにした。ロシアのアネクドート（小話）の実写版「6カードロフ」というシリーズである。「カードル」には「役者」や「コマ」の意味があり、「6人の役者」が、1本2分弱の「6コマ」でロシア庶民のおかしさを描くコメディーだ。そのDVDを冬の夜ごと、就寝前に再生させる。おかげで5度目のモスクワ越冬も何とか果たすことができた。

この番組は、ソ連崩壊の混乱を経て経済が急成長する2006年に誕生した。寝室からジム、美容院、日本料理店、検問、賄賂。軽快な場面展開で消費大国ロシアの世相を笑い、時にモノクロ画面でソ連最高指導者のスターリンやブレジネフのマネもする。飽きない。

例えば、飲酒判定機を開発した大学教授の研究室に、飲酒運転の疑いのある男が警察官に連れられてやって来る。判定機から音楽が流れ、それを聞いた人がもし飲酒をしていたら、自然に体が踊り出してしまうという設定だ。判定のために大学教授が実際に音楽を流すと、なんと警察官の方が踊り出す——といった落ちだ。あるいは、スピード違反で警察官に停車を命じられた男性が、罰金額で警察官と合意に至り、道端の即席のテーブルに並んで座る。首脳会談の署名式さながら双方が合意内容を表明し、合意書を交わす——というのもある。ダメだけれど憎めない自画像が描かれている。ついつい笑ってしまう。

ロシアの笑いと言えば、この人を抜きには語れない。国民的な風刺作家で漫談家のミハイル・ニコラエビッチ・ザドルノフ氏（1948—2017）だ。生前、私は2度インタビューさせてもらったが、ロシア人の欧米観を見抜いた愛国者だった。彼も「20歳のロシア　プーチン再び」の企画で取りあげた（219ページ）。

記事にもあるように、ザドルノフ氏はソ連崩壊と新生ロシア誕生をつなげる象徴的な人物だ。1991年12月25日のソ連崩壊でゴルバチョフ氏がソ連大統領を辞任し、「核のボタン」は新生ロシア連邦のエリツィン大統領に引き継がれた。このため、92年を迎える91年大みそか深夜の国民へのテレビ・メッセージはエリツィン氏が語るはずだった。しかし、31日の昼間、司会を務める番組のリハーサル中に国営テレビのトップに呼び出され、ザドルノフ氏はこう聞かされる。

「エリツィンがどこにも見つからない。ゴルバチョフはもう国のトップではないし」

そしてこう懇願される。「君がやってくれ。君の名前はゴルバチョフと同じミハイル。父称はエリツィンと同じニコラエビッチじゃないか。リレーのバトンになったつもりで。ソ連国民、否すまない、ロシア国民に、どうか」。メッセージの内容は自分で考えてくれと言う。ザドルノフ氏は食卓の乾杯をイメージして、元共産党員やゴルバチョフ氏までを含めてお祝いした。後にゴルバチョフ氏と会ったとき、こう言われたという。

「あなたはあの年、私を公に祝福してくれたほとんど唯一の人でした」

ザドルノフ氏は、日本とロシアに平和条約がいまだに結ばれていないことに胸を痛めていた。一方で、日本の子どもたちの中には、米国映画の影響で原爆を落としたのがロシア人だと思っている人もいるようだ、とも語っていたのが忘れられない。

ロシア人の観察がさえるザドルノフ氏は、自著にこんな箴言《しんげん》めいた一節を残している。「外国人に夜通し酒を飲ませ、我々は薄のろの国だと吹き込む。それに外国人が同意した瞬間、その顔面を殴るのはロシア人だけだ」

「厳しい視線で誘う笑い」
(2011年12月23日付、朝日新聞)


　プーチン首相が生中継テレビで4時間半の「国民直接対話」に臨んだ15日の夜、モスクワ北部の劇場は爆笑に包まれていた。

「プーチンに選管から電話が来た。『ニュースがあります。いいニュースはあなたが選ばれたこと。悪いニュースは誰もあなたに投票しなかったことです』」

　舞台に立ったのは国民的な風刺作家、ミハイル・ニコラエビッチ・ザドルノフさん（63）。プーチン首相とメドベージェフ大統領の双頭政権から米国に至るまで容赦ない。長い時には4、5時間ぶっ続けだ。

　4日の下院選後、不正に抗議する大規模集会が起きた。「今回は市民が自ら街頭に出た。CIA（米中央情報局）の仕業ではないよ」と舌を出した。

　混乱さなかのソ連崩壊直後の1991年大みそか。「また政変か」と国民を驚かせた人物でもある。恒例の国家指導者の新年あいさつを、国営テレビから急きょ任せられたからだ。

　名の「ミハイル」は、辞めたばかりのゴルバチョフ・ソ連大統領と同じ。父称の「ニコラエビッチ」は新生ロシアのエリツィン大統領と同じ。「エリツィン氏の居どころが分からない。君の名前はちょうどいい。自分をリレーのバトンと思って」と説得された。

「新年おめでとう。労働者、農民……すべての元ソビエト人の皆さん！」

　あれから20年。いま国民に言葉を贈るとすれば、「ロシアは資本主義のショックから我に返った。（人々は）より健全にものを考え始めたと評価したい」と言った。だが、現政権には厳しい。「あの時、民主化を信じた。でも、想像した通りにはなっていない。今の民主主義は偽善だ」

　そして、こうも続ける。「これは世界中がそう。オバマ米大統領は今、ロシアの選挙テクニックを勉強している」。笑いをまぶしながら、世界を切り取る。

　舞台では欧州へのコンプレックスを抱えたロシア人もネタにする。「ロシアは欧州には入れない。欧州は狭すぎる」。米国にも「世界の歴史はアメリカ人が書いている」。約500人の観客は笑い続けた。

　3月の大統領選に向けてプーチン首相は逆風を受ける。国民との「直接対話」では、欧米への対抗意識もちらつかせた。ザドルノフさんは、ロシア人には欧米への対抗意識と劣等感があると見抜いている。有力な対立候補が出ない限り、そんな複雑な心理がプーチン氏への受動的な支持につながるともみている。

その予測不可能性は、ウクライナ危機を彷彿とさせる。先に触れた19世紀のロシア詩人チュッチェフの詩「ロシアは頭では理解できない」に、やはり行き着くのだろうか。

「壁」と疎外意識

ロシアと欧米との「壁」を感じていたのは、権威主義的なロシアの政治体制下で自由と人権を守ろうと闘っていた人たちも同じだったように思う。記憶に残っているのは、2012年のノーベル平和賞が欧州連合（EU）に贈られるのが決まったときだ。当時モスクワにいた私も強い違和感を覚えたので、ある程度は批判的な視点も必要ではと東京に打診した。ノーベル平和賞の候補にも取りざたされていたロシアの人権団体も「なぜEUなのか」と疑問視していたからだ。しかし、予想したとおり朝日新聞の翌日の朝刊はEU絶賛紙面だった。

EUは条約であり、行政機構である。EU圏内で平和が保たれるのは、それはそれで素晴らしいことだ。だが、一歩外から見れば、NATOと同様、EUはロシアを排除する壁に見える。そうしたことへの想像力が、日本を含めた「西側」に働いていただろうか。「そう思う方がおかしい」という、突き放したような潜在的な優越意識はなかっただろうか。

実際、このEUのノーベル平和賞受賞以後、ウクライナからヨーロッパの平和は暗転していく。ゴルバチョフ氏はウクライナ危機の原因を、2013年のEUとウクライナの連合協定をめぐる署名問題だったと見て、自著でこう指摘している。「この問題がロシアとウクライナの関係にどう影響するかを顧みることなく検討された事実に、私は最初から胸騒ぎがした。ロシア・ウクライナ・

ＥＵの〈トライアングル〉を築くため、交渉と調整のメカニズムを模索する必要があったが、ＥＵ側がロシアとの協力を一切拒否した」と。ＥＵとその域外との関係のこじれが、ウクライナ危機へとつながったのだ。

ＥＵのノーベル平和賞受賞への違和感は、「記者有論」というコラムで書いた（２２３ページ）。

この記事から10年後の22年10月7日、「市民活動委員会」のスベトラーナ・ガヌシュキナ代表が加わるロシアの人権団体「メモリアル」が、ベラルーシの人権擁護活動家アレシ・ビャリャツキ氏、ウクライナの人権団体「市民自由センター（ＣＣＬ）」とともにノーベル平和賞を受賞することが決まった。

「メモリアル」は、ゴルバチョフ政権時代の１９８７年にグラスノスチ（情報公開）政策のもとで設立され、スターリン政権時代の犠牲者を記録する資料センターをつくるなど政治弾圧と人権侵害を世に問いかけてきた。そして今回、ロシアのウクライナ侵攻が長期化する中で、当局の弾圧に屈することなく人権侵害を監視し、民主化や民主主義の促進を求めてきた姿勢がやっと評価された。

敵対するスラブ系国家3カ国の人権市民活動に平和賞が与えられたことは、3カ国の市民の連帯を願うノーベル委員会の強いメッセージが込められているような気がした。

話はモスクワ勤務時代に戻るが、実は先の記事の1年前にも、ソ連崩壊20年に寄せてコラム（「西側こそ冷戦思考脱せよ」）を書いていた。欧米メディアのフィルターを通して国際情報が伝えられる日本ではおそらく、おかしなことを書く記者がモスクワにいると思われていたに違いない。ウクライナ戦争が起きてしまった現在の視点から読んでみてほしい。

私自身、「謎の帝国」のイメージで見ていたソ連が消滅して20年がたった。東西冷戦は終わり、ソ連の継承国ロシアは民主化と市場経済化で大きく変わりゆくが、イメージは今も消えていない。

日本の内閣府の親近感調査がそれを裏付ける。米国には8割以上が親近感を持つのに対し、ロシアは1割強。各国・地域の中で最低だ。日本に留学経験のあるロシアの知人は「面倒なのでアメリカ人のふりをしていた」と嘆いた。

「東」の核超大国・ソ連は消えたのに、西側軍事ブロックの北大西洋条約機構（NATO）が残っているのはなぜか。NATOとロシアは冷戦終結の象徴として欧州ミサイル防衛（MD）の連携をうたいながら、なぜ歩み寄れないのか。そこに横たわるのは拭いがたい「ロシア不信」だ。

あるフォーラムの場で元NATO事務総長のロバートソン氏から直接聞いたのだが、2000年に大統領に就任したプーチン氏は本気でNATO加盟を模索していた。

だが、欧米からの返答はNATOの東方拡大だった。米国は東欧だけでなく、反政府運動による政権交代を通じて旧ソ連のグルジアやウクライナをつかみとろうとした。

その行き着く先が08年夏のグルジア紛争だった。分離独立を主張する親ロシアの南オセチアを最初に無差別攻撃してきたのはグルジア軍だったと、私は現地でグルジア系住民からさえ聞いた。欧米もそれを認めながら、最高指導者の責任は今も不問のままだ。

「ノーベル平和賞　EUよ、恥じない実績残せ」（コラム「記者有論」）
（2012年12月5日付、朝日新聞）

ノーベル平和賞の授賞式が10日、ノルウェーの首都オスロである。受けとるのは、欧州を「平和の大陸」に変えたことなどが評価された欧州連合（EU）だ。

二度と戦争をしないよう欧州統合の壮大な実験に踏み出した意義はわかる。でも、東西の冷戦後も、EUとはビザ制度などの壁が残り続けるロシアから見ていると、強い違和感がぬぐえない。

欧州の兵器企業はEUの外で武器の販路を広げ、英仏は核兵器を持つ。米国の戦術核も欧州域内に残る。これが米ロの新たな核削減交渉の支障になっている。そこに目をつむっているのではないか。

平和や人権といったEUが重んじる価値観をバックボーンとして人権問題に取り組んできたロシアの人権活動家たちの落胆も、激しかった。

実は平和賞の決定前、「今年こそロシアの人権活動家かもしれない」との予想が飛び交った。ソ連崩壊で生まれた新生ロシアは二十歳になった。欧州が強権的とみるプーチン大統領が復帰し、街頭デモが繰り返された今、「民主化の初心を忘れるな」とのメッセージを授賞で発するのではないか――。そんな期待も確かに高まっていた。だが、その落胆は、自らが受賞できなかったためとは思えない。

毎年のように候補に挙がる人権団体「市民活動委員会」のガヌシュキナ代表（70）は、独裁体制の旧ソ連ベラルーシで投獄されている人権活動家に与えてほしかったと述べ、「平和賞は（EUという）国家官僚機構に贈られる。ノーベル委員会は平和と民主主義のために戦う人々との連帯を拒んだ」と語った。

やはり候補に挙がっていた「モスクワ・ヘルシンキ・グループ」のアレクセーエワ代表（85）も「個人ではなく官僚と機関に贈られる」と受け止めた。EUの欧州議会が10月末、人権や民主主義の活動をたたえる今年のサハロフ賞にイランの女性弁護士と映画監督を選んだことを喜び、「我々にとって今年はノーベル賞よりサハロフ賞の価値が高い」と胸の内を明かした。

第2次大戦後の欧州の平和は、米ソ冷戦によって保たれたとの指摘もある。そもそも平和を保つのは為政者の当然の仕事である。ユーロ危機でEU諸国にきしみも目立つ。

授賞式ではEUの代表にぜひ、「平和」賞の名に恥じない演説をしてほしい。核を放棄するため自ら先頭に立ち、ロシアの人権活動家も納得できるような心に響く誓いを。

新生ロシアはまだ20歳だ。「強権」「人権抑圧」「汚職天国」と西側スタンダードで批判するばかりでは、ステレオタイプなロシア像を再生産し、「ロシア不信」を増幅させるだけではないか。民族が160を超える広大なロシアは一気には動けない。問題を抱えながらも歩む等身大の姿を知るべきではないか。

モスクワに2年住んだ90年代。インテリが白タクで日銭を稼ぎ、女性は体を売った。ロシア人の「屈辱」を身近で感じた。今はどうか。この10年で手にした「安定」の先に、10日や24日の大規模な反政権集会で見られたような中間層が育ち、市民社会も変わろうとしている。「日本のロシア報道は実際とは全然違うよ」。ロシアで働く日本人ビジネスマンからよく聞かされる言葉だ。自省も込めて、こう考える。

結局、今も冷戦思考から脱却できていないのは、我々「西側」の方ではないか。

（2011年12月28日付、朝日新聞）

様々な民族が集まった国を自由と民主主義だけでまとめようとしても簡単にはいかない。ロシアは、強い国家を維持しないと安定しないという意識が強い国だと感じる。自由・民主主義の価値観を押しつけるだけでは、かえって紛争の火種を生んでしまう。これは対ロシアだけのことではない。

その意味で、ロシアを排除して孤立させることが果たして事態を好転させているのだろうか。むしろ事態を深刻化させていないだろうか。中国とも同様のことが起こらないか、不安で仕方がない。対話と相互尊重がなければ、事態好転の糸口はありえない。

プーチン氏は22年9月30日のウクライナ東部・南部4州の「併合」演説で、西側から受けた仕打ちは決して忘れないと念押ししている。

「ロシアに干渉する計画が一度ならず立案され、17世紀初めの動乱時代や1917年（ロシア革命）後の激動期を利用しようとされたのは明らかだが、うまくはいかなかった。国家が崩壊した20世紀末、西側はロシアの豊かさにやっとありついた。あのとき我々は友人やパートナーと呼ばれたが、実際は植民地のように扱われ、ありとあらゆる形で数兆ドルが我が国から吸い上げられた。我々はこれらすべてを覚えている。決して忘れはしない」

これを被害妄想だと冷笑する限り、やはり溝は深まるばかりである。

第8章 「被爆地・広島利用」岸田政権の思惑

ウクライナ東部・南部4州の併合に向けてロシアが住民投票を強行していた2022年9月下旬、「わたしとヒロシマ　被爆者の想いをつなぐ」という企画展が、広島市中区の「合人社ウェンディひと・まちプラザ」で開かれた。

このプラザは原爆で被災したかつての袋町《ふくろまち》国民学校（現・袋町小学校）との複合施設で、爆心地からの距離は約460メートル。被爆当時、校内には約160人の児童・教職員がいたが、生き延びたのは数人だけだった。小学校には、被爆の様子を伝える平和資料館も併設されている。

9月24日から27日に開かれたこの企画展は、写真と映像と言葉を通して広島の被爆者ら10人の人生を伝える試みだった。22年7月に93歳で亡くなった在日韓国人2世の李鍾根《イジョングン》氏や、21年4月に84歳で他界するまで国内外で被爆証言を重ねた岡田恵美子氏の記録映像が、期間中、連日上映された。

主催した広島のNPO法人「ANT―Hiroshima」は、被爆者らの写真や言葉を記録する「ヒロシマ、顔」シリーズと、映像を記録する「ヒロシマ、声」シリーズに取り組んでいる。同法人の渡部朋子理事長は「ウクライナで戦争が起きている今こそ、ヒロシマに出会うために被爆者の方々の声に耳を澄ませてほしい」と思いを語ってくれた。

この催しの一環で25日、原爆の非人道性を医療・研究から立証してきた広島大学名誉教授の鎌田七男医師の講話があった。

印象深かったのは、「『わたしとヒロシマ』というより、『わたしもヒロシマ』と思うことです」という言葉だった。それが意味するのは「広島で何があったのか、知りたがっている人は世界にいる。広島からの発信は大切であり、自分のできることで平和を求めてください」ということだった。他人事ではなく、自分事としてやりましょう——とのメッセージに、私も背中を押される思いがした。

同じく、広島平和記念公園にある国立広島原爆死没者追悼平和祈念館の叶真幹《かのうまさき》元館長と、22年7月に『「個」のひろしま——被爆者　岡田恵美子の生涯』(西日本出版社)を上梓した元朝日新聞記者の宮崎園子氏との対談も、示唆に富んでいた。

叶氏は岡田氏の遺族から段ボール20箱分の資料を託され、整理・分類を進めている。その叶氏の協力も得ながら、「核使用が懸念される今だからこそ」と予定を早めて『「個」のひろしま』を世に送り出したのが、原爆・平和のテーマで広島から発信を続けている宮崎氏だった。核の被害はその瞬間の物理的なものだけでなく、放射線後傷害の恐怖や差別などで被爆者の一生を左右する。被爆時の証言だけでなく、被爆者個人の人生をいかに語り継いでいくかという課題が浮かぶ。

と同時に、被爆地はいま、資料の劣化や収蔵スペースの限界という問題にも直面しつつある。広島市では現在、被爆体験伝承者の養成や、家族が被爆者の体験を語り継ぐ試みを進めているが、叶氏と宮崎氏の連携による『「個」のひろしま』の書籍化も、貴重な伝承作業の一つだろう。

企画展では、叶氏が整理した岡田氏の遺品の一部が展示された。戦後70年のノーベル平和賞授賞式に被爆者として招待された時の新聞記事や写真、洞爺湖《とうやこ》サミットの各国首脳に宛てた被爆地訪問要請の手紙に対して米政府などから返信されたレターをはじめ、英語での証言の練習に使ったカセットレコーダーも並べられた。その中で、岡田氏が１９８７年ごろに書いた「平和のために私は何が出来るか」という直筆の原稿用紙の一文に目がとまった。そこにはこう書かれていた。

次の世代の子供達　又地球人として　国や肌の色　生活習慣の違いはあっても　世界の平和のために　話し合い　写真　書物　テープ　テレホン　色々な方法で　自他祝福を願いながら機会有る事　一人でもたくさんの人に知ってもらうパイプ役をやらなくてはと強く感じております。

（「平和のために私は何が出来るか」）

ここに、ヒロシマというものの使命が凝縮されているように思えた。

広島に住む

ＪＲ広島駅から西方面に10分ほど歩くと、コンクリートのフレームとレンガで構成される荘厳な外観の建築物が目に入る。カトリック幟町《のぼりちょう》教会の聖堂である「世界平和記念聖堂」だ。1945年8月6日の原爆の惨禍を体験した当時の主任司祭フーゴー・ラッサール神父が、原爆犠牲者の追憶と慰霊、全世界の友情と平和のシンボルとして発案し、世界各地から寄付を募って50年8月6日に着工、54年8月6日に完成した。建築家村野藤吾氏の戦後の代表的建造物として、2006年7月に国の重要文化財に指定されている。

この建物のそばには、1981年2月25日に広島を訪れたローマ教皇ヨハネ・パウロ2世の胸像が立ち、教皇が広島平和記念公園の原爆死没者慰霊碑前で核兵器廃絶を訴えた「平和アピール」の抜粋が刻まれている。碑文（英文併記）にはこうある。

戦争は人間のしわざです　戦争は人間の生命の破壊です　戦争は死です　過去を振り返ることは　将来に対する責任を担うことです　ヒロシマを考えることは　核戦争を拒否することです　ヒロシマを考えることは　平和に対して責任をとることです

（「平和アピール」抜粋）

私は22年4月から編集委員兼広島総局員として広島に赴任し、この世界平和記念聖堂の鐘の音が毎日聞こえるところに住んでいる。

広島勤務は3回目だ。最初の勤務は1988年4月から90年3月までだった。まさにミハイル・ゴルバチョフ氏がペレストロイカ（改革）を打ち出し、東西冷戦が終結を迎える前後で、世界が日に日に変わっていくのを実感していたころだ。勤務後半の1年は広島市政と原爆・平和を担当していた。

ちょうど昭和から平成に元号が変わって間もない90年1月22日、当時ソ連の改革派リーダーと目されていた人民代議員のボリス・エリツィン氏が広島を訪問し、広島平和記念資料館を見学した。私はそれを取材した。エリツィン氏は当時の川本義隆館長の説明にひとつひとつうなずきながら、パノラマや遺品を終始無言のまま見つめていた。

見学後、資料館の芳名録に「今日の広島がいかに美しくとも、この地に立てば、そのすさまじい悲劇について思いを巡らさずにはいられない。悲劇は常に私たちとともにあるだろう」と記帳した。このとき、エリツィン氏が一瞬、手でまぶたを拭《ぬぐ》ったように記憶している。エリツィン氏は記者団の取材に、「この広島の地で、悲劇を二度と繰り返さないとの自分自身への誓いをたてたかった」と広島訪問の動機について説明した。そして、「心臓が縮む思いだ。この瞬間に、自分自身に誓いをたてた。私の能力の限り、この悲劇を繰り返さないよう力を尽くすことを」と熱を込めて語った。後に新生ロシアの大統領となる彼は、自分の目で被爆の実相に触れていたのだ。

ちなみにゴルバチョフ氏はソ連大統領現職時代の1991年4月、核大国の最高指導者として初めて被爆地・長崎を訪問し、退職後の92年4月にも広島を訪れている（次ページの**写真**）。そのとき資料館の芳名録には、「歳月を経ても広島の悲劇は和らいでいない。これを繰り返してはならない。原子爆撃の犠牲者が永遠に追慕されんことを」と記している。

私の2回目の広島勤務は2016年9月から19年8月までの3年間、広島総局長として赴任した。16年5月に当時のバラク・オバマ米大統領が被爆地・広島を訪れた効果で国内外からの観光客が伸

子どもたちと一緒に「原爆の子の像」に折り鶴をささげるゴルバチョフ元ソ連大統領夫妻（1992年4月、広島平和記念公園）＝朝日新聞広島支局

び、17年には国際NGO「核兵器廃絶国際キャンペーン（ICAN）」がノーベル平和賞を受賞し、被爆者団体も市民運動も大きな力を得ていた。

市民球団として原爆からの広島復興を支えた広島東洋カープは16年9月、25年ぶりのリーグ優勝を決め、その後も18年までリーグ3連覇を果たした。広島が好調なときに赴任していたことになる。

3年間の勤務を終えて大阪に転勤した際、毎月書いていた新聞販売店発行のミニコミのコラムに、私は次のように書いた。タイトルは「心の中で応援してください」。偽りのない思いだった。

8月31日午後の新幹線で、丸3年勤務した広島を離れました。在任中に多くの方から頂いた励ましやお力添えが思い起こされ、大阪に向かう車中は感謝の念でいっぱいでした。

2016年9月1日に着任して早々の仕事は、25年ぶりのリーグ優勝を目前にした広島カープの別刷り特集づくりの手配でした。その年からカープはリーグ3連覇を果たし、広島の街は稀有な様相を見せ始めます。

チケットが入手困難になったマツダスタジアムで、ビジターパフォーマンス席の前売りが残っているのを見つけて窓口をのぞくと、「カープは心の中で応援してくださいね」と売り場のおばさん。こちらがカープファンであることを前提にしたやりとりです。

雨の日にクリーニング店へ行くと、店頭のおばさんは「きょうはやるよね」。そこに「カープの試合」という言葉がなくても意思疎通してしまいます。

見えない共通言語のような、緩やかな一体感に包まれた街。カープが好調なら経済も活気づき、寛容さも膨らむ。それは広島が元気であることの証しにほかなりません。

原爆、樽募金、市民球団……。被爆地に生まれた球団の歴史がまた、野球を楽しめる平和のありがたさを想起させ、共感を呼び込む側面もあるでしょう。

国際平和都市として、広島は世界で最も知られた都市の一つです。広島勤務の根っこには、「ヒロシマのこころ」を一人でも多くの人に伝えたいという思いがありました。広島は、二度と戦争をしないための「歯止め」となりうる貴重な都市だと信じるからです。

どんな形であれ、広島が注目され、元気であることは重要なことである——。そう確信しているからこそ、これからも広島を元気にする応援団であり続けたいと思います。

（２０１９年９月「かたらいＭＩＸ」）

プーチンの「併合」演説

ウクライナ戦争が始まって、広島という存在の重みについて考えることが多くなった。それだけに、ウクライナ東部・南部4州のロシア併合を宣言した22年9月30日の演説で、プーチン氏が広島と長崎に言及したとき、やはりという思いと同時に、どんな文脈でその先の話が展開するのか気が気ではなかった。パソコンでクレムリンからのインターネットのライブ中継を見ていたのだが、約45分に及ぶ演説は、どんどん西側批判がエスカレートしていった。広島に言及したくだりは、以下のような内容だった。

米国は、2度にわたって核兵器を使用した世界で唯一の国だ。日本の広島と長崎の都市を壊滅させた。要するに、前例をつくったのだ。

米国は英国とともに第2次世界大戦中、ドレスデン、ハンブルク、ケルンやその他多くのドイツの都市を、いかなる軍事的必要性もないのに廃墟に変えたことも忘れないでほしい。そしてこれは、繰り返して言うが、いかなる軍事的必要性もなく、これ見よがしに行われたのだ。その目的はただ一つ。すなわち、日本での核爆撃の場合と同様に、我々の国を、そして全世界を恐れさせるためだった。

米国はナパーム弾や化学兵器を使った野蛮な絨毯《じゅうたん》爆撃によって、朝鮮やベトナムの国民の記憶に強烈な傷痕を残した。現在まで事実上、ドイツ、日本、韓国や他の国々を占領し、それらの国々を皮肉にも対等な同盟国と呼んでいる。いいでしょうか、同盟のために一体何をやっているのか興味深い。こうした国々の指導者たちは監視され、これらの国家の上層部には職場だけでなく住居にも盗聴器が仕掛けられていることは、全世界が知るところだ。これは本当の恥だ。これをやっている者の恥であり、奴隷のように黙って従順に蛮行を受け入れている者の恥でもある。

（2022年9月30日プーチン演説）

ここには重大な発言がある。

「米国が核兵器使用の前例をつくった」というくだりだ。おそらく言外には、米国がいまでも原爆使用を謝罪しておらず、正当化し続けていることを念頭に置いている。

それゆえに、「我々が使って何が悪い」とロシアが考えているように思わせ、核の恫喝の圧力をいっそう高めているように見える。米国が核兵器の使用を謝罪していないことが、ブーメランとして跳ね返ってきている。

これについては、一貫して米国の謝罪の必要性を主張してきた元広島市長の平岡敬氏も述べていた。インタビュー企画「核に脅かされる世界に　被爆国から2022」の記事を次に紹介したい。

1927年に大阪市で生まれ、朝鮮半島で終戦を迎えた平岡氏は、中国新聞の記者として在韓被爆者問題を掘り起こし、広島市長時代の95年にはオランダ・ハーグの国際司法裁判所（ICJ）で核兵器の違法性を証言した。著書に『無援の海峡――ヒロシマの声　被爆朝鮮人の声』（影書房）、『希望のヒロシマ――市長はうったえる』（岩波新書）などがある。

韓国にいた被爆者たちを長年取材し、冷戦終結まもない1990年代に広島市長を務めた経験から、そして庶民としての立場から、私は常に、米国が原爆投下を謝らない限り核兵器はなくならないと言い続けてきました。

ロシアのプーチン大統領が核を実戦使用しかねない発言をしたけれども、核を持っている国はすべてそう思っています。「使うぞ」と言わないだけです。

たまたまプーチン大統領は口に出して脅しました。ただ、口にしようがしまいが、核兵器を持っているということは、持っていない国に対してはすごい脅威です。

その構造があからさまになったという風に私は受け止めています。だから発言自体は驚くに当たりません。

冷戦が終わった時、これで核兵器の恐怖はなくなったと私たちは思いました。米国とソ連の対立が回避され、これでいよいよ本当の平和がくる、これからは核兵器をどうやってなくしていくかが課題になると。

だけど米国は冷戦に「勝った」と考え、核をなくす努力をしませんでした。（ロシアと結んでいた）弾道弾迎撃ミサイル（ＡＢＭ）制限条約を２００２年に失効させたように。

ロシアを弱体化させようという米国の基本政策はずっと続き、その一つとしてウクライナが使われたと私は考えています。

北大西洋条約機構（ＮＡＴＯ）はもともと対ソ連の軍事同盟でした。91年にソ連が崩壊した時点で、新たなロシアも含めた欧州、あるいは世界の平和構築を米国は考えるべきだったと思います。

「冷戦に勝った。世界の覇者になる」とおごり高ぶっていたところへ、01年の９・11（米同時多発テロ事件）が起こりました。このあたりから、私たちが希望を抱いたような平和の世界はもはや想像できなくなってしまいました。

米国が77年前、広島、長崎に対して核兵器を実戦使用した責任は戦後ずっと問われずにきました。ウクライナの事態が起き、そのことが跳ね返ってきている気がします。

プーチン氏の立場で考えれば、「米国は実際に核兵器を使ったが、謝ってもいない。米国に責められるいわれは全然ない」とも言えそうです。「俺が使って何が悪い」という開き直りだってできてしまいます。

だから私たちは、米国が原爆を投下した責任というものを、決して忘れてはいけないと思います。米国が反省して謝らない限り、核兵器はなくなりません。

あのときは日本が悪者で、広島、長崎に原爆を投下しても正しかったといっているわけですから。米国はずっと。悪をやっつけるためには核兵器は使ってもいいとの論理があるわけです。それを私たちは絶えず否定してきました。「核兵器は絶対に使ってはならない」と。人類の悲劇、地球の破滅につながるとの論理で懸命に言ってきました。

しかし、まだ核兵器はなくなりません。なくさない限り安心はできません。

怖いのは、核兵器の発射ボタンを握っている人間が自暴自棄になるか、狂うか、そんなことで人類の危機が来ることです。そして核兵器がある限り、恐怖は続きます。

いま日本で「核共有」とか、「敵基地攻撃」とかが論じられ始めていますが、核兵器の問題全体を念頭に考えているか非常に疑問です。

どこかの国を敵視することが平和を阻害する要因です。日本は戦後ずっと、北朝鮮とソ連（ロシア）、中国を敵視してきました。問題はナショナリズムです。支配者がけんかする時、国民を動員するにはナショナリズムを鼓吹しなければなりません。

いま、ウクライナのゼレンスキー大統領がそうです。「祖国防衛」だとして国内の男性を総動員しています。それは戦前の日本もやりましたし、いまのロシアでもそうです。ただ、民衆がそれに乗ったとき、結局、被害を被るのもすべて民衆です。支配者はほくそえむだけ。そういう構造を変えていかないといけません。

支配者にとってナショナリズムは、統治するためにとてもいいツールです。一番いいのは対外的な敵をつくることです。そのためにはとにかく、民衆に憎しみを植え付けなければいけない。「あの国は悪い」「あいつは悪い」と教育によってずっとやってくるわけですよ。マスコミもしばしば加担します。

今回の事態で、ロシアは悪いのは間違いありません。ただ、悪いなら悪いで、きちっと戦争をやめるような手立てを打つべきです。すぐに停戦させなければならないのに、武器をどんどんウクライナに渡すというのは、もっと戦争しろと言うことになります。戦争自体が、ウクライナの祖国防衛的な性格と、米国の代理戦争的な性格との二重構造になっていると思います。

今の状況はウクライナとロシアの戦争ではなく、米国とロシアの戦争だと私は思っています。非はもちろんロシアにありますが、私たちは市民の立場で、「戦争で犠牲になるのは市民なんだ」と言い続けなければなりません。

核兵器をもう二度と使わせず、本当の平和を実現するには、広島、長崎で史上初めて核兵器を使った米国の責任を明らかにしなければなりません。そしてロシアが武力行使に踏み切った背景もきちっと理解しない限り、この戦争の意味はわかりません。

こういうとき、マスコミの仕事は「みんな冷静になれ、冷静になれ」と言うことに尽きると思います。もっと冷静になれ、と。

（2022年8月3日、朝日新聞デジタル）

平岡氏が訴えているのは、核兵器の実戦使用の非を認めなければ、今回のプーチン氏のような対応がエンドレスに続きうるということだ。

米国による謝罪は当初、２０１６年5月27日に現職の米国大統領として初めてオバマ氏が被爆地・広島を訪問したときも焦点になった。だが、このときは日本側が謝罪を求めない方針を示したため、米国内の世論を刺激せずにオバマ氏が広島入りすることができた。それだけでも、「核兵器なき世界」を提唱したオバマ氏の相当の覚悟がなければ訪問実現はありえなかった。

米国大統領といえども万能ではない。いくら核軍縮を唱えても、大統領の一存では進まない。冷戦期のロナルド・レーガン大統領や、その政策を進めたジョージ・シュルツ国務長官も、保守派や軍産複合体からの抵抗や交渉の妨害に直面した。オバマ氏も、ロシアと締結した新戦略兵器削減条約（新ＳＴＡＲＴ）を上院で批准承認してもらうのと引き換えに、軍産複合体の勢力や保守派から膨大な核兵器近代化の予算をのまされていたからだ。上院通過には議席の3分の2の賛成が必要であり、最終的には71票対26票で上院を通過したものの、その代償は大きかった。

オバマ氏の回想録『約束の地――大統領回顧録Ⅰ　下』（山田文、三宅康雄ほか訳、集英社）には、こんなくだりがある。

> 新ＳＴＡＲＴを上院で批准させるのは、より困難な作業だった。
>
> 国内にそれを声高に求める有権者がいなかったからだ。

取引をまとめるには、数年と数十億ドルを費やしてアメリカの備蓄核兵器周辺のインフラを更新すると約束しなければならなかった。

当然ながらその数十億ドルの連邦政府予算はほかにもっと有効な活用先があると考えていたので、この譲歩はまるで悪魔の取引のように感じられた。

(『約束の地　下』)

「核兵器なき世界」を唱えながら、膨大な核兵器近代化予算を約束させられたジレンマ。これが核軍縮を進める難しさの現実だ。原爆投下への謝罪のハードルが高いのは推して知るべしだろう。しかし、この壁が破れない限り、核使用の口実は永遠に立ち続ける。

ただ、オバマ氏の広島訪問は、極めて重要な理念を体現していた。核は人類全体に使われたのだという認識である。

吉永小百合氏とシュモー氏

原爆詩の朗読をライフワークとして続ける俳優の吉永小百合氏が、カナダのバンクーバーで2016年5月3日、音楽家の坂本龍一氏が伴奏するピアノにのせて、原爆の詩や原発事故に見舞われた福島の人々の詩を朗読した。核兵器と原発による核の被害を受けた日本から世界へ向けて、「核なき世界」への願いを次世代に伝えた。

朗読会は「The Second Movement in Canada」（カナダにおける「第二楽章」）と題してブリティッシュコロンビア大学（ＵＢＣ）で開催され、学生を含め約２００人が聴き入った。

「声高ではなく、柔らかい口調で語り継ぎたい」との思いを語っていた吉永さんは、朗読シリーズ「第二楽章」の中から、「にんげんをかえせ」で知られる峠三吉の「原爆詩集　序」を日本語と英語で、栗原貞子作「生ましめんかな」を英語で朗読した。さらに和合亮一氏や佐藤紫華子《しげこ》氏ら福島の詩人の作品、永瀬清子作「降りつむ」を日本語で読み上げた。「降りつむ」は上皇后美智子さまがかつて英訳しており、それも会場で紹介された。

まさにこのころ、米国のホワイトハウスでは、オバマ氏が広島を訪問するかしないかを判断する最終局面にあった。政権内にはなお、国内世論や中国の動向を懸念する慎重派がいたからである。吉永氏も坂本氏もオバマ氏の広島訪問に関心を示していた。そして朝日新聞は16年5月11日付朝刊で「オバマ氏、27日広島へ」と報じた。私は２人に、現職の米大統領による初の被爆地訪問をどう受け止めるかを改めて取材した。

吉永氏は米国の平和活動家フロイド・シュモー氏（１８９５―２００１）に晩年、シアトルで会ったときの思い出を語り始めた。シアトル郊外にあるポートタウンゼントという町で、海外で最初に原爆詩の朗読会をしたときだった。

シュモー氏は原爆投下への贖罪《しょくざい》の気持ちから、広島や長崎で被爆者のために家を建て、戦災復興の一端を支えた米国人だ。吉永氏はこのように語った。

「〔シュモー氏は〕『広島に原爆が落とされた時、それは、あなたの上にも、わたしの上にも落ちたんだ』っていう言い方をされました。国も民族も問わず、みんなの上に落ちたんだと。『だれが落とした』『だれが加害者だ』っていうことよりも、『とんでもないことが起きた』『とんでもない武器ができて、たくさんの方が何の尊厳もなく消滅してしまった』っていうことですよね。それを感じて、オバマさんが広島に行ってくださるんだったら、わたしはとてもうれしいことだと思います」

坂本氏はメールで思いを寄せてくれた。

「オバマ大統領には、ぜひ被爆地に行ってほしいと思っていました。仮に謝罪がなくても、とにかく行くってことは大事だし、オバマさんに限らず世界の国の指導者、あるいは国に限らず上に立つ人は、みんな行ってほしいですね。広島、長崎にはね。

ぼくら、かすり傷一つでも痛い。いやですよね。原爆に限らず、戦争に行くってことは痛いことなんです。痛くて、苦しくて、いやなこと。死ぬほど痛いですから。ぼくなんか耐えられない。そのくらい痛く、いやなことだよっていうことを知らなかったり、想像できなかったりする人が増えているような気がする。ドローン（無人機）を操作する若い米国の兵士も、どのくらい痛いかってことを感じないで操作しているだろうし、ネット上で勢いのあることをワーワー書いている人たちも、どのくらい痛いかってことをきちんと分からないで、想像できないで書いている。国を危ない方向に向かわせるような人たちも、実は知らない。戦争を体験していないから。痛くて、怖くて、いやなことなんだって。

『やった』『やられた』ではなく、どのくらい痛くて悲惨なことかっていう生々しい現実も知らなきゃいけないんですよね」

核の被害に国境はない

「加害者」「被害者」ということではなく、未来に向かっての思いとして広島へ行ってほしい。戦争の痛みを知ってほしい。その思いは、オバマ氏に抱擁されるシーンが全世界に配信された被爆者の森重昭氏（**写真**）の思いとも共通している。

　１９３７年に広島市で生まれた森氏は8歳のときに被爆した。会社勤務のかたわら原爆犠牲者の調査を進めるうち、米軍捕虜が被爆死したことを知り、遺族らに消息を伝える活動に手弁当で取り組んだ。著書の『原爆で死んだ米兵秘史』（潮書房光人社）は優れた調査報道でもある。

　その森氏にも「核に脅かされる世界に　被爆国から２０２２」の企画でインタビューした。まさに心の叫びを聞いた思いがする。

　原爆の悲劇は過去の話ではなく、現代まで続いています。戦争はずっと続きます。ウクライナで大変な戦争が続いています。広島の爆心地から約2・5キロの己斐《こい》という町で実際にキノコ雲の下にいた自分の体験から言って、あれは何を意味しているかよくわかります。（人々が）次々と亡くなって葬られているけれど、みんな家族がいるんですから。僕が長年苦労して探し当てた被爆米兵の遺族のように。広島で捕虜になっていた米兵12人は原爆で亡くなったんです。その家庭ではずっと戦争が続いていく。

被爆者の森重昭さんを抱き寄せるオバマ大統領（2016年5月27日、広島市中区）＝高橋雄大撮影

だから、いかに戦争をやめさせるかということを、国連を中心に世界がやらなければなりません。でも、なかなかそれが実行されないから歯がゆい。軽々しく戦争をするなということです。当事者だけではすまないし、その時だけでは終わりません。ずっと続くんです。

1954年に（米国が太平洋で実施した）水爆実験の被害を受けた第五福竜丸の大石又七《またしち》さんは、実験地から160キロも離れた地点にいたのに（被爆者の）僕と同じ目に遭っています。

これから戦争が起こったら、もう普通の人は生き残れないと思っています。

僕はたった1発の原爆にやられたけれど、これから戦争が起こったら、何十発、何百発の核が一斉に敵に向かって発射される。敵もそうやって攻撃してきたらどうなるでしょうか。

あの瞬間、8歳だった僕は橋の上でものすごい光を感じ、爆風で浅い川の中に吹き飛ばされました。一緒にいた友だちの陰にいてやけどは免れました。キノコ雲の中は真っ暗でした。

しばらくして岸に上がると、女の人が近づいてきたんです。ふらりふらりと幽霊のように。全身血だらけ、そして胸は裂けているんですよ。そして、内臓を両手に抱えて、「病院はどこですか」と言いました。その時、上空に再びB29の爆音がして、僕は一目散に逃げてしまいました。1時間ほどして「黒い雨」が降りました。僕には痛かった。大石さんも石のような黒い雨が落ちてきたと証言されていました。そして、黒い雨が降ったときは寒かったんです。

（米国の天文学者）カール・セーガンは『核の冬』という本を書きました。みんなは大げさだというけど、何が大げさかと。僕に言わせたら、あれは真実です。世界中で何百発と核が行き交い、次々と爆発して、放射能を浴びたものがどんどんちりになって上空から降りてくる。真冬のような気温低下がずっと続いて、食料もなく、人間が生きていられないような環境ができてしまう。戦争が起こったら敵も味方もすべて命がなくなる。僕は自分の体験からそう感じています。

核兵器が使われたら大変なことが起きます。残留放射能がありとあらゆるところに出現することになり、人間は何十年にもわたって、がん、糖尿病、心臓病などに痛めつけられる。広島、長崎では被爆して何十年も経ってからがんになっている人がたくさんいます。そういったことが地球規模で起きます。

被爆し、残留放射能によって苦しんでいる僕は、誰よりも警鐘を鳴らしたい。毎日苦しんでいる人間から言わせてもらったら、核兵器というのはそんなに簡単なものじゃない、みんなが思っているよりはるかに恐ろしい兵器だぞと。それを知った上で、戦争をやるとかやらないとか決めてもらいたい。

とりわけ、核兵器は絶対に使うべきでない。それを使うと言って脅すなんてとんでもないことだと言いたい。「ロシアは核大国だ」と恫喝《どうかつ》しているプーチン大統領は核兵器の恐ろしさを知らないと思います。

チェルノブイリ原発事故の処理作業員たちは、被曝してどうなったか。放射線というのは原発も核兵器も原理は同じです。目に見えないところが一番怖い。

オバマ大統領と会ったとき僕は、必死になって米国人の遺族を探したことを思い浮かべて、何かの話をしたかったんだけれども、全部忘れてしまいました。遺族は僕よりもっと大変だったのだ、というようなことはいろいろ考えました。自国の兵器によって命を落としたわけですから。

人種も国籍も問わず、核というものはすべてを奪います。いまのウクライナの事態を見て、自分の体験を重ね合わせました。核兵器はほかの兵器とは違います。夏だったのに寒いとか、雨が痛かったとか、とても考えられないことを実際に体験しました。それが今、決定的に違う規模で起こりうる時代に僕たちはいる。だからこそ、核兵器の恐ろしさをしっかり伝えなければいけません。敵も味方もないのです。

（２０２２年7月27日、朝日新聞デジタル）

その森氏は、この章の冒頭で紹介した「わたしとヒロシマ」の催しに9月25日、妻で被爆者の佳代子氏とともに姿を見せた。展示された岡田恵美子氏直筆の原稿の一節、「国や肌の色　生活習慣の違いはあっても」と響き合ったように思えた。

核の被害は人知を超え、人種も国籍も関係ない。日本人だけでなく、朝鮮半島出身も、米兵捕虜も、そして在日ロシア人も原爆の犠牲になった。核を持っていい国と持ってはいけない国があるわけではない。どの国の核兵器であれ、ノーと言うのが被爆地、広島と長崎の使命である。それがいま、特にウクライナ戦争のあおりで揺らいでいないだろうか。

それを象徴する出来事が起きた。22年8月6日の広島市の平和記念式典に、ロシアとベラルーシの代表は招待されなかったのである。

揺らぐ被爆地の人類史的意義

「安らかに眠って下さい　過ちは　繰返しませぬから」

広島の原爆死没者慰霊碑にはそう刻まれている（次ページの**写真**）。この碑文に主語はない。人類の誓いであるからだ。被爆77年となった22年8月6日、この慰霊碑の前で行われた広島市の平和記念式典には、約100カ国の代表らが参列した。

しかし、隣国ウクライナに侵攻したロシアと、その同盟関係にあるベラルーシからの参列はなかった。広島市が招待を見送ったためだ。

広島市は06年から各国駐日大使に招待状を送り、核保有国の首脳はそれ以前から招待を続けているが、22年はプーチン大統領の招待も見送った。ロシアがウクライナ侵攻を続けていることを踏まえた判断だった。

広島市が5月20日にこの方針を示すと、広島では賛否の声があがった。「招待すれば、侵略を平和のためと強弁するロシアに政治利用される恐れがある」との意見があった。

一方で、「あくまで被爆地は被爆地の心を訴えるべく招待すべきだ。招待しないのは、ヒロシマが取り組んできたことに対する自己矛盾だ」と批判する意見も目立った。この時、私は広島のメディアのある知人からメールで意見を聞かれ、こんな返信を送った。

「私個人としては、今回のロシア排除によって、ヒロシマの持つ人類的普遍的価値が、時の政治によって左右されてしまうんだ、という印象を持ちました（官邸とのすりあわせの結果だと思います）。

慰霊碑に原爆死没者の名簿を奉納する松井一実・広島市長。碑には「安らかに眠って下さい 過ちは 繰返しませぬから」と刻まれている（2020年8月6日、広島平和記念公園）＝西岡臣撮影

国際政治の分断を超えて、人類の普遍的価値を訴え続けるのが被爆地・広島の役割だと思っておりました」

その1週間前の5月13日、欧州連合（EU）の大統領にあたるシャルル・ミシェル首脳会議常任議長が広島市を訪問し、「世界から大量破壊兵器を廃絶しなければならない」と訴えていた。ミシェル氏は平和記念資料館を見学し、芳名録に「今日の困難な世界において、われわれがヒロシマの悲劇的な記憶を決して忘れませんように、またわれわれの行動がその記憶に導かれますように」と記した。

ミシェル氏は広島市の松井一実市長とも面会し、非公開の協議の中でこう提案した。核兵器の使用を示唆したロシアのプーチン大統領に被爆の実情を知らせるため、広島への招待状を送ろう――と。松井氏は例年通り平和記念式典への招待状をプーチン氏に送り、出席を呼びかけることを伝えたという。

そこから急転直下、ロシアへの招待見送りの方針が決められるのだ。松井市長は5月26日の記者会見で「式典を政争の具にされたくない」と述べ、ロシアを招待することで参列を見送る国が出る可能性に懸念を示した。同じ日、長崎市も足並みをそろえた。田上《たうえ》富久市長は「本当は招きたかったが、難しいのが現実。式典が最後まで厳粛に行われることを考えた」と強調した。ロシアとベラルーシの代表が参列した場合、抗議で近づく人が出るかもしれない――などの恐れを主な理由として挙げたのだった。

背景に何があったのか。

広島市の幹部によると、最初はロシアとベラルーシの代表を呼ぶつもりだった。ロシアが核使用も示唆する中で、被爆の実相について改めて認識を深めてもらう絶好の機会とも考えていた。だが一方で岸田政権は、ロシアを徹底的に国際社会から締め出そうとしている。広島市は、広島としての使命はもちろんあるが、広島選出の首相が率いる政府の意向も無視できないと考え、政府に聞いてみることにした。その後、政府と協議する中で、ロシアのウクライナ侵攻に対する「日本の姿勢」が誤解されないようにすることを優先する形となった。結果的には、これがロシア排除に向かうきっかけとなる。

確かに苦渋の選択ではあったが、理由に挙げたのは式典の円滑な挙行だった。招待するという行為自体が、混乱を招く恐れがあるのではないか——。そうした足元の懸念が、広島の人類史的役割という自覚を上回ってしまったように見えた。

それは、広島の人類史的意義を放棄したといってもいい瞬間だった。

岸田文雄首相は「核兵器なき世界」を標榜している。被爆地・広島とつながる岸田政権であったが故に、広島の意義を損ないかねない皮肉な結果を生んだと言えるだろう。

ここには二つの問題点がある。一つは、広島が時の政権の立場を優先し、招待見送りを受け入れたこと。二つ目は、ウクライナ戦争に関しては米国といささかでも差異があることをしないという岸田政権の対米従属の体質である。

この問題をどう考えるか、元外交官で作家の佐藤優氏に聞いてみた。広島が本来の人類史的役割を放棄したと受け止めていた。

「これが国のやっている行事だったらまだ分かる。広島は地方自治の枠の中で、国策と必ずしも一致はしなくてもいい。広島の原点というのは、あらゆる核に反対ということだと思うんです」

「広島というのはとにかく、我々は世界で、人類史で、一番最初に核兵器の犠牲になったんだ、これを二度と繰り返してはいけないと。それだから、すべての国、なかんずく核保有国はその現場に連れてきて、これを繰り返すな、ということをやると。こういうことだったわけですよね」

「今のこの、むしろ東西冷戦期よりも核使用の危険は客観的に見て高まっているにもかかわらず、その核廃絶に向けての動きを自ら放棄する。これは考えられないぐらいひどい出来事だと思いますね」

ただ、広島市や長崎市の対応の背景には、日本の世論全体の雰囲気があるとも指摘した。民主主義対専制主義といった二項対立の「価値の体系」に寄りすぎた議論だ。

「これ（広島市や長崎市の判断）も感情の熱気の中に入ってしまった。それが今の世の中の流れなんだという雰囲気になっている」と佐藤氏は述べた。

新聞記者時代に在韓被爆者問題を発掘し、90年代に広島市長も務めた平岡敬氏も、招待見送りを疑問視していた。

「なんでああいうことを決めるのか。政府に相談して。主体性がない。こういう時だからこそ言わなければならない。排除したら意味がない。世界の人にここへ来てもらって、核兵器を無くす、世界平和をつくろうという誓いを改めて確認する場です。平和宣言、8・6は」

「核を持っている人を排除するのではなく、来てもらわなければ。警備さえすればできますよ。来なくなる国があってもいい。そういう対立に日本は巻き込まれてはいけない。日本はとにかく、あらゆる国と平等にきちっとしなきゃ。この国を呼ぶ、この国を呼ばないという差別は絶対いけないと思う。広島は」

日本の核軍縮問題の第一人者である黒澤満・大阪大学名誉教授も朝日新聞の取材に「式典には『全人類の平和をめざす』という普遍的な目的があり、直近の問題や時の政府方針と絡めて判断すべきではない」と指摘した。

朝日新聞の声欄にも、72歳の女性の「平和式典、戦争当事国を招いて」という次のような投書が掲載された。

唯一の被爆国だからこそ、現に無謀な戦争が行われている今だからこそ、戦争の当事国を含めた「平和の具」としての式典を開き、「人類」という観点で未来や平和を訴える場としての式典の在り方を、模索できなかったか。抗議などあらゆる不協和音を想定した対策を含め、平和外交の知恵を世界に示してほしかった。しかし、両市だけにそれを求めるのはあまりに厳しいだろう。平和を希求する、日本の強力な外交意思があってこそだ。

（2022年6月7日付、朝日新聞「声」一部抜粋）

ロシアの侵略行為は決して容認できるものではない。被爆者の中にも「戦争をやっている国の代表が、平和を願う式典に来るのはどうか」と疑問視する意見は確かにあった。しかし、1989年の冷戦終結と91年のソ連崩壊以降、北大西洋条約機構（ＮＡＴＯ）の東方拡大がロシアを刺激してきた。はたして「排除」は事態を好転させてきたのだろうか。

14年のクリミア併合で主要国首脳会議からロシアが排除され、Ｇ８がＧ７に変わってから、プーチン大統領は「ロシアは核大国だ」と発言するようになった。「排除」は明らかに、悪循環につながっている。ウクライナからの穀物輸出再開も、ロシアを取り込んで交渉したからこそ動いた。核問題もロシア抜きでは何も解決しない。

広島の平和記念式典への招待見送りに対し、ロシアのミハイル・ガルージン駐日大使はＳＮＳで「恥ずべき措置。平和式典の主催者は『拒絶』を選んだ」と非難した。先にも述べたが、ガルージン氏は原爆の日を目前に控えた８月４日、広島市の平和記念公園を訪れ、原爆死没者慰霊碑に参拝・献花した。

「米国が行った原爆投下という戦争犯罪の犠牲者の方々の冥福を祈り、遺族に哀悼の意を表し、被爆者の健康を祈るため」と述べ、広島市の招待見送りについては「ロシアが核軍縮に向けたリーダーであることを全く無視した決定だ」と批判した。

ロシアは、21年は大使の代理、20年は大使自身が参列していた。ベラルーシのルスラン・イエシン駐日大使は22年７月21日、離任あいさつで広島市を訪れ、原爆死没者慰霊碑に献花した。その際、報道陣に「不招待の決定は行き過ぎだ」と苦言を呈した。

本気で核廃絶をめざすなら、ロシアを排除して出来るだろうか。今回のような事態を繰り返さないためにこそ、ロシアと中国を取り込んだ軍備管理やリスク低減に向かえるよう、尽力するのが本来の戦争被爆国日本の姿ではないだろうか。理想論だと言われかねないが、だからといって軍拡路線を邁進するのも現実論とは思えない。

初の核軍縮と冷戦終結を実現した出発点は、1980年代にレーガン米大統領とゴルバチョフ・ソ連共産党書記長が抱いた「お花畑」の発想だった。2人は核を全廃しようとしたのである。広島は時々の国際情勢に左右されることなく、原爆死没者慰霊碑の碑文のように、人類全体の平和のために、被爆地は排除ではなく包摂の広い精神を持ち続けてほしい。

広島がどれほど全人類的意義を持つのかは、現職の米国大統領として初めて広島を訪れたオバマ氏と、被爆米兵の遺族を手弁当で捜し続けた被爆者の森重昭氏との、世界に発信されたあの抱擁のシーンが物語っている。

「原爆投下は人類の悲劇。命を落とした人の前に人種も国籍もない」との信念を貫いてきた森氏に、オバマ氏が人間として応えた瞬間だった。

ソ連大統領を退任後の92年に広島を訪れたゴルバチョフ氏も、被爆地には強い思い入れを持っていた。だからこそ91年の現職時代、長崎を訪れて被爆者と対面したのだ。86年に起きた旧ソ連のチェルノブイリ原発事故では「核の恐ろしさ」を痛感し、レーガン氏に米ソ首脳会談を再び呼びかける契機ともなった。その際、会談場所として「広島ででも」と候補に挙げたほど、被爆地の意義を理解していたのである。

22年6月、被爆国でありながら核兵器禁止条約の締約国会議にオブザーバー参加をしなかった日本は、世界にこんな風に見られたのではないだろうか。「核兵器なき世界」を標榜し、被爆地・広島選出の首相をいただきながら、人類的視点に立てず、あくまで日米同盟強化の枠内でしか動かない（動けない）国だ、と。広島での平和記念式典にロシアとベラルーシの代表を招待しないよう、岸田政権が広島市にあえて求めたのも、その表れのように思われる。核兵器を実戦使用し、その謝罪もせずに正当化している国の代表は招き、これから核を使いかねない国、だからこそ核の惨禍を知ってもらわなければならない国の代表は招かない——。それが、今の被爆地の現実であるとすれば悲しいことである。

ウクライナ戦争と核についての考察

「ロシアは最強の核大国の一つである」という露骨な核の脅しとともに、プーチン大統領はウクライナに侵攻した。浮かび上がったのは、核を持つ国が核を持たない国を侵略する構図だった。「核恫喝のタブー」はもはや破られ、戦闘が長期化してロシア軍が苦戦を強いられるなか、今度は「核使用のタブー」が瀬戸際の状態にある。

ソ連崩壊でウクライナは一時的に世界第3位の「核保有国」となった。その後、米ロを含む国際合意のブダペスト覚書で大量の核兵器をロシアに移し、非核化した経緯がある。今回の危機で「核を手放したから侵略された」との主張が再燃し、「核共有」の議論にも火を付けた。「目には目を」の核抑止強化論が語られ、核拡散を促す流れに弾みがつく恐れもある。

米バイデン政権下で初めてとなった22年3月の「核能勢見直し」（NPR）概要発表でも、核攻撃に対する抑止と報復のみに核使用を限定する「唯一の目的化」は、バイデン大統領の就任前からの持論だったものの見送られた。核の役割低減ではなく核の有用性を重視する風潮は、ウクライナ危機で明らかに強まった。

それが22年8月の核不拡散条約（ＮＰＴ）再検討会議にも深く影を落とし、ＮＰＴを軸に形づくられてきた秩序が崩壊の危機にあると指摘されている。

しかし、それを座視していいのだろうか。核抑止論は、核保有国のリーダーが合理的判断をするという前提で成り立っている。それが幻想であることを今回の事態は示した。核抑止の強靭《きょうじん》性ではなく弱点を露呈したともいえる。ロシアによるチェルノブイリ原発やザポリージャ原発の占拠も、「核の恐怖」を悪用した核抑止に見える。日本が米国との核共有を望む議論は、国際社会における戦争被爆国としての存在感も失うことになるだろう。

めざすべき方向は、今回の危機を核軍縮への弾みにすることだ。危機があると軍縮に振れる流れは、歴史にも前例がある。米ソが核戦争寸前まで行った１９６２年のキューバ危機の後、部分的核実験禁止条約ができ、ＮＰＴが発効した。

中満泉《なかみつ》・国連事務次長は、核軍縮を含む軍備管理や軍備管理外交を安全保障政策の重要なツールとして位置づけ、核軍縮をウクライナ危機後の国際秩序の再編とＮＰＴ体制の再強化の柱にすることを提言している。そのためには「排除」よりも対話が必要であり、ロシアや中国抜きには軍備管理や軍縮は不可能だろう。

そのカギは、22年1月に核保有5カ国の首脳が出した「核戦争に勝者はなく、決してその戦いはしてはならない」との共同声明を生かすことにある。初の核軍縮と冷戦終結にもつなげたレーガン米大統領とゴルバチョフ・ソ連共産党書記長の合意の、本来の精神に立ち返ることだ。その本質は、核軍縮政策を安全保障政策の中に位置づけたことにあった。現状追認ではなく、現状変革のリアリズムに裏打ちされていた。核のタブーを再強化することも、核の軍備管理も核軍縮も、それだけを個別にはできない。排除や対立ではなく、対話と信頼醸成の努力が不可欠だ。

岸田首相は23年の主要7カ国首脳会議（G7サミット）の舞台に広島を選んだ。「核なき世界」の提唱が単なる世論対策であってはならない。風潮ではなく理性に立ち返って、被爆国日本には果たすべき役割がある。ロシアに核使用の歯止めをかけながら、中長期的には米中ロの軍備管理と核軍縮に向けた機運づくりを積極的に後押しすることに尽きる。

G7への不安

プーチン氏の目に日本はいま、どのように映っているのか。9月30日の「併合」演説から、それはうかがえる。その内容が正しいか正しくないかが問題ではない。相手からはそう見えているという現実を見据えて、対応を考えることが重要なのだ。プーチン氏は言う。

米国の押しつけは、粗暴な力に、暴力による支配に基づいている。うまく包み隠されることも、開けっぴろげなこともあるが、本質はひとつ、暴力支配である。そこから、数百の軍事基地が世界の隅々にまで展開・維持され、NATOは拡大し、AUKUS（米英豪安全保障協力）のようなあらゆる新たな軍事同盟をこしらえようと試みる。ワシントン―ソウル―東京の軍事政治的な連携づくりが活発に進められている。本物の戦略的主権を持っている、あるいは持とうとしている諸国家は、そして西側のヘゲモニーに挑戦することができる諸国家は、自動的に敵の範疇に数えられる。

（２０２２年９月30日プーチン演説）

被爆地を抱える広島１区の選出で、「核兵器なき世界」を標榜する岸田文雄氏が首相の座に就いて、22年10月で１年が過ぎた。

日本の首相として初めて８月のＮＰＴ再検討会議に参加して演説し、核保有国と非核保有国との「橋渡し役」を果たすと表明している。広島選出の首相として核廃絶の目標を掲げ、核保有国の米英仏を含むＧ７の首脳に広島の被爆実相に触れてもらう機会を用意したことは、それはそれで評価されるべきである。

しかし、６月の核兵器禁止条約第１回締約国会議にオブザーバー参加も見合わせ、ＮＡＴＯの首脳会議に参加し、ＮＰＴ再検討会議の演説でロシア批判と原子力推進を力説したことは、米国が許容する枠内で精いっぱい国民にアピールしようとする思惑も見えてくる。私が問いたいのは、米国やＧ７の枠内にとどまったまま、いくらＧ７の結束を演出しても、核軍縮は実現できるのかということである。

プーチン氏はＧ８から排除された後に「ロシアは核大国だ」の恫喝発言をするようになったことは繰り返し述べた。広島の平和記念式典からロシアとベラルーシを排除したことで、ますます核軍縮の対話が遠のいた。被爆地・広島の人類史的意義が、時の政治に左右されるようになった。

プーチン氏と同じ土俵に乗り、強い言葉で非難するだけでは何も事態は打開しない。日本はウクライナ危機の沈静化に向けて、実りある核軍縮に向けて、どう貢献していくのか。国民はそこを見ている。

第9章　「ロシア嫌い」の増幅

内閣府が毎年実施している「外交に関する世論調査」の中に、「あなたは、ロシアに親しみを感じますか、それとも感じませんか」という質問項目がある。

この回答を、米国に対する親近感と比べてみると、その落差がくっきりと浮かび上がる。

2022年1月に発表された調査結果（調査時期は21年9月30日～11月7日、調査対象は18歳以上の日本国籍を持つ3千人で回収率は56・7%）によると、ロシアに「親しみを感じる」と答えたのが13・1%、「親しみを感じない」は86・4%に達した。「親しみを感じない」は1978年の調査発表（当時はソ連）以降では、95年と並んで最も高い。最新の調査は22年2月のロシアによるウクライナ侵攻以前に行われているため、現在の反ロシア感情はいっそう高まっているだろう。

この同じ調査で米国と比較すると、米国に「親しみを感じる」は88・5%で過去最高レベル、「親しみを感じない」は11・1%で過去最低レベルとなった。アメリカ愛が加速している。この調査結果で見る限り、ロシアとほぼ裏返しの関係だ。ちなみに中国に関しては、「親しみを感じる」が20・6％、「親しみを感じない」が79・0％だった。

米国が人類初の核兵器使用で民間人を大量殺戮した広島でも、こうした傾向は変わらないように感じる。被爆者の中には、米国への憎しみよりもロシアへの嫌悪感をより強く抱く高齢者がいる。終戦間際のソ連参戦による旧満州への侵攻、北方領土の占拠、シベリア抑留といった歴史的惨事を同時代に体験した人たちは、「ロシア嫌い」を引きずり続けている。だが、裏返して見れば、かつて中国大陸や朝鮮半島で日本が行った侵略行為が、いまも現地で同じように見られている可能性があるということだ。歴史を複眼的に見ることで、過去の歴史から派生する嫌悪意識を乗り越えていかなければならないと痛感する。

イメチェン戦略に出たプーチン

ロシア語には「русофобия」（ルソフォビヤ）、すなわち「ロシア嫌い」という単語がある。22年9月30日のウクライナ東南部4州の「併合」演説でも、プーチン大統領はこの言葉に触れていた。次のような文脈である。

我々はこうした政治的ナショナリズムやレイシズム（人種差別）を決して受け入れなかったし、今後も決して受け入れない。ところで、レイシズムとまでは言わないまでも、いま世界中に広がっているロシア嫌いは何なのか？　レイシズムとまでは言わないまでも、その文明、その新自由主義文化が全世界にとって絶対的な模範であるという西側の揺るぎない信念は何なのか？　『私たちとともにいない者は私たちの敵だ』。それは奇妙にさえ聞こえる。

（２０２２年9月30日プーチン演説）

「ロシア嫌い」はかねて、ロシア自身が自覚している。メドベージェフ氏の大統領就任でプーチン首相との「双頭体制」がスタートしてまもなく、冷戦終結後も引きずる国のイメージ、すなわち「自画像」をロシアは強く意識し始めた。イメチェン戦略を試みたのである。

２００８年、当時モスクワにいた私は、政府に政策提言などをしていた国際政治分析研究所のミンチェンコ所長に何度か取材した。ミンチェンコ氏は08年7月、「ロシアのイメージ委員会」を発足させていた。ロシアのイメージを象徴するエピソードとして、こんな話をしてくれた。あるロシア企業が、自社のハイテク製品をウクライナに売り込んだ。ウクライナ側は「気に入った」と言って、こう尋ねた。「欧州に代理店はありますか」。スウェーデンにあると答えると、スウェーデンの代理店と取引することになった――。

ミンチェンコ氏は「ロシアにハイテクのイメージがない。さらにロシア企業は、純粋なビジネスでなく、背後に国家機構の強大な力が潜む政治的武器と見られてしまう」と語った。イメージ委員会を立ち上げたのは、「外からの見え方」を自覚的に修正していく必要があると痛感したからだ。悪いイメージは（1）商取引上の支障になる、（2）安全保障に関する提案も疑心暗鬼を生む、（3）汚職国家などのイメージが投資を妨げる、（4）国内の雰囲気にも悪影響を及ぼす――などの実害があると分析していたのだ。

しかし、宣伝によるイメージ改革には限界がある。変わらぬイメージをロシアの政権も気にし始め、クレムリンは12年9月、ソフトパワーでロシアのイメージを良くするための検討会議を開いた。ただ、「24時間のプロパガンダ機関をつくる」「優れたPR会社を雇う」などと陳腐なアイデアしか出ず、「外国にロシアで起きていることを正しく説明することが評価を高める」という当たり前の結論に行き着いただけだった。

ロシアはなぜ嫌われるのか。２０１３年の国際面の新年企画「『なぜ』を訪ねて」の4回目で、私はこのテーマを取りあげた（記事の見出しは「こわもてロシアの悲哀」「『おとぎの国』は幻ですか」）。


こんな歌をご存じだろうか。♪ぐっとかみしめてごらん／ママの温かい心がお口の中にしみとおるよ♪　こう続く。♪甘いお菓子のお国の便り／おとぎの国のロシアの／夢のおそりが運んでくれた／パルナス／パルナス／モスクワの味♪

関西育ちなら懐かしいはず。50歳の私が子どものころ、日曜朝に流れたパルナス製菓のＣＭソングだ。切なげなメロディーにロシア（ソ連）が気になった。モスクワ特派員になる原点だ。ロシアでの生活は通算して約8年。でも……。親日国なのに日本でのイメージは劣悪。ソ連崩壊から21年たっても欧州に入れない。なぜロシアはいつも片思いなのか。

■隣国からの不信感

ロシアがうまく付き合いたいと考えている欧州連合（ＥＵ）。ソ連に併合され、独立してＥ

U加盟を果たしたラトビアではいま、独立の証しの「国語」をめぐる攻防が続く。その首都リガから、片思いのわけを考えてみた。

ラトビア語の研究者から国会議員に転じた4児の母、ビネッタ・ポリナさん（42）に会った。ロシア語で取材依頼のメールを送ると、英語で返事が届いた。

ラトビアでは昨年、ロシア語を第2の国語にするかどうかの国民投票があった。ロシア系住民が国際世論に市民権を訴える試みだった。否決されたが、ポリナさんは国民投票そのものが違憲だったと訴える。彼女は「ロシアは脅威だ」とみる。国民はラトビア人約59％に、ロシア系が約28％だという。「こんな小国に二つ国語があれば、国は分裂してしまう」

ラトビアは一時、ナチスドイツにも占領された。「戦後ドイツは謝った。ソ連の全体主義体制は何の謝罪もない」。何度も「ロシアからの安全な距離」と言った。不信は強い。

「取材の参考に」と、ぶ厚い英語の本をくれた。旧ソ連諸国の専門家が論じた「ロシア外交政策の『人道的特徴』」。「国外の同胞はロシアの外交政策を支える潜在的な力とみなされている」とあった。ひたひたと迫る恐怖感か。

■「EUの陰謀」説

ポリナさんと会ったレストランの近くに図書館がある。政権やロシア人を舞台で皮肉り笑わせるロシアの国民的風刺作家ミハイル・ザドルノフさん（64）（次ページの**写真上**）が開いた。年間約12万ユーロ（約1300万円）を投じ、ロシア語本が約5万冊。もちろんロシア語を守る狙いだ。

ロシアの風刺作家ミハイル・ザドルノフ氏。ネタはすべて自分で考える(2011年10月28日)＝副島英樹撮影

ラトビアの首都リガの「1991年のバリケード記念館」。ソ連はヘビにたとえられている(2011年11月29日、リガ)＝副島英樹撮影

首都リガに住み、ロシアで公演するザドルノフさんは「ラトビアでは冷戦が続いている」と私に言った。「たき付けているのはEUだ。EUと米国には敵が要る。ソ連が崩壊し、敵のイメージに合うのはロシアしかなかった」

米国は昨年末、冷戦の遺物だった対ロシア通商制限条項を撤廃した。一方で対ロ人権制裁法を設けた。EUはロシアが求めるビザ制度の廃止に応じない。

広大な国土に長い国境。そこに暮らす多民族、そして多宗教。根深い官僚主義に、「西」が許さない人権問題。いくつもの課題をロシアが抱えるのは事実だ。（略）

翻ってユーラシア大陸の東、日本。「パルナスグッズ」が兵庫県加西市のビルの一室に保管されている。冷戦下の1957年にソ連に渡り、「モスクワの味」として洋菓子やピロシキを広めた創業者の古角《こかど》松夫さんが生前、故郷に贈った。

受け継ぐ窓口は加西市ふるさと創造部秘書課。民輪《たみわ》清志さん（44）に、事前にロシアのイメージを聞いていた。「正直に言えば、寒くて暗くて怖い国。人は冷徹で本当に血が流れているのか。そんな印象です」

2人して理由を探ってみた。北方領土、シベリア抑留、ボイコットしたモスクワ五輪。負のイメージがずっと続く。内閣府の世論調査でロシアに親近感があると答えたのは19％余りだ。

ザドルノフさんの言葉を思い出す。「祖国と国家は違う」。西側メディアを通じて語られたのは「国家」だった。知るべき、伝えるべきは等身大の「祖国」のロシアなのではないか。2002年に会社は清算されたが、関西人の心からパルナスのメロディーは消えない。そこには祖国ロシアの味わいがある。

◇

■ロシア人は……

「ロシアは世界で恐れられているか」

「ダー（はい）」＝63％　「ニェット（いいえ）」＝27％

（ロシア世論財団の調査から、２０１２年）

■日本人は……

米国に親しみ＝84・５％　欧州諸国に親しみ＝68・０％　ロシアに親しみ＝19・５％

（内閣府「外交に関する世論調査」、２０１２年）

◇

■取材余話

ロシアには「悪の帝国」のイメージがつきまとう。

ソ連崩壊の序章が始まっていた１９９１年1月、独立運動が高まるラトビアの首都リガで、ソ連内務省特殊部隊の侵入を阻止しようと多くの市民がバリケードを築いた。その記憶を刻む「１９９１年のバリケード記念館」がリガの旧市街地にある（２６８ページの**写真下**）。保存されている当時の手作りポスターには、バルト3国を抑え込むソ連のイメージが描かれていた。ヘビの姿をしたソ連が女性を食べようとする脇に、「気をつけましょう」の言葉が添えられている。展示室の片隅にソ連特殊部隊員の等身大のろう人形もあった。いかつい表情が、まさにロシアのイメージなのだろうか。

記念館の案内員、ブルーノ・バロンスさん(54)は「深い根と黒い刻印が残された50年間の占領の記憶は簡単には消えない。3～4世代かかる」と言った。

ロシア像を聞くと、欧州志向のメドベージェフ前大統領と、ユーラシア志向のプーチン大統領との比較を始めた。メドベージェフ氏を「インテリで気に入った」と評価したが、プーチン氏には「彼はバエンヌィー(軍人)だ。大統領に復帰しない方がよかった」と敬遠した。先のろう人形とイメージがどこか重なるのだろう。

だが、一方でバロンスさんは「ロシアは経済・実利で動くようになり、イメージは柔らかくなった」とも言う。手厚い社会保障から「ソ連時代の生活の方が良かった」とも語った。「ソ連憎し」の一辺倒ではないところに、西側から見るソ連観とは異なる、簡単には割り切れない矛盾をはらんだ意識があるのも確かだ。

冷戦終結23年。ソ連崩壊から21年。だが今も、ロシアを「ソ連」「共産圏」と呼ぶ人に行き当たる。(略)

イメチェンに即効薬などない。でも、ロシアはバレエや文学、音楽、宇宙技術など人を魅了するソフトパワーの潜在力は秘めている。日本でも人気のあるロシア生まれのキャラクター「チェブラーシカ」はそのひとつだろう。

今回、私がモスクワ特派員となる原点であるパルナスのグッズを兵庫県加西市に訪ねた際、案内してくれた同市の民輪清志さんにチェブラーシカのぬいぐるみをお土産に持参した。

取材を終えてモスクワに戻った後、こんなメールをもらった。

「チェブラーシカは子供が『ムーン』と名付け、枕元において寝ています。わが家においては、ロシアの凍土が少し解け始めているような気がします」

驚く縁もあった。民輪さんの奥さんが学生時代、大阪のパルナスの店でアルバイトしていたというのだ。どんな商品を売っていたか教えを乞うと、プリンやカステラケーキなどのイラスト付きでリストを手書きしてくれた。私にとっては宝物のような資料だ。

最後に断っておきたい。私は何もロシアのPRマンではない。私がロシア像にこだわるのは、ステレオタイプなロシア像にとらわれすぎていれば、いずれ日本は出遅れて国益を逸する、との危機感からである。

（2013年1月5日、朝日新聞デジタル）

スターリンの亡霊

この13年1月の記事は当時、社内や周辺で賛否両論あったが、ロシアを甘く見て排除や孤立させるだけではいい結果をもたらさない、なんとか「ロシア嫌い」を克服する道はないものだろうか――と自分なりにまじめな思いで書いた。だが、その年の暮れにはウクライナ危機が噴き出し、ロシアが殻に閉じこもってしまう形になる。G8からも排除された。

ロシア国内の世論も、次第にソ連懐古の気配が漂いつつあったのかもしれない。2008年の暮れ、「ロシアの名」と銘打ったロシア国営テレビの番組で、ある視聴者投票の最終結果が発表された。テーマは「ロシアの歴史で最も傑出した人物は誰か」。6カ月間にわたり、視聴者からインターネットや携帯で投票を募ったランキング決定の確定結果だった。世間がざわつき始めたのは、ソ連を指導した独裁者スターリンがランキングの1位に顔を出し始めてからだ。スターリンが本当に勝ってしまうのか——。注目はそこに集まった。英BBCが『ロシアの名』はスキャンダルで終わる恐れがある」と報じ、国際的にも注目されることになる。ロシア国内でも懸念が広がり、政権与党「統一ロシア」の下院議員は「政権側もスターリンの勝利を望んでいない。独裁国家のイメージがついてしまう」と話していた。

ふたを開けてみると、スターリンは3位。1位は13世紀のロシアの英雄、アレクサンドル・ネフスキーだった。スウェーデン十字軍やドイツ騎士団を破り、リトアニアの侵入も防いだ歴史上の人物だ。死後はロシア正教の聖人に列せられ、ロシアの勲章の名前にもなっている。参考までに、10位までのランキングを紹介しておきたい。

■視聴者投票「ロシアの名」の順位

（1）アレクサンドル・ネフスキー（13世紀のウラジーミル大公）
（2）ストルイピン（ロシア帝政末期の政治家）
（3）スターリン（ソ連最高指導者）
（4）プーシキン（詩人）
（5）ピョートル1世（西欧化を進めた皇帝）
（6）レーニン（ソ連初代指導者）

（7）ドストエフスキー（作家）
（8）スウォーロフ（18世紀の将軍）
（9）メンデレーエフ（化学者）
（10）イワン雷帝（16世紀の皇帝）

実はこの番組は、02年にBBCが放送した番組「偉大な英国人」を参考にしたもので、同様の番組は米国やフランスにもあった。番組の司会を務めたロシア国営テレビのリュビーモフ第1副社長（当時）は私の取材に、「米国では我々を『悪の帝国』と呼んだレーガン元大統領が1位だった。でも、米国人たちが我々を滅ぼそうとしていることにはならない。なぜロシアだけ騒がれるのか困惑している」と述べ、「政治や経済が混迷したソ連崩壊後の90年代は『屈辱の時代』だったが、それをくぐり抜けた今、国民は精神的なものに関心を持つ余裕ができた。歴史を知らない人も引きつけられるようにと人気投票を採り入れた」と説明した。そして、世界はロシアへの先入観を「リセットする必要がある」と述べた。

そのころ首相だったプーチン氏も、外国財界人との懇談でこんな言葉を漏らしている。「私はいつもロシアのイメージをどうしたいか尋ねられる。なぜロシアだけがいつも聞かれるのか。どの国も問題はたくさんあるはずだ」。そのイメージは今や最悪である。

司馬遼太郎の慧眼

ウクライナ戦争で再び注目され、重版がかかった本がある。司馬遼太郎著『ロシアについて――北方の原形』（文藝春秋）である。司馬氏は、『坂の上の雲』や『菜の花の沖』などの作品でロシア的なるものを洞察してきた。『ロシアについて』の内容は、ロシアへの対応を誤れば、ウクライナ危機のような事態を招きかねないことを見通していたかのようだ。私はモスクワ支局長の勤務を終えて大阪本社に２０１３年４月に発足した「核と人類取材センター」の事務局長に就いて以降、講演や大学提携講座の授業に呼ばれたときは、この本の以下のような内容に触れるようにしていた。

ヨーロッパを真にヨーロッパたらしめたルネサンスの二百年という間、ロシアはひとり「タタールのくびき」によって、その動き、影響から遮断されつづけたのです。（『ロシアについて』）

タタールのくびきとは、13世紀から15世紀にかけてモンゴル系のキプチャク・ハン国に中世ロシア諸公国が間接支配されたことを、後世のロシア人が形容した言葉だ。ロシアにアジア的要素がうかがわれるのはこのためかもしれない。さらに次のような記述がある。

外敵を異様におそれるだけでなく、病的な外国への猜疑《さいぎ》心、そして潜在的な征服欲、また火器への異常信仰、それらすべてがキプチャク汗国の支配と被支配の文化遺伝だと思えなくはないのです。（同前）

これは、北大西洋条約機構（ＮＡＴＯ）の東方拡大に異様なまでの警戒心を抱くロシアを連想させるだろう。外敵から何度も侵攻を受けた歴史が背景にある。それが、次の記述につながる。

ロシアの場合、原形として過剰なほどに大砲がすきで、無用なほどに防衛本能がつよかったことを思わせる。むろん、いまもこの遺伝病はつづいている。（同前）

これはまさに、ウクライナ侵攻の宣言でもプーチン氏が口にした「ロシアは最強の核大国の一つだ」とのフレーズと重なってくる。長崎大学核兵器廃絶研究センター（ＲＥＣＮＡ）の吉田文彦センター長は、これまで「核のタブー」とされてきた「核使用のタブー」と「核恫喝のタブー」のうち、プーチン氏の言動によって「核恫喝のタブー」は破られてしまったと指摘する。「核使用のタブー」はまだ生き続けていくと信じたいが、戦況の劣勢に焦ってウクライナ東部・南部４州を「併合」したプーチン政権がさらに追い込まれた末に、「エスカレーション抑止」のために核使用のハードルを越えてしまわないかという懸念はずっと続くだろう。

司馬氏は『ロシアについて』の中で、こうも記している。

ロシアの対外行動には、一つの法則がある、という。（略）ロシアは異民族地帯に乱がおこったときに、救援をもとめてくる一派の勢力に加担し、その一派から出兵を要請されたとして出兵し、そのあと「法を改め政を匡す」（ロシア領にする）というものである。この伝統はその

後もつづき、いまもつづいている。（同前）

これは、２００８年8月のジョージア（グルジア）紛争を彷彿《ほうふつ》とさせる。旧ソ連の構成国ジョージアから独立を求めていた南オセチアにジョージア軍が総攻撃をかけた際、南オセチアから救援要請があったとしてロシア軍がジョージア領内の奥深くまで侵攻したケースである。ウクライナ東部のドンバス地域（ドネツク・ルハンスク）での親ロシア派勢力への支援から今回の「併合」へと至る過程も、同様の形と言えるだろう。

そして司馬氏は、次のような見方を提示するのだ。

ロシア世界は、西方からみれば、二重にも三重にも特異な世界たらざるをえなかったことを、ロシアというものの原風景として考えておく必要があるのではないでしょうか。（同前）

戦争にならないようにするためには、相手の特性を把握した上で戦略的に対応することが必要だと述べている。これは対ロシアに限ったことではない。

ロシアの〝悪魔化〟

ウクライナ戦争は２０２２年2月24日に突然始まったわけではない。その背景には、冷戦終結時から連綿と続く伏線がある。だが、それを知らなければ、今のロシアの暴挙が悪魔の振る舞いにも見えるのは当然かもしれない。

そのロシアに憎悪をぶつけて溜飲を下げるだけでは、むしろ事態は悪化するばかりだ。22年9月に刊行された『非戦の安全保障論——ウクライナ戦争以後の日本の戦略』（柳澤協二、伊勢﨑賢治、加藤朗、林吉永著、自衛隊を活かす会編、集英社新書）の中で、東京外国語大学教授の伊勢﨑賢治氏は「ロシアの〝絶対悪魔化〟は、その悪魔と対話しなければならない停戦交渉を支える世論形成を著しく阻害している」と述べている。停戦交渉にしても、核軍縮にしても、ロシア抜きには何も進まないのが現実なのだ。

伊勢﨑氏は、かつて米国主導の戦争でタリバン政権が崩壊した後、政府特別代表として武装解除にあたった。現場を知る国際政治の専門家だ。ツイッターでも積極的に発信している。


日本では、「ロシア恐るに足らず。日米同盟を更に強化しよう」という向きと、「侵略者から国土を1メートルでも奪回しようとする国民の総意を応援しよう」という向きがあるようですが、どちらもウクライナ一般市民の命を奪う戦争継続に加担していることは同じです。

（2022年9月10日、伊勢﨑氏のツイッター）


愛国心。特に憎悪と恐怖で煽るそれ。徹底的に抵抗します。（9月8日、同前）

伊勢﨑氏は先の新書の中でも、国民総動員を応援することがいかに国際人道法の求める保護法益を損なうことかと問題提起している。米国の武器で戦う国民総動員を応援することが、憲法9条の民意だろうかとも。護憲派こそが、この戦争が米国の代理戦争であることを見抜かなければならないとも指摘した。さらに、「これから被害が拡大するであろう世界規模の飢餓を止めるためには、ウクライナが同国東部の帰属問題でプーチンという悪魔と妥協しなければならない事態になっても、それは全人類が共有しなければならない痛みと受け取る感覚が、僕にはありません」と、固い信念で述べている。

ロシア文学者で東京外国語大学教授の沼野恭子氏は、中国新聞に掲載されたインタビュー（「『ロシアは悪』、一般化するな」）で次のように指摘した。

プーチン大統領が起こした戦争は言うまでもなく非難されるべきものだ。しかし「ロシア＝悪」だと、全てのロシアの人や文化を排斥《はいせき》する姿勢は間違っている。ウクライナ侵攻の直後から反対の声を上げている市民や知識人は多い。「ロシアは…」と一般化せず、一人一人の顔が見える情報に触れることが重要だ。

（2022年8月10日付、中国新聞）

確かに、感情にまかせてあらゆるロシアの人や文化まで排斥することは、憎悪と分断をあおり立て、将来への新たな火種を宿らせるだろう。ロシアには、22年のノーベル平和賞に選ばれた人権団体「メモリアル」や、21年にこの賞を受賞し、ロシアのウクライナ侵攻後に活動停止を余儀なくされた反政権リベラル紙「ノーバヤ・ガゼータ」編集長のドミトリー・ムラトフ氏のような人たちもいるのだ。
そのムラトフ氏は22年4月7日、モスクワからロシア南部サラトフに向から列車内で何者かに襲われ、赤いペンキをかけられた。インタファクス通信が伝えた警察の話によると、襲ったのは男2人組で、ムラトフ氏がモスクワの駅で列車に乗り込んだ直後にペンキをかけ、そのまま車外に逃げたという。「ノーバヤ・ガゼータ・ヨーロッパ」は、上半身が真っ赤に染まったムラトフ氏の写真とペンキで汚されたコンパートメントの座席の写真をSNSに投稿した。それを目にしたとき、私は恐れていたことが起きたと思った。

ロシア国内では、プーチン政権と対峙する人たちを標的にする空気が熱していたのだろう。政権がヘイトをあおる構図と酷似している。コンパートメント内の写真を見ると、まさに噴き出した血が部屋中に飛び散っているような光景だった。卑劣で凶悪なメッセージを込めていたとしか思えない。

ゴルバチョフ政権時代のグラスノスチ（情報公開）から生まれたノーバヤ・ガゼータ紙は、民主化を絶やさないための芽であり、ロシア市民の良識を反映しているメディアだ。ロシア国内にはこうした人々もいる。国家と国民はまた別であり、ロシアの全てをたたくのではなく、こうした市民たちへの目配りも必要なのだ。

ムラトフ氏は厳しいロシアの言論状況の中、プーチン大統領による「核による脅し」に警鐘を鳴らし、「今こそ行動するときだ」と呼びかける声明を核兵器廃絶国際キャンペーン（ＩＣＡＮ）のベアトリス・フィン事務局長と連名で出すこともしている。こうした勇気ある行動こそ忘れてはならないと思う。

ロシア文化の排斥で言えば、映画界で起きた象徴的な出来事がある。日本でも22年に公開されて話題となった映画『ドンバス』のセルゲイ・ロズニツァ監督をめぐる一件だ。『ドンバス』の公式ガイドブック（サニーフィルム）によると、ロズニツァ監督は近作10作品すべてが三大映画祭に選出され、そのうち四つの劇映画はカンヌ国際映画祭で発表され受賞もしている。日本では２０２０年に「群衆」ドキュメンタリー3選――スターリンの国葬を現存フィルムでよみがえらせた『国葬』、スターリンによる見せしめ裁判を描いた『粛清裁判』、ナチスのユダヤ人強制収容所跡地のダークツーリズムの現実を追った『アウステルリッツ』の3作が公開され、大きな話題を呼んだ。

ウクライナ人監督であるロズニツァ氏は、22年2月24日に始まったロシアのウクライナ侵攻を受けて、2月27日に声明を発表する。「ロシアがウクライナに仕掛けた戦争は自滅的で狂気の沙汰であり、犯罪的なロシア政権の崩壊を必然的なものにする。いま私たちが目撃しているのは、善と悪、真実とうその戦いであり、歴史的な出来事だ。ウクライナは勝利する」というものだった。

そして、欧州最大の映画コミュニティーであるヨーロッパ映画アカデミー（ＥＦＡ）が2月24日に出した声明があまりに軟弱すぎるとして、2月28日の公開書簡でＥＦＡを厳しく非難し、脱会を表明した。

「この8年間の戦争を直視せず、憂慮するだけで、いまだに戦争を戦争と呼べず、ロシアの蛮行を批判することもできないのか」と、その歯切れの悪さを痛烈に批判したのだ。

ＥＦＡはロズニツァ氏の声明を受け止め、３月１日付でロシアの侵攻を非難し、ウクライナ映画アカデミーが始めた「ロシア映画のボイコットの呼びかけ」の運動を全面的に支持した。さらに、ＥＦＡが選考するヨーロッパ映画賞２０２２からロシア映画を除外することを決定する声明を出すのである。

しかし、この決定に対してもロズニツァ氏は異論を唱えた。ロシア人の監督から、自国の行動を恥じて許しを請う手紙が届いたと明かし、公然と反戦を訴えて政府を批判するロシア人監督が数多くいること、彼らも戦争の被害者であることを訴え、ロシア人であることだけで排除することに「社会はより知的で洗練されたものであると願う」と述べた。ロシアによる戦争を厳しく非難する一方で、まるごとロシア映画を排除することには異議を申し立てるコスモポリタン（世界市民）の立場を鮮明にしたのだった。

今度はこれに対して3月19日、ウクライナ映画アカデミーが突如、ロズニツァ氏の除名を決めたとする声明文を出すことになる。除名の理由は、ウクライナ人監督として戦時中に地球市民を名乗るのは断じて許されない、というものだった。さらにフランスのナント大学のロシア語教師が主催する映画祭に『ドンバス』を上映することは、ロシアとの全面戦争の時には許されない行為だと批判したのである。

この声明に対し、ロズニツァ氏はその日のうちに反論の声明を出す。『ドンバス公式ガイドブック』から、その一部を紹介したい。

ウクライナ映画アカデミーのfacebookに掲載された声明には、「ウクライナが独立のために全力で戦っている今、すべてのウクライナ人の言論のキーコンセプトは、国家のアイデンティティであるべきだ」と書かれています。すなわち、重要なことは、すべての国民の市民的・政治的自由な立場ではなく、ロシアの侵略に対して自由を愛し、自由な考えを持ち、世界中の人々を団結させるという願いでもなく、この戦争に勝つために世界の民主主義国家の国際的な努力を生み出すことでもなく、最も重要なのは、「ウクライナとしての国家アイデンティティ」とのことです。残念ながらこれこそナチズムです。クレムリンのプロパガンダ担当者を喜ばすだけのウクライナ映画アカデミーからの贈り物でした。

（『ドンバス公式ガイドブック』）

そしてロズニツァ氏は声明の最後をこう締めている。

私はこれまでも、これからも、ウクライナの映画監督です。
この悲劇的な時期に、皆が正気でいられることを心から願っています。

（同前）

ウクライナのゼレンスキー政権からすれば、ロシアに反攻する戦意を維持するためにはナショナリズムを駆り立てていくしかない。戦争の当事国はそうならざるを得ない。それが戦争というものの怖さだ。戦争は社会も人々の意識もゆがめていく。

ゴルビーの嘆き

政治思想も政治スタイルも正反対なゴルバチョフ氏とプーチン氏。前者は冷戦末期に西側を熱狂させて「ゴルビー」と親しまれ、後者はいまや西側から嫌悪され悪魔視される存在だ。しかし、2人の意見はNATO東方拡大の批判だけでなく、「ロシアを甘く見るな」という点でも合致している。

ゴルバチョフ氏が2018年にロシアで刊行した回想録『ミハイル・ゴルバチョフ　変わりゆく世界の中で』(朝日新聞出版)は事実上、ゴルバチョフ氏の遺言のようにもなったが、その中の「変わりゆく世界の中のロシア」と題した一節が、嫌われるロシアへの忸怩《じくじ》たる思いがにじんでいるようで印象深い。

世界的支配をめざす人たちのもとで、〈成功のほろ酔い〉がまだ完結していないとすれば、遅かれ早かれ、やはり酔いざめはやってくるだろう。世界政治の中で、新しい〈引力の中心〉がより影響力を強めている。それらの国は主体的に振る舞い、仲間や盟友を見つけ、同盟を形づくっている。これらの国の中に、好むと好まざるとにかかわらず、ロシアは入る。伝統と、世界の物事に携わってきた経験と、大きな潜在力を持つロシアが、〈二流の役割〉には甘んじないと言っても、誰が驚くだろうか。

いや、変わりゆく世界の中でのロシアの役割は、最も重要なもののひとつである。それは肯定的なものだと確信している。ロシアを〈罰する〉ことも孤立させることも不可能だ。西側は、このような試みを放棄すべき時だ。そして、西側で、特にヨーロッパで、これを理解し始めている前兆がいくつかある。しかし、これはまだ始まりだ。関係改善の取り組みは簡単ではなく、相互の努力がなければならない。

ずっと私は、自立的で積極的な対外政策を進めるためのロシアの無条件の権利を守り通してきた。根拠のない批判や、帝国的な意図や攻撃的なもくろみでなされる非難から守ってきた。発生した問題を客観的に分析する代わりに、すべての罪をロシアに負わせる根強い慣習が西側西側で定着したのは、あまりにもひどいことだ。西側の一部のマスコミは、文字どおり反ロシアのステレオタイプで同じことをしつこく繰り返した。我々の現実問題に対する批判は、根拠の薄い性質のものだった。

(『変わりゆく世界の中で』)

西側はロシア孤立化の戦略を放棄すべきだ——。

ゴルバチョフ氏の思いはそこに収斂されている。

終章　「NATO拡大」その先にあるもの

2022年9月27日、ロシアとドイツを結ぶガスパイプライン「ノルドストリーム1」と「ノルドストリーム2」でガスの漏出が見つかった。

スウェーデン当局は、これは爆発による結果であり、破壊工作である可能性を示唆した。ウクライナ危機をめぐる対話の望みがさらに遠のいたところに、10月7日のプーチン氏の誕生日当日、今度はクリミア半島とロシア南部クラスノダール地方のタマン半島を結ぶクリミア大橋（全長約19キロ）が爆破され、一部が崩落した。

プーチン氏はウクライナ情報機関のテロ行為だと非難し、10月10日から首都キーウをはじめウクライナ全土にミサイル攻撃をかけて「報復」した。停戦の糸口が見いだせず、さらに戦闘が泥沼化して最悪の展開をたどるばかりだ。米軍による広島と長崎での原爆投下以来、戦後77年間にわたり人類が封印してきた（ためらってきた）核兵器の実戦使用が、ロシアによって実行されてしまう恐れが空想ではすまなくなってきた。

もし核兵器が使われてしまえば、世界は根本から揺さぶられるだろう。核使用の歯止めとなっていた被爆者や被爆地の悲願は打ち砕かれ、核抑止理論は足元から瓦解し、核の拡散が進んで核不拡散条約（NPT）体制は有名無実化してしまう可能性がある。世界はここまで危機に追い込まれた。

「歴史の終わり」

冷戦終結からウクライナ戦争へと至る経過を見て頭に浮かぶのは、1998年6月に邦訳が出てベストセラーとなったサミュエル・ハンチントン著『文明の衝突』（鈴木主税訳、集英社）である。冷戦後の世界では、いろいろな民族間の最重要の違いは、イデオロギーや政治や経済ではなく文化である、との主張だ。祖先や宗教、言語、歴史、価値観、習慣などが自己を定義づける重要な要素となり、中華、日本、ヒンドゥー、イスラム、西欧、ロシア正教会、ラテンアメリカ、アフリカの8文明に国家はグルーピングできるとした。それゆえに、世界の安全を守るには世界の多文化性を認めなければならない、と見通したのだ。お互いの違いを認めて共存条件を模索することの重要性を唱えたのである。

一方で冷戦終結時、ベストセラーとなった本がある。92年に書籍化された『歴史の終わり』（フランシス・フクヤマ著）だ。歴史上続いてきたイデオロギー闘争は自由民主主義の勝利によって終わり、民主主義の際限ない拡大と西側の価値観こそ普遍的だとする内容だった。まさに、ゴルバチョフ氏が厳しく批判していた「西側の勝利者意識」そのものとも言えるだろう。

『文明の衝突』と『歴史の終わり』を比べてみると、世界は明らかに前者の方向に進んでいる。西欧の価値観の押しつけが、結局は世界の安全を脅かしている形だ。

プーチン大統領の顧問として大ユーラシア主義に影響を与えたとされる政治家で経済学者のセルゲイ・グラジエフ氏は、22年7月に極めて興味深い新著『歴史の終わりの水平線の彼方に』を世に送り出した。「歴史の終わり」とは文字通り、冷戦終結とソ連崩壊期にフランシス・フクヤマ氏が発表した著書『歴史の終わり』のことだ。

「フランシス・フクヤマの挑発的な論文が発表されてから30年が経ち、すでに著者本人を含めてすべての人々が、そんな結末にはならなかったことをわかっている」との一文からグラジエフ氏は自著を書き出している。冷戦後、米国の金融資本が牛耳るリベラル・グローバリズムで世界は一極化されたものの、２００８年の世界金融危機を境に米国の支配エリートは、その強大な影響力の失墜を防ぐために世界ハイブリッド戦争を仕掛けている——というのがグラジエフ氏の世界観である。いわば経済戦争と情報戦・認知戦だ。

ウクライナ南部ザポリージャで育ったグラジエフ氏は、いまや対ウクライナ強硬派と言えるだろう。西側が最も激しく干渉しているのがウクライナとバルト３国であり、それらはナチスドイツを彷彿とさせるネオナチと犯罪の国家になったとまで主張している。米国の支配エリートは世界の覇権的地位を守るために中国を主要な経済的競争相手とみなし、ロシアを主要な対抗勢力とみなしている——との立場から、米国が始めたハイブリッド戦争に抵抗するための幅広い国際的連合を築くことも提唱している。ハイブリッド戦争では、米国とＮＡＴＯ諸国が圧倒的な優位に立っていることも認識している。

グラジエフ氏は長い間、外貨準備のドル、ユーロ、ポンド、円を、ロシアで豊富に産出される金に置き換えることを主張してきたが、実現していない。これも西側の政策に封じこめられてきたとみている。

中国との間には戦略的パートナーシップのための固い歴史的基盤があり、中国の「一帯一路」政策とロシア主導のユーラシア経済連合の結束によって中ロの戦略的パートナーシップは強化されるとし、それがプーチン大統領の大ユーラシア主義の基礎となり、新しい世界経済秩序の核になることをめざしている。

さらにグラジエフ氏は、ソ連崩壊後の米国の狙いは、ポスト・ソ連空間に新たな競争相手や脅威となる国を生まないことだったと信じて疑わない。まさにこの状況は「文明の衝突」ではないだろうか。

それは、プーチン氏の22年9月30日の「併合」演説にも色濃く反映されている。彼はこんなことを述べている。


多かれ少なかれ全体的支配を求める米国とＮＡＴＯの軍事ドクトリンは、まさにこうした原則の上に立っている。西側エリートたちは、偽善的に、ましてや平和を好むとひけらかしながら、自らのネオ植民地計画を進呈し、ある種の自制について語り、そして、こうした狡猾な言葉が一つの戦略から別の戦略へと渡り歩く。しかし、本質的には、それが意味するのはただ一つ、自分以外の発展の主権的センターを潰すことだ。

世界は革命的変容の時期に入った。それらは根本的な性格を帯びている。新たな発展センターが形成され、それらは世界共同体の大多数を代表するものであり、自らの利益を表明するだけでなく利益を守り、多極化の中で自らの主権を確立している。つまり、真の自由を、歴史的展望を、自立的で創造的で独創的な発展への権利を、調和のとれたプロセスへの権利を獲得しているのだ。すでに私が言ったように、ヨーロッパや米国を含めた全世界に我々の賛同者は数多くおり、我々はその支持を実感し、認識している。あらゆる国々や共同体の中で、一極化のヘゲモニーに対して、解放を目的とした反植民地主義の動きが自らの意思で育っている。その主体性は強まる一方だろう。まさにこの力が、将来の地政学的現実を決定づけるだろう。

（2022年9月30日プーチン演説）

そして、「我々の価値とは、人類愛であり、慈悲と同情だ」と言うのである。ただ、ウクライナ戦争で見せつけられているものとの落差はあまりにも大きい。

ウクライナ戦争が米ロの代理戦争としての本質を鮮明にする中、22年8月2～3日のナンシー・ペロシ米下院議長の台湾訪問が世界に緊張を走らせた。米バイデン政権内には、ペロシ氏ら議員団の訪台で米中関係が悪化するのを懸念する声があった。それでも訪台した理由について、ペロシ氏に同行したグレゴリー・ミークス下院外交委員長（民主党）は朝日新聞の書面インタビューに応えている（2022年8月23日、朝日新聞デジタル）。

ミークス氏は、ロシアのウクライナ侵攻を挙げて「民主主義やルールに基づく秩序が、権威主義的な政府によって攻撃されているのを世界は目撃している」と指摘し、中国が台湾の防空識別圏への侵入や偽情報、経済的威圧などを通じて「ますます現状を変更しようとしている」との危機感を示した。「私はいつも民主主義の味方だ。我々の訪問は台湾の人々と台湾の民主主義への連帯を示すために不可欠だった」と振り返った。

このペロシ氏の訪台について、日中両国の首脳が信頼関係を築こうとした1980年代前半に在中国日本大使館参事官と外務省中国課長を務めた元明治学院大学教授の浅井基文氏は、朝日新聞のインタビュー（「退化する関係、相互信頼は1万歩先」）の中で次のような見解を示している。

今年9月の国交正常化50年をどう迎えるつもりなのか、岸田文雄首相に聞きたい。今回のペロシ米下院議長の訪台では、台湾独立を絶対に許さないという中国の強い危機感を読もうとしたようには全く思えません。中国は軍事演習に踏み切りましたが、原因を作ったのは米国だという中国の立場にも向き合いませんでした。（2022年8月12日、朝日新聞デジタル）

ここでも、米国・日本の「価値観外交」と中国の安全保障観をめぐる確執が浮かび上がる。ウクライナ危機と重なって胸騒ぎを覚えるのは私だけだろうか。

ペロシ氏の台湾訪問についてロシアのプーチン大統領は8月16日、モスクワで開かれた安全保障に関する国際会議での演説で、「一人の無責任な政治家の旅行ではなく、アジア太平洋地域と世界の情勢を不安定化し、混乱させるための意図的な米国の戦略の一部だ」と批判している。ウクライナ侵攻をめぐって欧米と対立するなか、中国と連帯して対抗する姿勢を明確にしたものだ。

プーチン氏はウクライナ侵攻について「米国が紛争を長引かせようとしている」とウクライナへの軍事支援を強める米国に反発し、「アジア、アフリカ、中南米でも紛争の可能性をあおっている」と主張した。ペロシ氏の訪台を、他国の主権や国際的な義務を軽視する「周到に準備された挑発行為だ」と非難した。

ウクライナでの惨事が台湾で繰り返されることがないよう、国際社会は火遊びを慎むべきだ。「牽制」は常に、相手からすれば「挑発」に見えるのが現実である。

ウクライナの「中立化」

ウクライナ危機の落としどころの「解」として、ウクライナの中立化がこれまでも語られてきた。ウクライナの時々の政権が何を望むかよりも、ヨーロッパ全体の安定と安全確保を優先する考え方であり、ウクライナの主権を制限するとして拒否感を示す人も多い。逆に見れば、ヨーロッパ全体の安全のためにウクライナが名誉ある中立化を選択する道があった、ともいえる。

ロシアのウクライナ侵攻が始まって以降、22年3月段階では停戦協議の中で、ウクライナが自国の軍事的中立化をロシアに提案し、ゼレンスキー大統領も国民投票を行う意向を表明していた。ウクライナは19年の憲法改正でＮＡＴＯ加盟を目指す方針を盛り込んでいたため、加盟を断念する場合は再改正が必要だった。国民投票の手続きなどで少なくとも1年以上はかかるとの見通しも示されていた。300万人分の署名を集める必要もあったのだ。

しかし、その後の4月に明らかになるキーウ近郊ブチャでの虐殺事件で、停戦協議そのものが立ち消えになってしまう。落としどころを探る糸口は遠のくばかりだ。

米ソ・米ロ関係もウォッチし続けてきた下斗米伸夫氏は、「マイダン革命」からロシアのクリミア併合を経てウクライナ危機が高まる時期（2014年12月）に、『プーチンはアジアをめざす――激変する国際政治』（NHK出版新書）の中ですでに次のように書いている。

　キッシンジャー的現実路線によれば、本当に大事なのはウクライナの「革命」ではなく、ウクライナの「安定」である。彼らは、ウクライナの地位を中立的にすることで、ロシアの利益との接点を探ろうとした。言葉を換えて言えば、ウクライナ問題の解決はロシアの協力なしにはあり得ないというのが、彼ら現実路線の見解なのである。

これに対してウクライナの主権を守れと反対したのが、ズビグネフ・ブレジンスキー元大統領補佐官に代表される民主党系の戦略家である。その背景に、アメリカにおけるウクライナや東欧移民が影響していることはすでに指摘した。ポーランド系らの東欧移民は、米民主党にとって無視できない支持基盤の一つである。

彼ら民主党系の外交専門家たちは、ウクライナの領土保全という理想を大事にする。そのため、ロシアと取引して現実的な落としどころを探るという、キッシンジャー的なやり方を好まない。こうして現実よりも理念が先行したところに生じたのが、「新冷戦」というアイデア、いな、流行り言葉である。

（『プーチンはアジアをめざす』）


中立化の前例はある。1938年から45年にかけてナチスドイツと併合したオーストリアだ。この国も冷戦時代、東西両陣営のはざまに位置していたが、55年に冷戦の東西緩衝帯として永世中立国を宣言し、ドイツとの国家合同を永久に禁じられることを条件に独立を回復した。

オーストリアは第2次世界大戦後、55年までの10年間は、英国、米国、フランス、ソ連の4カ国による分割占領統治を受けた。ソ連は54年から55年にかけて、スターリンの後継者たちがオーストリアの中立を受け入れ、ロシア地区からの撤退を決めることになる。

現在の東西対立の中で、ウクライナは当時のオーストリアのような位置づけにある。だがなぜ、中立化を模索できなかったのか。

ゴルバチョフ氏は自叙伝『我が人生』の執筆時点で、ウクライナ危機の解決策は、2014年9月と15年2月に交わされた停戦合意協定「ミンスク合意」の達成に尽きるとしていた。15年2月の「ミンスク合意2」ではドイツとフランスも加わり、ウクライナとロシアの間で交わされた協定だ。だが、ロシアはウクライナがこの合意を履行していないと主張し、22年2月、プーチン大統領が合意を破棄して軍事侵攻に踏み切ってしまう。

ゴルバチョフ氏は自叙伝で、「ウクライナ国民のためになるのは、民主的なウクライナであり、ブロックに属さないウクライナであると私は確信している。そうした地位は国際的な保障とともに憲法で裏付けられなければならない。私が想定しているのは、1955年に署名されたオーストリア国家条約のようなタイプのものだ」と述べていた。これは、第2次世界大戦時の連合国がオーストリアの主権回復を認めた条約だ。オーストリアはその後、永世中立を宣言した。ゴルバチョフ氏の頭にも、ヨーロッパ全体の安全のために、オーストリアのようなイメージがあったのである。

『非戦の安全保障論――ウクライナ戦争以後の日本の戦略』の中でも、オーストリアの中立化の話題が取りあげられている。元空将補、元防衛研究所戦史部長で国際地政学研究所理事の林吉永氏は、NATO50年の軍事史学会に出ていたとき、オーストリアが中立の功罪についてという発表をしたことを紹介している。

オーストリアはご存じのように、たくさん戦争をやった国です。冷戦時代になって、オーストリアは東側と接していますから、どうするかということで悩んだ。しかし、中立の立場を取るのです。ただし、オーストリアの赤、白、赤の国旗が象徴していることですが、腹帯を解いたら血だらけの軍服がここだけ白かったというシンボルなのですね。それが示しているのは、必死に戦うのだ、国を挙げて戦うのだ、そうすれば、ほかのヨーロッパ西側諸国は見捨てないだろうという期待だったのです。そして事あるごとに、オーストリアの中立はこういうスタイルなのだということを他国に言っていたということです。そういう意味では、西側諸国が自分の国を助けてくれるかどうかということは何も確証がなかったけれど、何も起きなかったから、結果論としてそれでよかったと思っているという発表でした。（『非戦の安全保障論』）

そして林氏はこう続ける。

今のウクライナがまさにそんな感じです。必死に戦っている。助けてよと言っているわけですよ。だけど、助けられないけれど、兵器は与えますというやり方です。（同前）

林氏はウクライナの生きざまに共感が広がっているという文脈で述べているが、ウクライナが名誉ある中立化を選択していれば、このような戦争を強いられていただろうかと思わずにはいられない。

「印象操作」と「論点隠し」

『非戦の安全保障論』の中で、伊勢﨑賢治氏は次のような指摘をしている。

日本の一部の国際政治学者と安全保障の専門家たちは、この戦争が二〇二二年二月二四日に〝突然〟始まった侵略行為という印象操作を意識的にやっているように見えます。だからこそプーチンのことをunpredictable（予測不可能）な怪物だとか、完全に正気を失った異常者とまで言っている。（同前）

確かに、上記の人たちが、核保有国のリーダーに「完全に正気を失った異常者」が現実に出てくる可能性を指摘するなら、真っ先に「核のボタン」を取りあげること、すなわち、いかなる国も核兵器を即刻全廃することを主張すべきではないだろうか。

伊勢崎氏の指摘を読んで私は、ウクライナ危機をめぐるNATO拡大の問題点が意図的に論点隠しされているのではないかという佐藤優氏の指摘を思い出した。佐藤氏は22年10月に上梓した『よみがえる戦略的思考――ウクライナ戦争で見る「動的体系」』（朝日新書）の中で、ロシアによるウクライナ武力侵攻は国際法違反であり、ウクライナの国家主権と領土の一体性を毀損《きそん》するもので許容できるものではないとしたうえで、「情報を扱う人間やメディアに〝政治的・道義的に正しいウクライナを応援せねばならない〟という意識が働き過ぎている」と指摘している。そしてその典型例として『ウクライナ戦争の衝撃』（インターブックス）の山添博史・防衛省防衛研究所主任研究官の論考を挙げた。佐藤氏が問題視しているのは次のような記述である。

プーチン政権は長年、北大西洋条約機構（NATO）拡大の動きに対する反発を示してきた。しかし、これを主要な原因として、我々がNATOや米国の政策動向を非難すると、ウクライナ侵略の本質を見誤るうえ、ロシアの主張を支援して世論の分断に加担してしまうことになる。

（『ウクライナ戦争の衝撃』）

佐藤氏は、こうした前提こそ政治的配慮のなされた情報分析であり、典型的な「インテリジェンスの政治化」だと述べる。ミンスク合意の履行を拒否したのがウクライナのゼレンスキー大統領だったことと併せ、「不都合な真実」から論点をそらそうという風潮は私も感じていた。NATO東方拡大の問題点から目をそらす限りウクライナ危機は終わらないはずなのに、である。

その背後にあるのは、「民主主義」対「権威主義」、「自由」対「独裁」という、肥大化した「価値の体系」に基づく単純な二項対立の図式があると佐藤氏は指摘する。また、このようにも書いている。

西側諸国は武器と戦費を提供するだけで、兵士を派遣することはしない。自国民の血を流さず、ウクライナ人の生命と身体を対価にして西側にとって重要な価値を追求している。私にはこのような西側諸国の対応がシニシズム（冷笑主義）に見える。（『よみがえる戦略的思考』）

西側の「冷戦の勝利者」としての驕《おご》りが今も続いている証《あか》しかもしれない。

ウクライナを支援する欧米と、ロシアの対立で混乱が続く状態を、シリア内戦と重ね合わせる研究者の見方が興味深い。中東政治が専門の青山弘之・東京外国語大学教授は、22年10月18日の朝日新聞デジタルのインタビュー記事「ウクライナも膠着の結末に？『今世紀最悪の人道危機』との共通点」（聞き手・佐藤達弥）で、「どちらも大国の代理戦争的な側面がある」と指摘している。

シリアでは、アラブの春と呼ばれる２０１１年の中東民主化運動をきっかけに内戦が始まり、ロシアなどが支援するアサド政権と、欧米が支援する反体制派が衝突した。「ウクライナでは、ロシアは直接攻め込んだ形になりましたが、欧米は軍事支援という形でやはり間接的に関わっている。欧米はウクライナでロシアとの代理戦争を繰り広げているという見方もできます」と語る。

その指摘は極めて冷静で現実的だと思われる。ロシアの暴挙は決して容認できないが、メディアも世論も「ウクライナに武器を」と熱くなるのも疑問だ。青山氏はさらに、次のような重要な指摘をしている。

日本の国力は今や右肩下がりで、欧米一辺倒で生きていける時代ではありません。もっと身の丈に合った外交を考えるべきです。

シリア内戦で反体制派を支援した欧米は人権や自由を掲げていました。ウクライナ支援でも、民主主義を守ることを旗印にしています。ただ、こうした普遍的な価値を掲げることで、結果的に多くの国が巻き込まれることも覚えておかなくてはなりません。

欧米以外の多くの国はロシアの侵攻を非難しつつも、関係を断ち切っているわけではありません。単純な善悪の二分論でなく、自分たちにとって本当に利益になる外交とは何なのかを考える視点が私たち一人一人に求められていると思います。(２０２２年10月18日、朝日新聞デジタル)

佐藤優氏は、先に触れた新著『よみがえる戦略的思考』の中で、京大教授を務めた高坂正堯《こうさかまさたか》氏が現実主義の立場から国際政治を「価値の体系」「力の体系」「利益の体系」で分析していたことを紹介し、ウクライナ戦争を見るときもこの3要素で検討することが有効だと述べている。

高坂氏は、国家間の関係はこの三つのレベルの関係がからみあった複雑な関係であると説いていた。青山氏の視座も、「価値の体系」に寄りすぎると、かえって紛争の火種を発生させてしまう危険があるというものだ。この三つを冷静に見つめて、日本も戦略的に対応を考えていくべきだろう。

「二つの肺」

ゴルバチョフ氏が22年8月30日に逝去したのを受けて、9月11日付朝日新聞朝刊のコラム「日曜に想う」に、「ゴルバチョフ氏、33年前の高揚」の記事が掲載された。現在は天声人語を担当する筆者の郷富佐子氏は、かつてローマ支局長も務め、バチカンに詳しい。

1989年12月1日、当時ソ連共産党書記長だったゴルバチョフ氏がローマ教皇ヨハネ・パウロ2世をバチカンに訪ねた出来事から書き起こし、2人は「『歴史的和解』を果たした」と意義づけた。そしてあの時代、「対話があり、世界は平和に向かっていると思えた」と振り返り、「対話を模索する時代に」「歴史から学ばなければいけない」と説いた。

このコラムが的確に指摘したように、ローマ教皇とソ連指導者との会談は「歴史的和解」だった。しかも、米ソが東西冷戦の終結を宣言したマルタ会談の始まる前日だったことが極めて象徴的だ。ゴルバチョフ氏の回想録『変わりゆく世界の中で』の中でも、ローマ教皇との会談のやりとりが記されている。

その中でゴルバチョフ氏は、ヨハネ・パウロ2世の発言を「重要な考え」として紹介している。ヨハネ・パウロ2世は「ヨーロッパや世界での変化が西側をモデルに進むことを要求する人がいたら、それはいけないことです。それは私の深い信念と矛盾しています。世界の歴史の参加者としてヨーロッパは、二つの肺で呼吸しなくてはなりません」と述べた。この「二つの肺」という表現にゴルバチョフ氏は、「実に的確な表現ですね」と感想を述べている。以下、回想録から一部を引用してみたい。


教皇は1980年、ヨーロッパの守護聖人として、ラテン的伝統を代表する聖ベネディクトのほかに、東方のビザンチン、ギリシャ、スラブ、ロシアの伝統を代表する聖キリルと聖メトディウスを選ぶと宣言した。これには理由があったのだと、教皇は振り返った。

「これが私のヨーロッパに関する信条です」とヨハネ・パウロ2世は言った。

もちろん、我々の会談の主要な話題となったのは、基本的人権のひとつである信教の自由のテーマと、そこから派生する宗教的自由の権利だった。ヨハネ・パウロ2世は〈正教の兄弟たち〉について語り、正教会、特にロシア正教会とのエキュメニズム〔世界教会主義〕的な対話を積極的に進めていると指摘した。同時にローマ教皇は、ソ連でのカトリック信者の状況について、いくつかの問題に触れた。

私は、提起された問題についての自らのアプローチを説明した。とりわけ、次のような考えを述べた。

「我々は、めざしているものを民主的な手段で実現したいと思っています。しかし、ここ数年の出来事をよく考えてみると、民主主義だけでは不十分なのです。モラルも必要なのです。民主主義は善だけでなく、悪ももたらします。そういうものです。我々にとって極めて重要なのは、親切、慈悲、助け合いのような人類共通の永遠の真理、そして道徳を社会にしっかり根付かせることです。我々は、信仰を持つ市民たちの内面世界を尊重する必要性を認めることから出発しています」。そして私はこう付け加えた。「これは正教徒にも、カトリックを含めた他の宗派の信者にも関係していることです」と。

我々はその後も、ヨハネ・パウロ2世との関係を保った。素晴らしい人物であり、偉大な思想家だ。国家の共同体と全人類がめざさなければならない世界秩序について、その最も正確で内容豊かな定義は、彼が体現しているのかもしれない。〈私たちには実際、新しい世界秩序が必要です。それは、もっと安定した、もっと公平な、もっと人道的なものなのです〉。この言葉に言い尽くされている。

（『変わりゆく世界の中で』）

あれから30年あまり。ウクライナ戦争を招いてしまった今、国際社会は何をどこで間違えてしまったのかと私は考えてしまう。「一つの肺」で生きようとしたことが、今につながっているように思えてならない。一つの肺が肥大化し、冷戦終結のころは16だったNATO加盟国が30カ国になった。ロシアのウクライナ侵攻を経てフィンランドとスウェーデンが加われば、32カ国になる。

先に紹介した『非戦の安全保障論』の中で、柳澤協二氏はこう述べている。

アメリカは、ロシアが長年にわたって表明していたNATO拡大に対する不満に対処してこなかった。それは戦争を正当化する理由にはなりません。しかし、ロシアの安全保障上の不安、あるいは大国でありたいという願望を軽視せず、適切に対処していれば、戦争の意思を封じ込める可能性はあった。その外交をしてこなかったことを反省すべきだと思います。外交で戦争を防げるとは言いませんが、外交なしに戦争を防ぐことはできないのです。

また、戦争が終わっても、相互に脅威を感じないようにならなければ、次の戦争の火種が残ります。平和にとって重要なことは、勝敗ではなく信頼の回復です。（『非戦の安全保障論』）

こうした考え方は、ウクライナ東部ドンバス地方の現場で活動してきた元UNHCR（国連難民高等弁務官事務所）職員の千田《ちだ》悦子氏も主張している。私は22年3月に千田氏と会って直接お話をうかがったが、この紛争現場を直接知る人の知見は極めて重要だと考えた。3月24日付朝日新聞朝刊オピニオン面の「私の視点」に掲載された千田氏の論考「ロシア巡る緊張緩和　戦争放棄へ、被爆国の責務」を紹介したい。

ロシアのウクライナ軍事侵攻で世界が震撼《しんかん》し、西側諸国がこぞってウクライナに武器を送り、ロシアに経済制裁を加えている。誰もロシアを実質的に止めることができず、ウクライナで死者数だけが増えている。

２０１６年にウクライナの国内避難民人道支援のためキエフとドニプロのＵＮＨＣＲ現地事務所へ赴任するまで、私は沿ドニエストル、アブハジア、南オセチアと呼ばれる「領土」を知らなかった。ロシアが14年にウクライナのクリミアを併合し、ルガンスク・ドネツク２州（併せてドンバス地域）を実質占拠したように、モルドバとジョージアにロシアが設けた事実上の緩衝地帯である。ソ連崩壊以降、ロシアが北大西洋条約機構（ＮＡＴＯ）拡大を防ぐ占拠の歴史があったことがわかる。

14年以降のドンバス地域は、ウクライナ政府の非制御地（ＮＧＣＡ）と制御地（ＧＣＡ）との境界線を中心に戦闘が常態化し、人々が西へ逃げていた。親ロ派によるロケット弾発射や発砲、それを迎え撃つウクライナ軍の砲撃戦で、家や学校、病院、公共施設などが破壊された。それらの修復をはじめとするプロジェクトの進行調整を私は担当した。日中、砲弾の音を間近に聞きながら仕事をする日もあった。

日本はウクライナ難民の受け入れを表明したが、ウクライナの人たちはできれば自国にとどまりたいこと、そして何より、ロシア人もウクライナ人もお互い親戚も多く本当は戦いたいとは思っていないことを、まず知っておいて頂きたい。ウクライナの人たちも多くのロシア国民も仰天し、心を痛めているのである。

人類は、第１次世界大戦後に国際連盟を設立したが、ヒトラーのナチスドイツの出現とユダヤ人大虐殺を含む第２次世界大戦の勃発を防げなかった。戦後、恒久平和を求めて国際連合を創設したが、今回の軍事侵略行為を止める有効手段がないのが実情だ。核使用も辞さないと言うプーチン大統領を追い詰めることは、人類にとっては得策でないかもしれない。ロシアの歴代大統領が恐れてきたNATO拡大についてロシアの言い分を聞きつつ、今後の緊張を緩和する方向性をNATO全体で探る必要があるのではないだろうか。

日本には多様な神を受け入れて全存在に感謝し、敗者を追い詰めない平和共生の思想が根底にある。世界が存続の危機に立つ今、唯一の被爆国であり、恒久平和を希求して戦争放棄した国民として、日本人が新しい戦争放棄というパラダイムを世界に提案すべきではないか。武装強化は問題解決どころか対立を深める。中庸が肝心だと私は考えている。

（2022年3月24日付、朝日新聞）

さらなるNATOの拡大が、次の戦争の火種にならない保証はない。NATO東方拡大も原爆投下と同様、その正当化は厳しく問われなければならない。

戦争の予感

ロシアのウクライナ侵攻が始まる1年4カ月前のことになる。私は2020年10月26日から5日間、朝日新聞夕刊の「現場へ！」シリーズで、「独ソ戦を考える」をテーマに連載記事を書いた（**写真**）。きっかけは、軍事史家の大木毅氏が執筆した岩波新書の『独ソ戦――絶滅戦争の惨禍』が19年7月の発売以来、12万部を超えるベストセラーとなり、「新書大賞2020」（中央公論新社主催）

対独戦勝記念の軍事パレード。背後の写真は、独ソ戦勝利を祝った1945年6月24日のパレード（2011年5月9日、モスクワ「赤の広場」）＝副島英樹撮影

にも選ばれたことだった。同書はウクライナ戦争の勃発とともに、再び売れ行きを伸ばしている。日本人にとって第2次世界大戦といえば太平洋戦争であり、連合軍のノルマンディー上陸作戦で知られる西部戦線だった。いわば欧米経由の西側の目線から第2次世界大戦を見ていたのだ。

大木氏は私のインタビューに「でも実際は、ドイツ軍の戦力の大半を吸収していたのは東部戦線であり、ソ連でした。それがなかなか入ってこなかった」と語った。そして、なぜ独ソ戦の本が売れると思うかを尋ねると、多くの読者は今の情勢がどこかきな臭いという皮膚感覚があるのではと大木氏は答えた。

「実は冷戦真っ盛りのころは、意外にもそうではなかった。米ソの枠ががっちりできていた。むしろ今の方が、戦争をリアルに感じるのかもしれません」と。この本を岩波書店の新書編集長時代に企画した永沼浩一氏は、他所《よそ》の戦争だが、互いの存在を完全に抹殺する戦争、人間の理性や軍事的な合理性を乗り越えてしまった戦争を、同じ人類として知っておく必要があると考えていた。その永沼氏は私の取材に「売れる予感はあった。いずれ戦争が起こるのではという漠然とした危機感を人々は意識せずとも肌で感じている。『戦争とは何か』を知りたい読者は確実にいる」と語っていた。今から思えば、大木氏と永沼氏の慧眼に驚くほかない。2人は戦争の足音をしっかりと聞き取っていたのである。

それはゴルバチョフ氏にも言える。彼は自叙伝『我が人生』の中で、「世界は戦争を準備しているのか?」という項目を立てて戦争を予見していた。

政治家や軍人の口からは、より好戦的な言葉が語られ、軍事ドクトリンの内容が過激化している。こうしたことをすべてマスメディアが取り上げて煽《あお》り立てている。大国間の関係はより悪化し、冷戦のあらゆる兆候が存在しているのだ。

我々が、相変わらず起こっていることを見ているだけで何もしないでいたなら、「冷たい」戦争は「熱い」戦争へ変わってしまうだろう。

今やヨーロッパは分断され、世界も分断されている。これは、世界共同体が進むべき道ではない。今は揉めごとだらけだ。ＮＡＴＯはロシアが射程に入る国境地帯に新たな戦力を配備している。これは端的に言って、無責任である。

世界で今起きていることは、危険な傾向が高まっていることを示している。残念ながら、状況は深刻化していくばかりだ。

（『我が人生』）

そして、こう述べるのだ。「世界は戦争に向けた準備を進めている感じがする」と。この自叙伝がロシアで刊行されたのは２０１７年。やはりゴルバチョフ氏も戦争の匂いを嗅ぎ取っていたのである。

欧米視線――一次情報はロイター、AP、AFP

国際政治学やEU論などを専門とする青山学院大学の羽場久美子教授は、編著者としてまとめた『移民・難民・マイノリティ――欧州ポピュリズムの根源』（彩流社）の中で、「日本人も米欧も、西欧の人々の移民への危惧に対しては、理解し共感可能であるが、西欧のEU・NATO拡大や移民拒否を、東の人々が『壁』の形成と感じているということは理解しがたかった」と指摘し、以下のように記している。

冷戦終焉後はソ連という対抗軸が崩れ、価値が一元化されたために、多元的な価値や報道がされにくくなった。元来国際社会は多元的で、特に欧米とその外との考え方には当然差異が存在するにもかかわらず、国際報道が米欧的価値に一元化されてもそれを疑わずに国際的価値とするようになった。

（『移民・難民・マイノリティ』）

日本の国際報道は、常に欧米メディアのフィルターを経由して配信される。私も東京で国際報道部に身を置いた経験から、まずそれを痛感した。第一次情報はほぼ、ロイター（英国）、AP（米国）、AFP（フランス）といった通信社電である。そこでニュースの価値判断が固まってしまい、その後に背反情報が入ってきても軌道修正は極めて難しい。

さらに、多くの国がそうかもしれないが、自国に不都合な真実は、世論のナショナリズムが強まれば強まるほど報道が手控えられる気がする。自国の不都合な真実よりも、「国益」擁護が優先されるのだ。

特に北方領土問題のメディア報道をめぐって、そのような風圧を感じた。不都合な真実をあげつらうのは日本の報道機関としてどうなのだ、と。しかし、それに屈してしまうと、もはやジャーナリズムとは言えないだろう。同じような空気を、ウクライナ報道でも感じる。

メディア記者が発信するSNSも含め、紙面やデジタル空間で展開される昨今の日本の報道を見ていると、シニシズムが蔓延し、モラルが劣化しているのを痛感する。古い人間かもしれないが、戦争では双方の人間が死んでいくのに一方だけの戦意高揚を訴えたり、死んでいい人間と死んではいけない人間を感情にまかせて線引きしてしまったり、それに疑問を抱く人々を攻撃したりする光景を、いろいろな場面で目にしてきた。まさに戦争というものが社会をゆがませていくことを、現在進行形で見せつけられている感がある。

事の本質をあえて見ようとせず、冷笑的な文面で憎悪をかき立てる。ネットからマスメディアに至るまで、そうした風潮が染み渡ったように思えてならない。

広島から発信する22年夏の平和報道では、ウクライナに「武器を送れ」ではなく、戦争や核の被害者に国境はないのだということを伝えたいと思った。原爆では日本人だけでなく、原爆を投下した米国の捕虜米兵も、戦後すぐに血眼になって原爆を追い求めるロシアの人々も、数多くの朝鮮半島出身者も、同じ大切な命を奪われているのである。

日本でも22年5月の公開以来、米映画『トップガン　マーヴェリック』が大きな話題を呼び、1986年に全世界を熱狂させた前作『トップガン』を懐かしむ世代を魅了した。だがそこには、無意識のうちに、主人公の命についてははらはらし、敵機のパイロットが死ねば溜飲を下げる自分がいる。これがフィクションでなければ、敵兵にも自らの家族や肉親がいるのだ。戦争の芽は、人間の心に潜んでいる。それを不断に自覚しなければならない。

自分の原点

冷戦終結と昭和の終焉を、私は広島で迎えた。

記者4年目の広島支局員時代、冷戦が終結する年の1989年6月11日付の朝刊に、あるコラムを書いた。被爆45年に向けて被爆建物の保存が大きなテーマになっていたころだ。今から振り返れば、自分の原点はここにあるのかもしれないと思う。「読者・記者」という欄に載ったその記事を紹介したい。

原爆ドームを守る心、心…　反戦旗捨てぬ人々

転勤で初めて広島の街に足を踏み入れた約1年前。実際に見る原爆ドームは、思ったよりずっと小さかった。高層ビルの群れ、あふれかえる車…。100万都市の雑踏こそ感じはしたが、この街が世界最初の被爆の地とは、にわかに信じ難かった。原爆ドームもまた、その風景のなかに埋没しきっているように思えた。

原爆ドームを永久保存するため、広島市が補修費2億円のうち1億円を目標に全国募金を呼び掛けて4カ月が過ぎた。寄金は、すでに3000万円を超えた。平和への思いをつづった手

紙を添えてくる人も多い。しかし、ほとんどは無言の寄金者である。寄金へ駆り立てる、この不思議な求心力は何だろう。ゼロからのヒロシマ体験を歩み始めた私が、最初に抱いた疑問だった。

原爆ドームが、かつて県産業奨励館としてあった時代に、ここでどんな人が働き、原爆投下を挟んで、どんなドラマが展開されたのか。広島の地で記者活動をする1人として、生存者や遺族を捜して回り、証言をもとに当時の状況を取材した。その過程で原爆ドームへの認識が自分の中で少しずつ変わり始めた。

奨励館のあった旧地名にちなんだ「猿楽町拾五番地」のタイトルで、広島版に連載した記事の取材で、ひとりの女性と知り合った。

高知県に住むAさん(65)。奨励館の3階、内務省中国四国土木出張所の工務課で働いていた。原爆投下前日の夜、一時帰郷のため広島をたち、被爆を免れた。4年前の8月6日、原爆ドーム前で行われた同出張所の40周年慰霊祭に出席するまで、旅行に出ても広島だけは素通りしてきた。原爆ドームを見たら、同僚たちの顔が瞼《まぶた》に浮かんで…。

「生き残ったことが申し訳ない」と、今でも口を固く閉ざす人は多い。けれどもAさんは一時間近く、記憶をたどって話してくれた。

数日後、Aさんから現金書留が支局に送られてきた。同封された手紙には、「亡き友をしのび涙した」と記されてあった。取材で、Aさんのつらい思い出に、土足で踏み込んでいたのではないか、と反省した。

でも、Aさんはなぜ、あえてつらい思い出を語ってくれたのだろう。「ドーム募金に」と託してくれた3000円と合わせて、手紙に添え書きしてあった1つの句が教えてくれた。

「ちぎれても　ちぎれても振る　反戦旗」

圧倒的に多い無言の寄金者の心にあるのは、この「反戦旗」に違いない——。

先日、修学旅行生たちに交じって原爆ドームをひと巡りした。風化に耐える一つひとつのレンガや石に、一人ひとりの心が刻まれていくことに思いをはせた。いま、原爆ドームの姿が、ひと回りもふた回りも大きく見え始めたところである。（1989年6月11日付、朝日新聞）

この「ちぎれても　ちぎれても振る　反戦旗」という五七五の言葉が、その後もずっと頭に残り続けた。

ウクライナ戦争でも即時停戦が必要だと考えるのはそのためかもしれない。

これだけ大量の核兵器と原発を持ってしまった世界で、戦争を長引かせる余裕などないはずだ。ロシアのウクライナ侵攻の2日後、ゴルバチョフ財団が一刻も早い戦闘行為の停止と早急な平和交渉の開始が必要だと表明したのも、そうした認識があったからである。

そのゴルバチョフ氏が「新思考」の源流の一つとして挙げる人物が、反核を唱え続けた物理学者のアルベルト・アインシュタイン氏だった。彼が1947年の国連総会に送った公開書簡の一節にはこうある。

「国家の軍備がどんなに強力なものであろうと、それはいかなる国家にとっても、軍事的な安全保障をつくり出してくれず、また平和の維持を保証してくれるものでもありません」

22年4月3日の朝日新聞「社説余滴」で、田井良洋・論説委員は「核大国の暴走を許さない」というタイトルのコラムを書いた。その中でこの公開書簡の一節に触れ、19年夏、朝日新聞が広島市と共催した国際平和シンポジウムで作家の佐藤優氏が「この現状認識は現在も有効性を失っていません」と基調講演で説いたことを紹介している。「核大国の暴走を許さないために」と題された講演で佐藤氏はこう述べた。

「歴史の振り子を、理想主義と国際協調の方向に戻さねばならない。そのためには核大国の指導者に対話を促すこと。私たちは自国の指導者が対話に真剣に取り組むよう働きかけていかなくてはならない」と。

人類が生き延びること、そのためには核兵器をなくすこと、そこから考えを進めていく必要がある。排除の論理では、勝ち負けだけにこだわる論理では、危機は乗り切れない。ナイーブすぎると言われようが、人間のぎりぎりの良識を信じたい。かつて国際原子力機関（IAEA）でモハメッド・エルバラダイ事務局長の特別補佐官、クウェート大使などを経て、広島平和文化センター理事長としてオバマ米大統領の広島訪問にも尽力した小溝泰義氏が、こんなことを語ってくれた。

「理想なき現実主義は現状追認の敗北主義である」と。

ゴルバチョフ氏の自叙伝『我が人生』の原書のタイトルも『オプチミストのままで』だった。その中で彼は、冷戦終結によって到達できた最も重要なもの、すなわち国家間の信頼をいかに回復させるかに心を砕いている。対話し、双方の利益を考慮し、歩み寄って解決を模索するしか道はないと説く。

勝ちも負けも味わい、火の中、水の中をくぐって政治の道を歩んだうえで、政治とモラル、道徳的価値は共存できるという確信を持ち続けていた。歴史の振り子を、理想主義と国際協調の方向に戻さねばならないと切に思う。

戦争は人間の心から起きるのである。

付録　ゴルバチョフの言葉——朝日新聞記事で振り返る

単独会見　**核戦争は許されない、そこに勝者はない**

（2019年12月17日付、朝日新聞大阪本社版）

核兵器が増え続けた米ソ冷戦期に初めて核削減へ道筋を付け、冷戦終結にも導いたミハイル・ゴルバチョフ元ソ連大統領（88）が今月3日、モスクワで朝日新聞記者と単独会見した（次ページの**写真**）。核兵器に「歯止め」をかける米ロの合意が相次ぎ消える中、新たな軍備競争への懸念を示し、核なき世界へ向けた動きを復活させなければならないと警告した。「核戦争は許されない。そこに勝者はない」と繰り返した。

インタビューに答えるゴルバチョフ氏(2019年12月3日、モスクワ)＝飯塚悟撮影

（インタビュー）ゴルビーの言葉、今こそ　元ソ連大統領ミハイル・ゴルバチョフさん

若い世代にとっては、もはや歴史上の人物かもしれない。「ゴルビー」の愛称で親しまれたミハイル・ゴルバチョフ元ソ連大統領。米ソ冷戦のさなか、夢想とも思われた核軍縮を実現し、冷戦終結をも導いた。核のたがが外れ、協調や相互協力を忘れたような力の政治が世界を覆う。彼の言葉を今、聴きたい。

――自ら手がけた中距離核戦力（ＩＮＦ）全廃条約は核削減への第一歩でした。射程５００～５５００キロのミサイルをなくすこの条約の失効をどう思いますか。

「条約の理念を思い起こしてほしい。ジュネーブでの最初の米ソ首脳会談（１９８５年）の共同声明に反映されています。『核戦争は許されない、そこに勝者はありえない』と。核兵器から解放される。これは今も私の祈りです」

「この条約に続いて米ソ両国は核依存を減らす方向へと、軍事ドクトリンを見直しました。冷戦のピーク時と比べ核保有量は80％以上減った。東欧も西欧も軍事力を削減しました。冷戦終結の結果、みんなが手にした『平和の配当』だったのです」

――歯止めがなくなっていきます。今後の影響をどう見ますか。

「時代の流れを逆転させる恐れがあります。米国は包括的核実験禁止条約（ＣＴＢＴ）の批准を拒否し、２００２年には米国の一方的な脱退で弾道弾迎撃ミサイル（ＡＢＭ）制限条約が失効しました。重要な柱の条約のうち、いま残っているのは新戦略兵器削減条約（新ＳＴＡＲＴ）のみ。その運命も先行き不透明です」

「脱退の背景には、軍事的な制約から自由になり、絶対的な軍事的優位を狙う米国の意志があります。だが、

今の世界で一国による覇権はありえない。これは虚妄の目標であり、願望です。安全保障環境が不安定になれば、新たな軍備拡張競争により、世界政治が無秩序と予見不可能性にさらされます。米国を含めすべての国の安全が損なわれるでしょう」

――米国に言いたいことは。

「現職の米大統領が『我々は最も豊かで、どこよりも金がある。だから軍事化を進める』と発言しています。米国はいったい誰と戦おうとしているのでしょうか。それはロシアでしょう。しかし核兵器の新しい競争の道に再び立つことは許されません。妄想を相手にするのはやめて、現実政治に取り組むべきです。我々に必要なのは平和であって、世界の終末ではありません」

――ＩＮＦ条約を結ぼうというきっかけは、86年のチェルノブイリ原発事故だと聞いています。

「この事故は、わが国と世界の歴史にとって大きな節目となりました。ソ連が抱えた問題を露呈させ、原子力エネルギーと核兵器が持つ破壊的潜在力を思い出させました。原因究明と処理作業に力を注ぎましたが、多くの犠牲者なしではすみませんでした」

「私の人生は二つに分けられます。チェルノブイリ事故までと、その後と、です。自力で被害をくい止めるのに必死でした。核兵器による被害の経験はありませんでしたが、この事故は、核兵器を何とかしなければと考えさせる教訓となりました」

――事故の翌月、レーガン米大統領に「どこか欧州の首都でも、あるいは広島ででも」と、テレビ演説で会談を呼びかけました。アイスランドのレイキャビクに決まる前です。

「2度目の広島を誰も望んではいけない、と思います。核戦力の90％を持つ超大国は、核廃絶に責任を持って取り組む――。それを世界の世論に請け負わなくてはならない。ロシアには今もその用意があります」

――核廃絶への思いをどのように示していますか。

「核戦争は許しがたい。それを始められるのは理性のない人間だけです。国家のトップにとって欠かせない演習の時でさえ、私は核のボタンを一度も押さなかった」

「私は最近、ノーベル平和賞の受賞者たちに書簡を送り、核大国の指導者たちに訴えるよう呼びかけました。核の削減と撤廃の交渉に戻るように、と。核抑止論に立って、『核兵器は戦争から世界を守る』と核をほめちぎる専門家がいます。でも、少なくとも一度は世界を自滅寸前にしました。62年のキューバ危機です。これを忘れてはなりません」

――まず何が必要ですか。

「早急に米ロの対話を再開させることです。ＩＮＦ問題や新ＳＴＡＲＴの延長だけでなく、平和と安全の問題、核なき世界へ向けた動きを復活させることです。すべての核保有国は一歩を踏み出さねばなりません。核抑止力は、核兵器のエラーや核のテロから世界を守りません。むしろ世界を絶え間ない脅威にさらし続けます」

――現在の状況への助言は。

「冷戦後に作られた国際安全保障の土台を生かすことが求められています。特に米国の共和党と民主党の国会議員たちに訴えたい。ここ数年の緊迫した政治状況が、核兵器の問題を含め米ロ両国の対話を妨げているのは残念です。政党間の対立を乗り越える時です」

「米ロ関係を改めて動かす新しい理念が必要でしょう。少し前、レーガン時代の国務長官シュルツ氏と米ロの専門家による民間フォーラム創設を呼びかけました。両国政府への提案を作るのです。思考が軍事的になれば、国家の振る舞いも軍事化につながります。安全保障の問題解決の鍵は、兵器ではなく政治です。世界が軍拡や反目に転がらないよう、私たちは行動できると信じています」

――核問題との出会いは。

「共産党の青年組織コムソモールで働いていた時です。将校の建物にグループが集められ、核爆発や原爆のフィルムを見ました。とてつもない力に打ちのめされました。『爆発の方向を見てはいけない。湿ったシーツにくるまれ』との説明がありました。そんなこと言われても……。私は見終わった時、こう言いました。『残された道はただひとつ、平和のために闘わなければならない』と」

――日本の役割とは。

「核兵器については、私は日本とともにあります。核の騒動は米国から始まりました。米国が最初に原爆を手にし、ソ連指導部に会談で『原爆を持った』と伝えました。米国をあがめるよう脅したのです。これは狂気の兵器への欲求です。米国は別の種類の核兵器を開発して『人道的』と言います。核にヒューマニズムなどあり得ません。日本の役割、日本の言葉はとても重い。ロシアも、核兵器を減らし、そこから自由になることに賛成です」

――当時は今以上の冷戦。よく米ソ首脳が合意できましたね。

「レーガン大統領とはジュネーブで初会談しました。彼は断固として私に対抗し、私も彼に対抗した。彼を真のタカ派と考えていたからです。でも感謝しています」

――今年の広島平和宣言はその米ソ首脳に触れました。

「私自身が手本になり得るだろうし、そうありたいと願っています。私の広島への思いは変わりません。どれだけの人が犠牲になり、破壊されたか。日本には道徳的な正当性がある。平和な都市への核攻撃を体験したからです。あなた方の声は、あらゆるところで耳を傾けられるのです」

――マルタ会談30年の記念日が来たばかりです。振り返ってみて、冷戦終結とは。

「ブッシュ（父）大統領とマルタで合意しました。会談の終わり近く、私が全世界に『アメリカを敵とはみなさない』との声明を出したいと言うと、彼は立ち上がってテーブル越しに私の手を握り、『我々も敵とはみなさない』と。大切なのは、戦争の脅威から解放されることだったのです」

「ベルリンの壁はもうありません。冷戦に終止符を打たなければなりませんでした。東ドイツのデモ行進で人々は叫んでいました。『ゴルバチョフ、助けて』と。当時、ドイツ統一に英国、フランスは反対でした。再び大ドイツが誕生し、欧州に危険が増すとの理由からです。東ドイツ側もソ連軍を動かすことを期待していました。でも私は動かしませんでした。将来をドイツ人自らに決めてもらうためです」

——冷戦の勝者は西側ですか。

「冷戦終結にはロシアも他の諸国も役割を果たしました。全国民の勝利、成果はみんなのものです。もし西側が勝利したと言うなら、それはそれで十分でしょう。誇張して言えば、彼らは今や世界の支配者だからです。しかし、みんなのパートナーであろうとしていますか。世界のリーダーはグローバルに協力しあう環境にあるでしょうか。軍拡を続けて他国を脅し、圧力をかけるつもりでしょうか」

「人類の歴史から得た教訓は、今の国際社会で現実として残っています。モラルなしに、モラルある世界は打ち立てられないのです。平和そのものが最上のモラルです。だからこそ平和を維持していかなければなりません」(聞き手＝編集委員・副島英樹、モスクワ支局長・喜田尚)

(解説)

来年は広島・長崎の被爆75年、核不拡散条約(ＮＰＴ)の発効50年を迎え、世界の核状況にとって節目の年となる。

１９８７年に署名した中距離核戦力(ＩＮＦ)全廃条約がこの夏、米国の脱退で失効したことについて、「時流を逆行させる恐れがある」と指摘。２００２年に米国が弾道弾迎撃ミサイル(ＡＢＭ)制限条約から脱退した動きや、オバマ大統領時代に米ロが締結した新戦略兵器削減条約(新ＳＴＡＲＴ)の延長に米国が否定的なことに触れ、戦略的安定のための三つの柱が失われる事態は大きな危機だと警鐘を鳴らした。

トランプ政権は小型核弾頭など「使える核」の開発を表明し、ロシアの違反を理由にＩＮＦ条約を脱退後、中距離ミサイルの発射実験を実施。ロシアも対抗姿勢を見せている。こうした状況に、「米ロがまず、対話を再開すべきだ」と主張。「世界の核戦力の90％を持つ核大国は、核廃絶に動くということを世界の世論に請け負わなくてはならない」とした。

核抑止力も明確に否定。「総じて世界を守らない。むしろ世界を脅威にさらし続ける」と強調した。核軍縮の第一歩となったＩＮＦ条約締結を促したのは、86年に旧ソ連で起きたチェルノブイリ原発事故だったとも振り返った。「核兵器を何とかしなければ、ということを示す教訓となった」と述べ、原発事故の被害が、戦時に核が使われる姿を想像させたとした。

日本については、「核兵器とは何かを体験した初めての国だ。日本の役割、日本の言葉は重い」と語り、米ロの対話再開への後押しに期待感を示した。

同氏は85年にソ連共産党書記長に就任し、ペレストロイカ（改革）を提唱。90年に初代大統領に就任し、同年のノーベル平和賞を受賞。91年末のソ連崩壊で大統領を辞任した。現在、ゴルバチョフ財団の総裁を務める。（副島、喜田）

■軍拡阻止、まず米ロが動け

冷戦時代、米ソが持つ核弾頭はピーク時の１９８６年に約７万発に達したが、87年以降は減少に転じ、現在は米ロで約１万３千発とされる。この核軍縮の流れをつくった第一歩が、ゴルバチョフ氏とレーガン米大統領が87年に署名したＩＮＦ全廃条約だった。

この原点が消えた。歯止めがなくなり、再び軍拡へ逆戻りする恐れがある。米ロ外相は今月、２０２１年に期限を迎える新STARTについて協議したが、延長を求めるロシアに対し、米国は中国の参加が必要だとして消極姿勢を示した。

核を持つインドとパキスタンの対立、北朝鮮の核開発など、核の火種は絶えない。しかし、世界の核の9割を持つ米ロがまず動かないと事態は変わらない。国際社会の世論は、17年に国連で採択された核兵器禁止条約に示されている。一国主義を超え、核廃絶という人類共通の目標に向けて、核大国は世界の世論に応えるべきだ。（副島）

■ゴルバチョフ氏の発言骨子

・演習の時でさえ、私は一度も核のボタンを押さなかった
・核戦争は許しがたい。そこに勝者はない
・核抑止力は世界を守らない。核のエラーや核テロから人々を守らない。むしろ世界を脅威にさらし続ける
・米ロは早急に対話を再開すべきだ。世界の90％の核を持つ核大国こそ、核廃絶に動くことを世界の世論に請け負わなくてはならない

（インタビューを終えて）

この瞬間も人類は核兵器の脅威にさらされている。すべては1945年8月、米国による広島・長崎への原爆投下から始まった。来年は被爆75年。核兵器は今もなくならない。でも、増え続ける核を国際協調によって減らした先例はある。冷戦のさなかの核軍縮はなぜ可能だったのか。それが、ゴルバチョフ元ソ連大統領を訪ねた理由だった。

インタビューでゴルバチョフ氏が少し言葉を荒らげる場面があった。現職のトランプ米大統領に触れた時

だ。自ら手がけた中距離核戦力（ＩＮＦ）全廃条約を葬り去った張本人だからだろうか、「激しい表現を使ってすまない」と断ったうえで、「くそ！」と口にした。オバマ時代の軍事ドクトリンを見直したトランプ政権の指向は、協調と相互協力を貫いたゴルバチョフ氏と正反対である。

今年8月6日の広島原爆の日。広島市の松井一実市長は「広島平和宣言」の中で、世界の政治指導者にこんなメッセージを送った。

《かつて核競争が激化し緊張状態が高まった際に、米ソの両核大国の間で「理性」の発露と対話によって、核軍縮に舵《かじ》を切った勇気ある先輩がいたということを思い起こしていただきたい》

米ソ首脳が87年に署名したＩＮＦ全廃条約が、米国の脱退でその4日前に失効したばかりだった。ゴルバチョフ氏とレーガン米大統領が苦労の末にたどり着き、初めて人類が核削減の流れへと転じ、冷戦終結にもつながったこの条約は、この2人の「先輩」が「核戦争は許されない。そこに勝者はいない」という理念を形にしたものだった。

平和宣言のことを伝えると、ゴルバチョフ氏は「私は手本になり得るだろうし、そうありたい。その視点を共有する」と述べた。

核戦争の脅威が全世界を覆っていた冷戦時代。ゴルバチョフ氏が85年にソ連共産党書記長に就任するまで、米ソ首脳会談は6年の空白があった。イニシアチブをとったのは、新思考外交を展開した彼だった。

その原動力は何か。インタビューで、自らの青年時代を振り返った。党青年組織コムソモール活動の一環で、核爆発の映像を見せられた記憶だ。この時の衝撃が、「平和のために闘うしか道はない」との自覚を芽生えさせた。対米関係を正常化して軍備競争をやめなければ、との思考のベースにもなったのだろう。

それだけではない。彼はふと「いつもケネディを思い出している。いつも」と言った。核戦争の瀬戸際まで行った62年のキューバ危機を回避したジョン・Ｆ・ケネディ米大統領のことだ。

ゴルバチョフ氏は自著の中で、ケネディ氏が63年6月にアメリカン大学（米・ワシントンＤＣ）で行った演説に感銘を受けたと書いている。「私の言う平和はどんな平和か。それはアメリカの兵器によって世界に強いるパックス・アメリカーナではない。アメリカ人だけでなく、すべての人々のためであり、今日だけでなく明日のための平和なのだ」と述べた演説だ。

ケネディ氏は「ソ連への我々の態度を再検討しよう」とも述べた。その半年後、彼は暗殺された。

核軍縮も冷戦終結も、彼一人では成し得なかった。米国内の抵抗勢力を抑えたレーガン氏やブッシュ（父）米大統領が必要だった。

核廃絶に向かうには、世界の核兵器の9割を保有する米ロの政治指導者がまず動かなければならない。中国によって事態が複雑化しているのは確かだが、米ロが動かないと一歩も進まないのが現実だ。

政治家も専門家も、「安全保障上の現実」という言葉で出来ない理由を並べ立てるのではなく、どうすれば米ロが交渉できるかについて知恵を絞ったらどうだろう。

それは、「第二のゴルバチョフを生み出すための環境づくり」と言えるかもしれない。

現状追認ではなく、理想から出発して局面を変えた指導者がいた。その前例がここにある。この現実を直視してほしい。これこそリアルな現実である。（副島）

評伝　「畜生！」繰り返したゴルバチョフ氏　許せなかったトランプ氏の決断
（2022年8月31日、朝日新聞デジタル）

2022年3月2日の91歳の誕生日は、ロシアのウクライナ侵攻のもとで迎えた。

東西冷戦の終結から三十余年を経て、ウクライナ危機が戦争へと至ったことで、高齢の体は心身とも深い打撃を受けたに違いない。

「私の母はウクライナ人だった。妻のライサもウクライナ人だった。これはプロパガンダとして扱ってはならない問題だ。ロシアとウクライナの間に敵意をあおり、両国の関係を悪化させることに関心を持ち、それを必要とする者がいる」

2017年にロシアで刊行した自叙伝『ミハイル・ゴルバチョフ　オプチミストのままで』（日本語版は『我が人生　ミハイル・ゴルバチョフ自伝』）にはそう書いていた。

今回の事態でウクライナの親類とも連絡が十分取れず、気力が心配だと関係者から聞いていた。それでもプーチン大統領が「特別軍事作戦」を宣言した2日後の2月26日、ゴルバチョフ氏が総裁を務めるゴルバチョフ財団（モスクワ）は、一刻も早い戦闘停止と和平交渉開始を呼びかける声明を出した。

「世界には人間の命より大切なものはなく、あるはずもない。相互の尊重と、双方の利益の考慮に基づいた交渉と対話のみが、最も深刻な対立や問題を解決できる唯一の方法だ」

西側諸国とロシア国内、分かれる評価

ゴルバチョフ氏は約30年前、新思考外交で初の核軍縮と米ソ冷戦の終結に導き、1990年にノーベル平

和賞を受賞している。対立ではなく協調を模索し、人類共通の利益を優先するゴルバチョフ氏の「新思考」の理念が、この声明に込められている気がした。

ゴルバチョフ氏の評価には常に二面性が伴う。共産党が支配する全体主義国家・ソ連でペレストロイカという民主化政策を進め、西側諸国を熱狂させた。その一方で、ソ連崩壊を招いた頼りがいのない人物だとして国内での人気は低かった。

それでも、彼の残した人類への功績は大きい。

85年、レーガン米大統領と「核戦争に勝者はなく、決してその戦いはしてはならない」と合意して初の核兵器削減を実現し、それを冷戦終結につなげ、ドイツ国民の統一の悲願をかなえ、統一ドイツの北大西洋条約機構（ＮＡＴＯ）加盟まで認めた。

その出発点は、これだけ大量の核兵器を抱えた世界で人類が生き延びるには、戦争の芽を摘み、核兵器は全廃すべきだという思想だった。

共産党書記長時代の１９８６年に起きたチェルノブイリ原発事故も、「たった1基の原発が爆発しただけでこれほどの核被害が出る。まして戦時下で核兵器が使われたら」と考えさせる機会となり、彼の背中を後押しすることになる。

核大国の現職大統領として被爆地（長崎）を訪れ、被爆者と直接握手したのはゴルバチョフ氏が初めてだった。米ソの核軍縮条約締結に反対する核抑止論者のサッチャー英首相と激論を交わし、「あなたは火薬の樽《たる》、すなわち核の上に座って有頂天になっている」「核兵器はいつか火を噴く」と主張した。

冷戦終結30年で実現したインタビュー

マルタでの冷戦終結宣言からちょうど30年の２０１９年12月３日、モスクワの財団でゴルバチョフ氏へのインタビューが実現した。歩行器を押しながら現れたゴルバチョフ氏は、その歩行器に「マリヤ」と母親の名前を付け、「マルーシャ」と愛称で呼んでいると言って愛嬌《あいきょう》も見せた。

その年の8月、初の核軍縮と冷戦終結の起点となった米ロの中距離核戦力(INF)条約が、トランプ米政権の意向で失効した。条約の生みの親であるゴルバチョフ氏がそれをどう考えているのか、直接聞きたいと取材を申し込んでいた。

このインタビューの中で、ゴルバチョフ氏がとりわけ力を込めたのは、レーガン大統領と交わした「核戦争は許されない。そこに勝者はない」との合意に言及した時だった。マルタでブッシュ(父)大統領と「お互いを敵とは見なさない」と固く握手した瞬間を振り返った時も、生き生きとした表情を見せた。

逆に、珍しく声を荒らげたのは、INF全廃条約を闇に葬った張本人、トランプ米大統領に話が及んだ時だ。

「こんな言葉を使って申し訳ない」と断りつつ、「チョールト、パベリー」と何度か口にした。日本語に訳せば「くそ!」や「畜生!」の意味になる。約30年続いたその条約を葬り去ったトランプ氏が許せないのは明白だった。

巨人の遺言、人類の指針に

91歳の誕生日を迎えた22年3月2日は、例年通り財団本部のオフィスに仲間が集まった。世界各国からお祝いメッセージが届き、プーチン大統領も祝電を寄せた。ゴルバチョフ氏はコロナ対策もあって病院の部屋で過ごし、お祝いの会にはリモートで参加した。

会には、プーチン政権を批判するリベラル紙「ノーバヤ・ガゼータ」のムラトフ編集長も姿を見せた。その日は自紙のサイトに、プーチン大統領の核による威嚇に警鐘を鳴らす声明を出していた。報道の自由を貫き、昨年のノーベル平和賞を受賞した人物だ。

ゴルバチョフ氏は同紙の株主であり、90年にノーベル平和賞を受賞した際には賞金で同紙のコンピューターを買いそろえた。私の取材にゴルバチョフ氏は、「ノーバヤ・ガゼータ」について、「ペレストロイカ（改革）」の一環として進めたグラスノスチ（情報公開）を体現したものだ、と答えた。それが強く印象に残っている。

こうした事実は、ゴルバチョフ氏とプーチン氏との今の関係性を物語る。

ゴルバチョフ氏の側近は22年1月、「もう長い間、2人はコンタクトをとっていない」と明かした。その翌月、ロシアのウクライナ侵攻が起きた。

ゴルバチョフ氏の礎として一貫しているのは、「相互の尊重」と「対話と協調」、そして「政治の非軍事化」の思想である。

握手した手は分厚かった。本にサインしてくれたその筆圧も力強かった。20世紀の巨人の遺言は、今世紀でも人類の指針になりうるはずである。それだけに、ウクライナ戦争のさなかに逝くのは無念だったに違いない。

モスクワ市内にあるノボデビッチ修道院の墓地で、生涯愛したライサ夫人のお墓の隣で永眠することになる。（編集委員・副島英樹）

寄稿　「コロナ禍と人類、21世紀の新思考　文明の岐路、対立から協調へ」
（原題「試練としてのパンデミックと21世紀の新思考」）（２０２０年9月25日付、朝日新聞）

国境を超えた試練、協力体制の再建を

感染拡大で数十万人もが犠牲となった新型コロナのパンデミック（世界的な流行）は、現代文明を脅かす新たな試練となっている。それに対しては言葉も軍事力も効かない。国境では止められないし、戦いでも勝てない。しかし、毎日、人々の命を奪っていく。社会的地位や民族的属性とは無関係の、人々の健康と生命への試練である。

おそらく人類は初めて、人間の幸福はみんなに共通している、ということを意識した。それは、国家のレベルを超えたものだ。

今回の危機は、文明が瀬戸際にあることを示している。人類は包括的な対応を一緒に練り上げる必要がある。国際協力に踏み出し、より信頼できる国際安全保障システムをつくるためだ。

パンデミックの試練は、現在のグローバルな不均衡に根ざすもろさをあらわにした。米国が経済的孤立主義に向かい、英国は欧州連合（ＥＵ）から離脱した。富める国と貧しい国の間のギャップと、拡大する格差は、どの政府も一国では解決できない問題を生んでいる。科学者が警告するのは、ラテンアメリカやアフリカでの感染の広がりがより多くの死者を出すだろうということだ。

パンデミックは、米国と中国の間の緊張の高まりから生じる新たな二極対立を顕在化させ、悪化させた。二極対立のどのようなシナリオも、国際政治の展望に好ましい要素を見せることはあり得ない。

国際政治の基礎を再検討する必要性は、１９８０年代後半にも認識された。ペレストロイカ（改革）の時期に確立された新しい政治思考の理念は、独立を尊重し、相互不干渉の原則を守る中で、それぞれの国家や国民が、人類生存のための共通の責任を認めることを前提としていた。新思考は、全人類的な価値に応じて世界を再編成する構想を提示したのだった。

根深い不信から出発した80年代後半の米ソ関係の経験は、相互信頼は具体的な問題解決で粘り強い共同作業を踏むところから生まれることを裏付けている。

国際協力や国際機関への信頼醸成によって、特に重要なものがもたらされる。その意味でも、世界保健機関（ＷＨＯ）の崩壊を認めないことが重要だ。これは、人間の安全保障分野における国際的な協力のかけがえのないツールである。

新思考は、外政に関していえば、それは非軍事化であり、戦争の拒否であり、グローバルな問題を解決する上での対話である。

軍事費削減の好機、医療や教育を優先

今はこれまで以上に、安全保障のコンセプトを見直し、政策と思考の非軍事化を進める必要がある。世界は、グテーレス国連事務総長によるすべての紛争停止の呼びかけと、各国は軍事予算を10～15％カットすべきだという今年4月のゴルバチョフ提言に特別な注意を払うべきだろう。

慢性的な赤字や予算見直しの状況下では、各国はこうした声に耳を傾けやすいだろう。軍事紛争停止と軍事予算削減の呼びかけは、現実的な弾みとなり得る。パンデミックによって経済的にも財政的にも弱った国々は、軍拡競争を続けられる状態ではなくなっているからだ。

核軍縮のあらゆる枠組みを壊す方向にあるトランプ米政権は、世界を「戦略的なカオス」や先行き不透明

な状態へと導いている。新しい軍事技術や新型兵器を生み出し、危険性を高めている。だからこそ、核軍縮を国際的課題の中でしっかり位置づける努力がますます必要になる。これは核大国ロシアも切実に取り組むべき問題だ。

最初の一歩として、先進軍事大国は声明を出すことができる。自国の軍事生産について、合理的に考えて必要な分だけ、透明な形で進めるとの内容だ。これに中国が加わる可能性もあるだろう。たとえ単なる宣言であっても、「核戦争は許されない。そこに勝者はない」という85年のジュネーブでのレーガン・ゴルバチョフ声明は、交渉の促進剤として前向きな役割を果たすことができた。それは歴史が物語っている。

非軍事化の原則がよって立つところは、「軍拡と、政策や思考の軍事化こそ、現代人にとって最も深刻な脅威であり、その自由を制限し、常にその生命を脅かしている」という考え方だ。開発や実験という新型兵器の生産に投じられる資金は、何よりも医療や教育、自然保護分野の発展に向けられるべきだろう。競争の政策、軍事紛争の瀬戸際でバランスをとる政策は、経済や人道分野での協力に席を譲らなければならない。

安全は平等なもの、緊急の行動が必要

80年代末、新思考の原則は実際に生かされた。米ソ首脳の関係において、そして冷戦終結という出来事の中で、その有効性を証明した。困難なことではあったが、優れた協力の先例となった。米ソが核軍縮で初めて重要な合意に達した後、人類は平和な未来の可能性を実際に意識して、呼吸を楽にした。

今のロシアにとっても、新しい政治思考へと立ち返り、米中の二極対立体制を防ぐ外交を目標に据えることが賢明だろう。

安全保障は軍事面だけではない。人々の健康の保持であり、環境と天然資源、水、食料の保護であり、飢

餓と貧困との闘いである。

安全は誰にとっても平等なもの、もしくは、誰にとってもあり得なくなるものだ。各国独自の安全は、その他すべての世界共同体メンバーの安全と、同じように結びつくことが必要だ。これを達成できるのは、国際政治の舞台で敵対者がパートナーとなり、普遍的な安全への道を一緒に模索せざるを得ないような場合だけである。

2020年のパンデミックは、対立から協調へと速やかに移行する必要性を改めて問いかけている。パンデミックによってもたらされる危機との闘いが、人々を救い、より大きなカタストロフィー（悲劇的結末）を防ぐための緊急の集団的行動を必要としているのは明らかである。

新思考の理念は、世界政治の舞台へ復帰しなければならない。世界は再び岐路に立っている。国家のエゴイズムが生み出す本能に追随するのか、あるいは、文明は瀬戸際にあり、新しい世界政治にとって国家の相互の結びつきや相互依存が必要な時だと自覚するのか。人類の未来は、この選択にかかっている。

主なポイント

◆30年前に冷戦終結を可能にした新思考の理念は、国際政治の場にカムバックすべき時だ。対立から協調、普遍的な人間の価値に従って世界形成を。

◆コロナによる財政的な打撃は、政策と思考の非軍事化を進める好機。軍事支出の10～15％カットの提案も現実的な弾みとなり得る。そのカット分を医療や教育へ。

◆コロナ危機は米国と中国の二極対立をより深刻化させており、世界政治の展望にとって好ましくない。ロシアは、この二極対立を防ぐ外交へ舵《かじ》を切るべきだ。

◆コロナ禍は、国際的な格差と貧困の問題を改めて顕在化させた。南米やアフリカでの感染拡大に警鐘が鳴らされており、国際的な協力体制の再建を急ぐ必要がある。
◆核兵器もコロナも人類への脅威。１９８０年代後半、米ソが核軍縮で初めて合意に達した時、人類は呼吸が楽になった。コロナ後も、人類生存のための共通の責任を認識することで対立から協調への移行が可能だ。

（解説　分断と危機の今だからこそ）

被爆75年の今年夏、長崎平和宣言は「若い世代の皆さん。新型コロナウイルス感染症、地球温暖化、核兵器の問題に共通するのは、地球に住む私たちみんなが〝当事者〟だということです」と訴えた。同じくコロナの脅威に触れた広島平和宣言は「私たち市民社会は、自国第一主義に拠《よ》ることなく、『連帯』して脅威に立ち向かわなければなりません」と呼びかけた。

ゴルバチョフ氏の今回の論考は、被爆地からの宣言と重なる。同氏が80年代後半に実現した核軍縮と冷戦終結は、突き詰めれば「核戦争の脅威からの解放」だった。それを可能にした協調と相互協力の「新思考」は、コロナの脅威にも有効であり、分断と自国第一主義が叫ばれる今こそ必要だ、とのメッセージだ。この論考は、同氏が総裁を務めるシンクタンク「ゴルバチョフ財団」（本部モスクワ）の知見を結集してまとめられた。Ａ４判で30ページに及ぶ。この紙面ではそのエッセンスを紹介した。

冷戦終結から約30年を経た国際情勢を見て、「21世紀の新思考」が必要だとの考えは、同氏の中で以前から芽生えていたようだ。２０１８年にロシアで出版され、20年夏に邦訳が刊行された著書『ミハイル・ゴルバチョフ　変わりゆく世界の中で』（朝日新聞出版）は、まさにこの新思考から書き起こしている。その中で、新思考の源流は、科学者らが核兵器廃絶を訴えた１９５５年のラッセル・アインシュタイン宣言であり、「平和はアメリカ人のためだけではなく、すべての人々のためだ」と述べた63年のケネディ米大統領の演説に影響を受けたことを明かしている。新思考は、人類全体の経験によって育まれてきたのだ。

勝つか負けるか、ではなく、双方に共通する普遍的価値というものがあることを理解する。「非軍事」を強調するゴルバチョフ氏の思想を簡潔にまとめれば、そうなるだろうか。「安全保障の現実」を口実に、現状を「仕方ない」と受け入れる限り、何も変わらない。コロナ禍をむしろ好機ととらえ、新しい考え方への転換を私たちに促している。（編集委員・副島英樹）

あとがき

新聞から切り抜いて手帳に挟んでいる記事がある。２０２０年5月8日付朝日新聞朝刊1面の鷲田清一さんの「折々のことば１８０９」だ。そこにはこうある。

壁の向こうの庭で何か面白いことが起きていて、一人が登って下の子どもたちに向かって壁の向こうで何が起きているかを報告する　柴田元幸

＊

翻訳って作業、こんなイメージでやってきたと翻訳家は言う。こういう暮らしや楽しみもあるんだと、下にいる子が喜んでくれればと。希望は、叶《かな》うか、潰《つい》えるかだけではない。編みなおし、摑《つか》みなおしもできる。壁の向こうに行けずとも、壁越しでもそれに触れたいから本が要る。高橋源一郎との共著『小説の読み方、書き方、訳し方』から。

言語の壁は視界の壁でもある。主に英語圏の西側目線で見ている私たちは、見えていない部分が世界にはたくさんあるのだという謙虚さを持ちたいと常々思ってきた。ソ連最後の大統領ミハイル・ゴルバチョフ氏が晩年に残した回想録と自叙伝の邦訳を急いだのも、私たちが見えていない部分を可視化させたいという思いからだった。2019年12月のゴルバチョフ氏との単独インタビューを機に、側近のウラジーミル・ポリャコフ氏（ゴルバチョフ財団報道官）と服部年伸氏（ゴルバチョフ財団日本事務所代表）から受け取っていた2冊だ（**写真**）。ゴルバチョフ氏本人も日本語訳を望んでいると私は服部氏から聞いていた。ゴルバチョフ氏には常に、被爆地の広島・長崎を抱える日本は核兵器廃絶の先頭に立つべき戦争被爆国だ、との思いがあったからだ。

言語の壁を越えて発信しようという動きは、夕刊連載「現場へ！　チェルノブイリを伝える」の4回目「市民の力で被曝の実態を」（2021年3月11日付夕刊）でも取りあげたことがある。11年3月の福島第一原発事故を受けて、大急ぎで邦訳が進められた書物があった。チェルノブイリ原発事故の健康・環境被害をつぶさに見てきたウクライナ、ベラルーシ、ロシアの現地医師や研究者らによる膨大なデータをまとめたものだ。スラブ系諸言語から英訳されたものを、さらに日本語へ。有志の翻訳チームによる2年越しの「市民の力」で、B5判約300ページの『調査報告——チェルノブイリ被害の全貌』（岩波書店）が13年4月、世に出された。

監訳を務めた屋久島に住む作家・翻訳家の星川淳氏は、01年の9・11後、音楽家の坂本龍一氏らと『非戦』（幻冬舎）を出す際に翻訳チームを組んだ経験が生きたと話してくれた。そして、翻訳を急いだ理由をこう明かした。「恐らく日本でも被害の実態を隠そう、被害を小さく見せようとす

自著にサインするゴルバチョフ氏。右は著者（2019年12月3日、モスクワ）＝飯塚悟撮影

るのはすぐに予想できた。それを防ぎたいという気持ちも大きかった」。国際原子力機関（ＩＡＥＡ）など原子力推進側が「チェルノブイリ事故による放射線被曝の影響は小児甲状腺がんのみ」としてきたのに対し、この本は多種多様な疾患や子どもの健康への深刻な影響を指摘していたのだ。それまで、私たちはその実態が見えていなかったのである。

見えていない部分を可視化したいというのは何も翻訳を通してだけではない。等身大のロシアを伝えるのもそうだ。私たちが理解しがたいことをしている人々がこの世界にはいる。モスクワ赴任中だった２０１０年の真冬のことだ。ロシア正教の「主の洗礼祭」を迎えた1月19日未明。凍って雪に覆われたモスクワ南部のボリソフ池には、零下25度の中、長蛇の列ができていた。お目当ては、氷の穴での水浴だ（**写真**）。イエス・キリストがヨルダン川で洗礼を受けたことを祝福する行事である。若い男女に交じって年配の婦人もいる。３本の指で十字を切り、氷の穴に据えられた木のはしごから気合を入れて水中へ。神・イエス・聖霊の三位一体を象徴して、頭まで3度もぐる。

私も見よう見まねで試みた。裸になった体から白い湯気が立ち上る。穴にたどり着くまでの裸足の指先が痛い。だが、それは水中で消えた。静寂。すうーっと全身が透明になる感覚。大変なのはその後だった。バスタオルも頭髪もごわごわに固まり、指がまひし、震えに襲われ、自分の体が制御不能に。靴下もはけず、シャツのボタンもかけられない。こわばる口。敗走兵さながら車に駆け込んだ。その夜、モスクワ各地で寒中水浴をしたのは3万人とも言われた。無謀な挑戦をあえて私がしたのはなぜか。「聖水」に浸って健康を願うロシアの人々の強い思いや精神性は、それを自分

「主の洗礼祭」で氷の穴で水浴する人たち(2010年1月19日、モスクワ)＝副島英樹撮影

で体験してみないとわからないと思ったからだ。

２０１５年の初夏、ロシア・ウラル山脈の南に広がるチェリャビンスク州を取材で訪れた。湖に恵まれた土地だ。ソ連の第1号原爆のプルトニウムを生んだ核施設「マヤーク」がここに建てられた大きな理由の一つは、原子炉の冷却に欠かせない豊富な水だった。１９４０年代末から50年代に起きたマヤークの爆発事故や高レベル放射性廃液の垂れ流しの影響で、２０１１年までにテチャ川周辺の住民は2万人以上が強制移住を強いられ、ヒバクシャに認定された人も数多くいる。

そのヒバクシャの一人、最後に強制移住の対象となったムスリュモボ村出身のゴスマン・カビーロフ氏（当時58歳）を取材した後、夫婦で週末に過ごす湖畔のダーチャ（別荘）に招かれた。果てしない緑の草原と、天空の青を映した湖面の輝きに目を奪われた。

別荘と言っても、築１００年という木造平屋で、実際は小屋に近い。それでもバーニャ（サウナ）を手作りし、畑には野菜が十分に育つ。密室のように狭いバーニャを体験させてもらうと、むせる蒸気で息をつくのもままならず、暑いを通り越して、むしろ痛い。特に足の指がちぎれそうな痛みだった。「戦火に焼かれる痛みはこんな程度ではないのだろう」と思いながら、汗まみれでバーニャを出るとすぐさま湖面に飛び込んだ。

ロシア語に「カイフ」という言葉がある。「恍惚感」「満ち足りた状態」といった意味だ。日本語では「あー極楽、極楽」に近い語感だろうか。サウナの後の湖の中は、まさにカイフだった。

田舎の食堂で一緒に昼食をとっている時、「カイフとは何か。ロシアにはこんなアネクドート（小話）がある」とゴスマン氏が語り始めた。彼は「カイフはアメリカでは『おいしい食事』、フランスでは『いい女』だ」と言って、こう続けた。

「バーニャに入って、我慢して我慢してビールにありついた瞬間。そして、ビールをたらふく飲んで、トイレに行くのを我慢して我慢して最後に放尿した瞬間。これがロシアのカイフだ」

時にジョークを飛ばして明るく振る舞うゴスマン氏だが、胸の内には深い悲しみを秘めているように見えた。ゴスマン氏はテチャ川周辺で慢性放射線病と認定された約940人の一人。生殖細胞が影響を受け、子どもができなかったという。彼は原爆製造過程の核被害者だ。自らを鼓舞して懸命に生きるロシアの庶民の姿が、日本の被爆者とも重なった。

作家の佐藤優氏は自著『プーチンの野望』の中で、聖書の一節を引いてこう述べる。


憎しみは人の目を曇《くも》らせる。敵を愛する気持ちをもつことで、われわれが敵と目している人が何を考えているかを理解する可能性が生まれる。


敵対する人々を憎むのではなく、その人たちにはどのような内在的論理があるかをとらえるように努力した。

（「はじめに」）


これは、米軍将校から転じた歴史家、アンドリュー・ベースビッチ氏の言葉とも響き合う。米国には戦後の50～70年代、西側世界の協調を先導したときのような国力はもはやなく、ほかの主要国と同列に位置づけられる国にならざるをえないと指摘して、2020年6月11日付朝日新聞のインタビューに次のように述べている。

「この現実を世界の主要国が真に理解することから始め、『共存条件』を外交を通じて探ることが必要です。安全保障上の基礎的な要求を互いに尊重し合い、軍拡競争を防ぐ。貿易によって、ふつうの人々の暮らしが傷つけられないようにする。グローバル化が止まることはありませんが、負の側面を管理する方法を協調して見つけ出さなければなりません」(「米国『勝者の病』、失った現実見る目」)

沖縄の基地問題をテーマに琉球大学准教授の山本章子氏が論じた「沖縄季評」の中で、「私はネット上のデマよりも、リベラルと言われるメディアの権力目線の報道の方がよほど恐ろしい」(2022年11月3日付、朝日新聞オピニオン面)との言葉にはっとさせられた。「権力目線」を「西側だけ目線」と読み替えてみてはどうだろうか。

法政大学名誉教授の下斗米伸夫氏が2022年10月刊の新著『プーチン戦争の論理』(集英社インターナショナル)で述べているように、「いまやG20が分裂し、新G8(ロシア、中国、インド、インドネシア、ブラジル、メキシコ、イラン、トルコ)がG7と対峙している」のである。広島選出の岸田文雄首相の政権下で2023年5月のG7首脳会議は被爆地・広島市で開くことが決まり、地元政財界にも期待感がにじんでいるが、G7の中だけで結束することがどんな副作用をもたらすのか、世界を複眼的に見つめ、深謀遠慮をめぐらせ、二項対立ではなく寛容の精神を働かせるときだろう。ロシアのウクライナ侵攻という暴挙は決して容認されるものではない。報復の連鎖で戦闘は長期化し、ウクライナの市民や兵士の命を奪うだけでなく、ロシア自身を自壊させ、経済やエネルギー、食糧などの問題で世界全体に悪影響を及ぼしている。この暴挙が止まるように日本をはじめ関係国は動かなくてはならない。

この本の執筆を勧めてくれたのは、ゴルバチョフ氏の回想録『ミハイル・ゴルバチョフ　変わりゆく世界の中で』の邦訳出版に尽力してくださった朝日新聞出版の中島美奈氏だった。ちょうどゴルバチョフ氏の自叙伝の邦訳『我が人生――ミハイル・ゴルバチョフ自伝』（東京堂出版）が刊行された22年7月末のことだった。私が「月刊ジャーナリズム」6月号（朝日新聞社ジャーナリスト学校）で書いた「NATO東方拡大と核共有」の記事を読んで、「ジャーナリストの立場から発していただくべき重要なテーマだと思うようになりました」と連絡をくれたのだ。しかも、これまでの取材の蓄積を十分に生かしてほしいと背中を押してくれた。それが何よりもありがたかった。心より感謝申し上げたい。

先の「月刊ジャーナリズム」への執筆依頼を寄せてくれたのは、編集部の青木康行氏だった。「ゴルバチョフは語る　西の『約束』はあったのか　NATO東方不拡大」の記事（3月12日、朝日新聞デジタル）が配信されてまもなく、「編集部では『これが読みたかった』との意見で一致しました」との連絡があり、「戦争とメディア」を特集テーマとした6月号に執筆することになった。本書でも触れたように、3月12日の記事は「91歳ゴルバチョフ氏『早急な平和交渉を』　ウクライナ危機への視座」（3月5日、朝日新聞デジタル）の記事とともに予想外のアクセス数を獲得していたが、この記事の本意をしっかりくみ取って頂けていたことが何よりもありがたかった。

私がこれらの記事を書こうと思ったのは、日本の、そして西側のメディア報道が、起きてしまった戦争の日々の戦況に一喜一憂し、単純な二項対立の図式でこの戦争を捉え、なぜこの戦争が起きてしまったのかについて冷静な視座がないことに違和感を覚えたからだった。

振り返ってみれば、この本の話を頂いてから約1カ月後、ゴルバチョフ氏の訃報が届いた。7月初めには体調が厳しいとの情報が入り、実は評伝記事も用意していた。だが、ショックは隠せなかった。本の執筆は、ゴルバチョフ氏の遺訓を確認していく作業に思えた。

すべては、２０１９年12月３日の単独インタビューから始まった気がする。インタビューを試みたきっかけは、ソ連のゴルバチョフ書記長とレーガン米大統領が１９８７年12月に署名した中距離核戦力（ＩＮＦ）全廃条約が、２０１９年８月２日、被爆74年の原爆の日を目前にして失効してしまったことにあった。ロシアの条約違反や中国の脅威を理由に米国が脱退に踏み切ったのだ。

この条約は、２人が初めて顔を合わせた１９８５年11月のジュネーブ会談の合意を形にしたものだった。それは「核戦争は許されない。そこに勝者はない」という理念であり、後に史上初の核兵器削減と東西冷戦の終結にも導くことになる。その精神の底流にあったのは、協調と相互協力の追求であり、政治の非軍事化であり、人類共通の利益というものは存在する、という信念だった。それが失効したことは、世界を変える原動力となった精神そのものをも葬り去ったことを意味した。この事態をどう受け止めているのか、条約の生みの親に聞いてみたかったのだ。その内容は、付録に収録した記事の通りである。

ゴルバチョフ氏への評価はどうしても二面性が伴う。強い指導者像を好むロシア国内の人気は高くはなく、そのナイーブさを指摘する専門家も少なくない。だが、もっと大局的に見れば、人類はたった一度だけ、増え続ける核兵器を減少に転じさせた転換点があった。それがレーガン・ゴルバチョフ時代だった。後にそれが冷戦終結につながるのも、核による人類滅亡への懸念が原点にあったからだ。根本には核の問題がある。歴史の前例に学び、ゴルバチョフ氏の遺訓をくみ取ることが重要ではないか。

広島市と朝日新聞が共催した2021年夏の国際平和シンポジウムで、米ロの核軍縮交渉の実務を担ってきたローズ・ゴットメラー元米国務次官（軍備管理・国際安全保障担当）がオンラインで討論に参加し、「米中ロの交渉はできる」と語っていたのが強く印象に残っている。現職時代、自ら広島平和記念資料館を見学し、被爆者とも直接話をした高官だ。シンポでそう語る彼女の言葉に希望を見た。共存条件を探る交渉は必須であり、ゴルバチョフ氏がつくった前例は教訓として生かせると信じたい。

ゴルバチョフ氏への取材に話を戻すと、強く記憶に残っていることがある。最愛のライサ夫人の死について尋ねたことだ。ゴルバチョフ夫妻が1992年4月に広島を訪問した際、広島市長として2人を案内した平岡敬氏は、ライサ夫人が99年に急性白血病で67年の生涯を閉じたことに胸を痛めてきた。ソ連時代の核実験場だったセミパラチンスク（現セメイ）の核被害を視察するため何度も現地に通った平岡氏にとって、大学入学までセミパラチンスクに近い町に住んでいたライサ夫人の死は、核実験と無縁には思えなかった。当時、ロシアのメディアでは実際、核実験場の放射能が原因ではないかとの報道もあった。もしそうなら、米ソの核軍拡競争に幕を引いた最大の功績者が、核軍拡競争の犠牲で最愛の人を失ったことになる。その平岡氏が憂慮するライサ夫人の死と核実験の関連性について、ゴルバチョフ氏に書面インタビューで尋ねてみたのだ。

ゴルバチョフ氏からの回答では、可能性のある原因として、それまでの薬物治療やストレス、他の病気との合併症などを医師は指摘しているとした上で、「セミパラチンスクでの核実験後にライサの故郷の町が放射能で汚染された結果、病気をもたらした可能性も同様にある」と書かれていた。しかし、「最大の原因は別のところにある気がする」と続き、「ライサは傷つきやすい人だった。感受性がとても強かった」とあった。そこに改めて、最愛の妻に対する深い愛情を見る思いがした。そのゴルバチョフ氏はいま、モスクワにあるノボデビッチ墓地で、ライサ夫人の隣で眠っている。

日本でも話題になったセルゲイ・ロズニツァ監督の映画『国葬』（２０１９年）は、１９５３年にモスクワの労働組合会館「円柱ホール」で行われた最高指導者スターリンの国葬の模様を、現存する当時の映像で再構成したものだ。２０２２年９月３日のゴルバチョフ氏の告別式も同じ場所で行われた。その後、墓地へと遺体を運ぶ葬列の先頭に立ったのは、ゴルバチョフ政権が進めたグラスノスチ（情報公開）を体現したリベラル紙「ノーバヤ・ガゼータ」の編集長で、ゴルバチョフ氏と同じくノーベル平和賞受賞者であるドミトリー・ムラトフ氏だった。遺影を抱くムラトフ氏の表情は、ゴルバチョフ氏が人類に残した遺訓を守り抜くという覚悟に満ちているように思えた。

人類初の核軍縮と冷戦終結を可能にした「相互の尊重」、「対話と協調」、「政治の非軍事化」というゴルバチョフ氏の新思考こそ、今の時代に求められている。「核戦争に勝者はなく、決してその戦いはしてはならない」というレーガン大統領と交わした合意も、今こそ再認識されなくてはならない。ゴルバチョフ氏の手は分厚く、握手も力強かった。そのとき聞いた言葉は、ゴルバチョフ氏が残した回想録や自叙伝と同様、人類にとっての指針でもあると確信している。この本が、それを一人でも多くの人に伝える機会となることを、心より願っている。お力添えを頂いたすべての方に感謝申し上げたい。

２０２２年11月

副島英樹

副島英樹（そえじま・ひでき）
朝日新聞元モスクワ支局長、編集委員兼広島総局員
1986年4月、朝日新聞入社。広島支局、大阪社会部などを経て、1999年4月〜2001年8月にモスクワ特派員、2008年9月〜2013年3月にモスクワ支局長を務め、エリツィン、プーチン、メドベージェフの各政権を取材。米ロの核軍縮交渉なども担当した。核と人類取材センター事務局長、広島総局長など歴任。2019年12月にゴルバチョフ元ソ連大統領と単独会見した。
訳書に『ミハイル・ゴルバチョフ 変わりゆく世界の中で』（朝日新聞出版）、『我が人生——ミハイル・ゴルバチョフ自伝』（東京堂出版）、共著に『ヒロシマに来た大統領——「核の現実」とオバマの理想』（筑摩書房）など。

ウクライナ戦争《せんそう》は問《と》いかける
NATO東方拡大・核・広島

2023年1月30日　第1刷発行

著　者　副島英樹
発行者　三宮博信
発行所　朝日新聞出版
〒104-8011 東京都中央区築地5-3-2
電話 03-5541-8832（編集）
03-5540-7793（販売）
印刷製本　広研印刷株式会社

Published in Japan by Asahi Shimbun Publications Inc.
ISBN978-4-02-251889-7
定価はカバーに表示してあります。
落丁・乱丁の場合は弊社業務部（電話03-5540-7800）へご連絡ください。
送料弊社負担にてお取り替えいたします。